ŒUVRES

COMPLÈTES

DE MOLIÈRE.

IV.

ŒUVRES
COMPLÈTES
DE MOLIÈRE,
AVEC
DES REMARQUES GRAMMATICALES,
DES AVERTISSEMENS
ET DES OBSERVATIONS SUR CHAQUE PIÈCE,
Par M. BRET.

TOME QUATRIÈME.

TROYES,
GOBELET, IMPRIMEUR DU ROI
ET LIBRAIRE, PRÈS L'HÔTEL-DE-VILLE, N.º 11.

1819.

L'AMOUR
MÉDECIN,
COMÉDIE - BALLET.

AU LECTEUR.

Ce n'est ici qu'un simple crayon, un petit impromptu dont le Roi a voulu se faire un divertissement. Il est le plus précipité de tous ceux que Sa Majesté m'ait commandés; et, lorsque je dirai qu'il a été proposé, fait, appris et représenté en cinq jours, je ne dirai que ce qui est vrai. Il n'est pas nécessaire de vous avertir qu'il y a beaucoup de choses qui dépendent de l'action.

On sait bien que les comédies ne sont faites que pour être jouées, et je ne conseille de lire celle-ci qu'aux personnes qui ont des yeux pour découvrir, dans la lecture, tout le jeu du théâtre.

Ce que je vous dirai, c'est qu'il seroit à souhaiter que ces sortes d'ouvrages pussent toujours se montrer à vous, avec les ornemens qui les accompagnent chez le Roi. Vous les verriez dans un état beaucoup plus supportable, et les airs et les symphonies de l'incomparable M. Lully, mêlés à la beauté des voix et à l'adresse des danseurs, leur donnent, sans doute, les graces dont ils ont toutes les peines du monde à se passer.

AVERTISSEMENT

DE L'ÉDITEUR

SUR

L'AMOUR MÉDECIN.

———

CETTE Comédie-Ballet en prose et en trois actes, avec un Prologue, fut représentée à Versailles le 15 septembre 1665, et à Paris, sur le théâtre du Palais-Royal, le 22 du même mois.

Molière, dans son avis au lecteur, ne conseille de lire cette comédie qu'*aux personnes qui ont des yeux pour découvrir, dans la lecture, tout le jeu du théâtre.*

Sa modestie ne lui permettoit pas de croire qu'un ouvrage, proposé, fait, appris et représenté en cinq jours, pût être soutenable, lorsqu'il seroit dépouillé des avantages de l'action théâtrale; mais Molière, dans cette espèce d'impromptu, étoit dans son véritable genre. Fléau de tous les ridicules, il en avoit saisi un, c'étoit celui de la charlatanerie en médecine; l'attaquer, le détruire, c'étoit servir l'humanité; et Molière, dans ce combat important, n'employa que ses armes, toujours sûres de leurs coups, le rire et la vérité.

On a dit qu'une querelle de la femme de Molière avec celle d'un médecin chez qui elle demeuroit, et qui lui avoit donné congé, avoit été la source de toutes les plaisanteries dont son mari poursuivit sans relâche la Faculté de Médecine.

Quelqu'un a dit aussi, et tout le monde l'a répété, que l'*Amour Médecin* étoit le premier ouvrage dans lequel Molière eût attaqué les médecins; cependant, la première scène du troisième acte du *Festin de Pierre* avoit déjà annoncé leur art comme *une des grandes erreurs qui soient parmi les hommes*, et toute cette scène est pleine de traits de la plus grande force contr'eux.

A l'égard du premier fait, on seroit tenté de croire qu'il fut inventé par quelque médecin du tems, pour décrier le motif qui faisoit agir notre auteur.

Les médecins de ce tems-là courant les rues de Paris en habits de docteurs sur leurs mules, consultant gravement en latin sur les maladies les plus ordinaires, avoient eux-mêmes, depuis nombre d'années, répandu sur leur profession un ridicule ineffaçable, par leurs divisions, et par les injures dont ils s'accabloient mutuellement.

Ce qui s'étoit passé dans la dernière maladie du cardinal Mazarin, qui avoit dit au roi, avant de mourir, que tous ses médecins n'étoient que des charlatans; les scènes bouffonnes qu'ils jouoient tous les jours entr'eux à l'occasion du célèbre vin émétique : les deux procès des Facultés de Médecine de Rouen et de Marseille, contre les apothicaires des mêmes villes, en 1664; les sarcasmes dont se régalèrent les deux professions dans leurs écrits publics; tout cela ne pouvoit qu'altérer beaucoup la confiance dont cet art a besoin, et qu'il s'est conciliée depuis, en renonçant à la pédanterie et à l'empyrisme, et en daignant parler un langage plus humain, qui les fît entendre et du malade et de ceux qui l'entourent.

Les habiles gens de cette profession qui sont parmi nous aujourd'hui, ne ressemblent plus aux originaux de l'*Amour Médecin*. Des découvertes sans nombre, faites depuis ce tems-là, des études mieux soignées, nous donnent nécessairement des médecins plus instruits, et, comme le dit M. de Voltaire, *l'esprit de raison s'est introduit dans toutes les sciences, et la politesse dans toutes les conditions*.

Pourquoi donc les tableaux que Molière nous a laissés des docteurs de son tems, nous font-ils rire encore? C'est que les habiles gens de tout état sont toujours en petit nombre; c'est que, dans une profession nombreuse, il est inévitable qu'il ne se glisse des particuliers qui cherchent à suppléer aux talens qu'ils n'ont pas, par quelques dehors qui puissent en avoir l'air; c'est qu'enfin, pour abuser le vulgaire, l'ancienne pédanterie est encore et sera toujours une ressource merveilleuse. Il y aura toujours des gens qui, comme *Guenaut* (1), diront qu'*on ne sauroit attraper l'écu blanc des malades, si on ne les trompe*.

Ce qu'il y a d'étonnant, c'est que Molière osât, sous les yeux du roi, jouer les quatre premiers médecins de la cour. Seroit-ce abuser de la conjecture, d'imaginer que notre auteur en avoit au moins prévenu son maître, ou plutôt qu'il avoit reçu de ce maître même le conseil de peindre ces nouveaux caractères, comme il en avoit reçu jadis, chez M. *Fouquet*, celui de peindre le chasseur des *Fâcheux*? Le silence des quatre médecins et celui de leur corps, après la représentation de la pièce, fortifie beaucoup cette idée. On n'a qu'à se peindre ce que produiroit aujourd'hui la liberté que Molière prit alors.

On a joué depuis peu à Versailles, (écrivoit Gui Patin) *une comédie des Médecins de la Cour, où ils ont été traités en ridicules devant le Roi, qui en a bien ri; on y met en premier chef les cinq premiers médecins, et par-dessus le marché notre maître Élie Beda, autrement, le sieur Desfougerais, qui est un grand homme de probité, et fort digne de louanges, si l'on croit ce qu'il en voudroit persuader.*

(1) C'est de ce médecin qu'un charretier disoit plaisamment, *laissons passer monsieu le Docteu, c'est li qui nous a fait la grace de tuer le Cardinal*. Les Romains, à la mort d'Adrien VI, firent placer sur la porte de son médecin l'inscription suivante: *Au libérateur de son pays*.

SUR L'AMOUR MÉDECIN.

Gui Patin, mal informé, compte six médecins, quoiqu'on n'en voye que cinq dans la pièce, et qu'il n'y en ait que quatre connus. Molière voulut au moins déguiser leurs noms, et pria son ami Despréaux, à qui la langue grecque étoit familière, de lui en forger qui leur fussent convenables.

Ceux que lui fournit le satyrique, marquoient en effet le caractère de chacun de ces messieurs; il donna à M. *Desfougerais* celui de *Desfonandrès*, de φένω, je tue, et de ανδρός, homme.

A M. *Esprit*, qui bredouilloit, celui de *Bahis*, de Βαΰζειν, aboyer.

A M. *Guenaut*, celui de *Macroton*, de μαχρός, long, et de τονός, ton, parce qu'il parloit lentement.

A M. *Dacquin*, apôtre de la saignée, celui de *Tomès*, de τομός, coupant.

On ne nous dit rien du cinquième médecin qui commence le troisième acte de la pièce et qui s'appelle *Fillerin*, nom, sans doute, tiré comme les autres, du grec, de φίλος ἔρεβος, ami de la mort, ce qui va très-bien à ce qu'il dit lui-même, *que ceux qui sont morts sont morts, et qu'il a de quoi se passer des vivans.*

Il faut remarquer, pour cet ouvrage comme pour tous ceux où Molière a joué les médecins, qu'il n'en a jamais fait le sujet principal de ses comédies, et qu'il ne les y a placés que comme caractères secondaires et faits pour égayer l'action à laquelle ils étoient subordonnés.

AVERTISSEMENT

La liberté de jouer les médecins est aussi ancienne que l'art du théâtre. Voyez Aristophane, dans sa comédie *des Nuées*, où il dit que ces divinités aëriennes servent d'alimens, et donnent de l'ame aux sophistes, aux poëtes et aux médecins.

Οὐ γὰρ μὰ Δί' οἶδ' ὅτι ἢ πλῄτυς ἄνται βόςχυσι σοφιστάς,
Θυριομάντεις, ἰατροτέχνας.

On trouve parmi les fragmens des anciens comiques, plus d'un trait plaisant sur les médecins ; nous en transcrirons un ici de Philemon, traduit en 1569 par Henri Etienne.

Nullus etenim medicus, propè si inspexeris,
Valere amicos ne suos quidem cupit.

C'est ce qu'a imité l'auteur de *la Double Extravagance*, lorsqu'il a dit, scène 3, acte 2 :

Tous ces gens-là, monsieur, à l'intérêt soumis,
Haïssent la santé jusques chez leurs amis.

Athénée, dans la version de *Daleschamp*, pag. 495, dit que rien n'est plus fou qu'un Grammairien, à l'exception des médecins. *Exceptis medicis, nihil esse Grammaticis stultius.*

Plaute, dans ses *Menechmes*, acte 5, sc. 3, parle d'un certain médecin ridicule, qui se vante d'avoir été appelé pour remettre une jambe à Esculape, et un bras à Apollon.

Odiosus tandem vix ab Ægrotis venit,
Ait se obligasse crus fractum Æsculapio,
Apollini autem brachium....

Les scènes 4 et 5 de ce même acte des *Menechmes*, ont fourni à Molière la scène 11 du premier acte de *Pourceaugnac*, avec le médecin auquel on l'a confié. On peut voir, surtout dans la scène 5 de Plaute, par combien de questions ridicules le médecin annonce sa charlatannerie (1).

Montaigne, le plus gai de nos moralistes, et par conséquent l'écrivain le plus fait pour être connu d'un auteur comique, avoit consacré le chap. 37 du liv. 2 de *ses Essais*, à des plaisanteries sur les médecins, qu'il n'aimoit guère plus que Molière, et dont ce dernier a bien su profiter dans plus d'un endroit.

Cependant, tout ce que notre auteur s'est permis contre les médecins de son tems, est bien au-dessous de ce qu'en écrivoit un de leurs confrères, et il auroit pu dire comme Montaigne, qu'il ne faisoit que *les pincer*, tandis qu'on *les égorgeoit*. En effet, il n'y a qu'à parcourir les lettres de *Gui Patin*, pour voir que Molière fut pour eux un ennemi moins terrible.

Ce savant médecin ne pouvoit supporter la nouveauté, la variété, et la multiplicité des remèdes qu'on employoit alors. Il s'indignoit de l'usage reçu des secrets chimiques et végétaux, du tartre vitriolé, des préparations du laudanum, et surtout du vin émétique, qu'il appelle du vin énétique, à *necando* (2).

---

(1) Les Italiens, dans leurs meilleures pièces, ne ménageoient point les médecins: V. la scène 3 du premier acte de l'*Hypocrite* du fameux Aretin. *Il physico.... un carnefice honorato, et in dispregio de la Giustitia vede premiarsi de gli'homicidi commissi, è però un vagheggia orine, et un contempla sterchi.*

(2) C'étoit pourtant ce vin émétique qui, en 1658, administré par un médecin d'Abbeville, malgré Valot, premier médecin, avoit sauvé la vie à Louis XIV, à Calais.

AVERTISSEMENT

Pour des spécifiques, (dit-il en 1662) *il n'y a que des charlatans qui se servent de ce terme. Je sais bien que Guenaut et son confident le vénérable Desfougerais, et Renaudot, portent de petites boîtes dans leurs poches, où il y a de petits grains pour faire dormir, etc.*

Ailleurs, en parlant des sieurs *Desfougerais*, *Guenaut*, *Brayer*, *Valot*, *Rinsant*, etc., il dit que ces docteurs *tâchent de faire, d'une profession pure et saine, une pure cabale et imposture publique.*

Il va plus loin encore sur le compte du sieur *Desfougerais*, qu'il nomme *charlatan, s'il en fut jamais. Homme de bien,* (ajoute-t-il) *à ce qu'il dit, et qui n'a jamais changé de religion que pour faire fortune, et mieux avancer ses enfans.*

S'il parle des médecins de la cour, il les nomme *archiatres auliques, stibiaux, et empyriques de cour, medicastes et polipharmaques* : chacun d'eux est pour lui le médecin de Tacite, qui avoit plus de secrets que de talens, *Eudemus specie artis frequens secretis* (1).

La fameuse consultation de Vincennes pour le

---

(1) J'ai cité cet endroit de Tacite sur la parole de Gui Patin dans une de ses lettres, où il dit de Vautier, qu'il se vantoit de secrets chimiques, et ressembloit au médecin de Tacite. *Eudemus, etc.* Mais j'aurois dû avertir que si Patin ne vouloit faire allusion qu'aux secrets particuliers de Vautier, il détournoit le sens véritable de l'historien. En effet, Tacite ne vouloit pas peindre *Eudemus* comme ayant des secrets *en poche*, mais comme un médecin qui, sous le manteau de sa profession, entroit pour beaucoup dans les intrigues de Livie. (Observation de M. Dalembert.)

cardinal Mazarin lui fait immoler à la fois les sieurs *Guenaut*, *Brayer*, *Valot* et *Desfougerais*; il dit que *Brayer* veut que la rate soit gâtée, que *Guenaut* s'en prend au foie, *Valot* au poulmon, et *Desfougerais* au mésentère. Ils sont tous à ses yeux *aulici agiotæ et versipelles medici, qui quærunt lucrum per fraudes et imposturas*.

L'épigramme contre le médecin *Valot*, qui avoit donné à la reine d'Angleterre de l'opium, dont elle étoit morte, fut un triomphe pour ce malin docteur. Nous le rapporterons ici comme une nouvelle preuve que Molière avoit pour lui la voix publique.

 Le croirez-vous, race future,
 Que la fille du grand Henri
 Eut, en mourant, même aventure
 Que feu son père et son mari?
 Tous trois sont morts par assassin,
 Ravaillac, Cromwel, Médecin;
 Henri d'un coup de bayonnette,
 Charles finit sur un billot,
 Et maintenant meurt Henriette
 Par l'ignorance de Valot.

En voilà plus qu'il n'en faut pour prouver que Molière n'avoit pas attaqué des gens dont la considération fût bien entière, et qu'il les ménagea plus qu'un homme de leur robe n'avoit fait avant lui.

Le succès de l'*Amour Médecin* dut faire un grand plaisir à *Gui Patin* qui, cependant, dans sa 372.e lettre, en parle en homme peu instruit, puisqu'il lui donne le titre de l'*Amour Malade*;

et qu'il dit que cette pièce se joue à l'*Hôtel de Bourgogne*. *Tout Paris y court en foule* (dit-il) *pour voir représenter les médecins de la cour, et principalement Esprit et Guenaut, avec des masques faits tout exprès. On y a ajouté Desfougerais, etc. Ainsi on se moque de ceux qui tuent le monde impunément.*

Lully fut le compositeur de la musique du Prologue et des intermèdes de cet ouvrage ; mais ce n'est jamais du côté des paroles lyriques qu'il faut envisager le talent de Molière. Le succès dans ce genre appartient, sans doute, à des esprits d'un ordre inférieur.

Le dénouement vrai, simple et comique de l'*Amour Médecin*, peut être considéré comme un des meilleurs qui se trouvent dans le théâtre de Molière. Le grand nombre de copies qu'on s'est efforcé d'en faire, prouve le mérite du tableau.

L'histoire du théâtre français parle d'une comédie du même titre, de *P. de Sainte-Marthe*, en 1618. L'utile catalogue de M. le D. de V..... donne aussi une pièce du même titre au sieur *le Vert*, mais ces deux pièces ne sont point connues.

ACTEURS.

ACTEURS DU PROLOGUE.

LA COMÉDIE.
LA MUSIQUE.
LE BALLET.

ACTEURS DE LA COMÉDIE.

SGANARELLE, père de Lucinde.
LUCINDE, fille de Sganarelle.
CLITANDRE, amant de Lucinde.
AMINTE, voisine de Sganarelle.
LUCRÈCE, nièce de Sganarelle.
LISETTE, suivante de Lucinde.
M. GUILLAUME, marchand de tapisseries.
M. JOSSE, orfèvre.
M. TOMÈS,
M. DESFONANDRÈS,
M. MACROTON, } médecins.
M. BAHIS,
M. FILLERIN,
UN NOTAIRE.
CHAMPAGNE, valet de Sganarelle.

ACTEURS DU BALLET.

PREMIÈRE ENTRÉE.

CHAMPAGNE, valet de Sganarelle, dansant.
QUATRE MÉDECINS, dansans.

DEUXIÈME ENTRÉE.

UN OPÉRATEUR, chantant.
TRIVELINS et SCARAMOUCHES, dansans, de la suite de l'Opérateur.

TROISIÈME ENTRÉE.

LA COMÉDIE.
LA MUSIQUE.
LE BALLET.
JEUX, RIS, PLAISIRS, dansans.

La scène est à Paris.

L'AMOUR MÉDECIN.

PROLOGUE.

LA COMÉDIE, LA MUSIQUE, LE BALLET.

LA COMÉDIE.

Quittons, quittons notre vaine querelle,
Ne nous disputons point nos talens tour-à-tour ;
Et d'une gloire plus belle,
Piquons-nous en ce jour.
Unissons-nous tous trois d'une ardeur sans seconde
Pour donner du plaisir au plus grand Roi du monde.

TOUS TROIS ENSEMBLE.

Unissons-nous tous trois d'une ardeur sans seconde
Pour donner du plaisir au plus grand Roi du monde.

LA MUSIQUE.

De ses travaux, plus grands qu'on ne peut croire,
Il se vient quelquefois délasser parmi nous.

LE BALLET.

Est-il de plus grande gloire?
Est-il de bonheur plus doux?

TOUS TROIS ENSEMBLE.

Unissons-nous tous trois d'une ardeur sans seconde
Pour donner du plaisir au plus grand Roi du monde.

L'AMOUR MÉDECIN.

ACTE PREMIER.

SCÈNE I.

SGANARELLE, AMINTE, LUCRÈCE, M. GUILLAUME, M. JOSSE.

SGANARELLE.

Ah ! l'étrange chose que la vie, et que je puis bien dire, avec ce grand philosophe de l'antiquité, que *qui terre a, guerre a*, et qu'un malheur ne vient jamais sans l'autre ! Je n'avois qu'une femme, qui est morte.

M. GUILLAUME.

Et combien donc en vouliez-vous avoir ?

SGANARELLE.

Elle est morte, monsieur Guillaume, mon ami. Cette perte m'est très-sensible, et je ne puis m'en ressouvenir sans pleurer. Je n'étois pas fort satisfait de sa conduite, et nous avions le plus souvent dispute ensemble ; mais enfin, la mort rajuste toutes choses. Elle est morte ; je la pleure. Si elle étoit en vie, nous nous querellerions. De tous les enfans que le ciel m'avoit donnés, il ne m'a laissé qu'une fille, et cette fille est toute ma peine. Car enfin, je la vois dans une mélancolie la plus sombre du monde, dans une tristesse épouvantable, dont il n'y a pas moyen de la retirer, et dont je ne saurois même apprendre la cause. Pour moi, j'en perds l'esprit, et j'aurois besoin d'un bon conseil sur cette matière. (à *Lucrèce*.) Vous êtes ma nièce ; (à *Aminte*.) vous, ma voisine ; (à *M. Guillaume et à M. Josse*.) et vous mes compères et mes amis, je vous prie de me conseiller tout ce que je dois faire.

M. JOSSE.

Pour moi, je tiens que la braverie, que l'ajustement est la chose qui réjouit le plus les filles ; et si j'étois que de vous *, je lui achèterois, dès aujourd'hui, une belle garniture de diamans, ou de rubis, ou d'émeraudes.

M. GUILLAUME.

Et moi, si j'étois en votre place, j'acheterois une belle tenture de tapisserie de verdure, ou à personnages, que je ferois mettre dans sa chambre, pour lui réjouir l'esprit et la vue.

AMINTE.

Pour moi, je ne ferois pas tant de façons. Je la marierois fort bien, et le plutôt que je pourrois, avec cette personne qui vous la fit, dit-on, demander il y a quelque tems.

LUCRÈCE.

Et moi, je tiens que votre fille n'est point du tout propre pour le mariage. Elle est d'une complexion trop délicate et trop

---

* *Et si j'étois que de vous.* Le *que* est de trop ; on dit aujourd'hui négligemment, *si j'étois de vous*, et plus correctement, *si j'étois à votre place.*

On trouve dans les Opuscules sur la langue française, page 256, le trait suivant : « Il faut, MM., a dit M. le président
» Rose, que je vous fasse à ce propos une petite historiette. Au
» voyage de la paix des Pyrénées, un jour le maréchal de Clé-
» rambault, le duc de Créqui et M. de Lionne causoient, moi
» présent, dans la chambre du cardinal Mazarin. Le duc de
» Créqui, en parlant au maréchal de Clérambault, lui dit
» dans la chaleur de la conversation : M. le maréchal, *si j'étois*
» *que de vous*, je m'irois pendre tout-à-l'heure. Hé bien, ré-
» pliqua le maréchal, *soyez que de moi*. Le petit conte fut ap-
» plaudi, et puis on décida que dans le discours familier on
» peut dire, *si j'étois que de vous*. Quelqu'un dit qu'il aimeroit
» encore mieux *si j'étois de vous*. Un autre ajouta que cette
» phrase étoit d'un familier très et trop familier. »

peu saine ; c'est la vouloir envoyer bientôt en l'autre monde, que de l'exposer, comme elle est, à faire des enfans. Le monde n'est point du tout son fait : et je vous conseille de la mettre dans un couvent, où elle trouvera des divertissemens qui seront mieux de son humeur.

SGANARELLE.

Tous ces conseils sont admirables, assurément ; mais je les trouve un peu intéressés, et trouve que vous me conseillez fort bien pour vous. Vous êtes orfevre, monsieur Josse *, et votre conseil sent son homme qui a envie de se défaire de sa marchandise. Vous vendez des tapisseries, monsieur Guillaume, et vous avez la mine d'avoir quelque tenture qui vous incommode. Celui que vous aimez, ma voisine, a, dit-on, quelque inclination pour ma fille, et vous ne seriez pas fâchée de la voir femme d'un autre. Et quant à vous, ma chère nièce, ce n'est pas mon dessein, comme on sait, de marier ma fille avec qui que ce soit, et j'ai mes raisons pour cela ; mais, le conseil que vous me donnez de la faire religieuse, est d'une femme qui pourroit bien souhaiter charitablement d'être mon héritière universelle. Ainsi, messieurs et mesdames, quoique tous vos conseils soient les meilleurs du monde, vous trouverez bon, s'il vous plaît, que je n'en suive aucun. (*seul.*) Voilà de mes donneurs de conseils à la mode.

SCÈNE II.

LUCINDE, SGANARELLE.

SGANARELLE.

Ah ! voilà ma fille qui prend l'air. Elle ne me voit pas. Elle soupire. Elle lève les yeux au ciel.

(*à Lucinde.*)

Dieu vous garde. Bonjour, ma mie. Hé bien, qu'est-ce ?

---

* *Vous êtes orfevre*, M. *Josse.* On n'ignore nulle part la fortune qu'a faite cette réplique de Sganarelle ; le sens et la précision de Molière ont donné à des lignes de sa prose le mérite de ces vers heureux qui ont fait proverbe.

Comme vous en va * ? Hé quoi, toujours triste et mélancolique comme cela, et tu ne veux pas me dire ce que tu as? Allons-donc, découvre-moi ton petit cœur. Là, ma pauvre mie, dis, dis; dis tes petites pensées à ton petit papa mignon. Courage, veux-tu que je te baise? Viens.

(*à part.*)

J'enrage de la voir de cette humeur-là.

(*à Lucinde.*)

Mais, dis-moi, me veux-tu faire mourir de déplaisir, et ne puis-je savoir d'où vient cette grande langueur? Découvre-m'en la cause, et je te promets que je ferai toutes choses pour toi. Oui, tu n'as qu'à me dire le sujet de ta tristesse; je t'assure ici, et te fais serment qu'il n'y a rien que je ne fasse pour te satisfaire ; c'est tout dire. Est-ce que tu es jalouse de quelqu'une de tes compagnes que tu voyes plus brave que toi, et seroit-il quelque étoffe nouvelle dont tu voulusses avoir un habit ? Non. Est-ce que ta chambre ne te semble pas assez parée? et que tu souhaiterois quelque cabinet de la foire de Saint Laurent ? Ce n'est pas cela. Aurois-tu envie d'apprendre quelque chose, et veux-tu que je te donne un maître pour te montrer à jouer du clavecin ? Nenni. Aimerois-tu quelqu'un, et souhaiterois-tu d'être mariée ? (*Lucinde fait signe qu'oui.*)

SCÈNE III.

SGANARELLE, LUCINDE, LISETTE.

LISETTE.

Hé bien, monsieur, vous venez d'entretenir votre fille. Avez-vous su la cause de sa mélancolie.

SGANARELLE.

Non. C'est une coquine qui me fait enrager.

LISETTE.

Monsieur, laissez-moi faire, je m'en vais la sonder un peu.

---

* *Comme vous en va ? Comme* pour *comment.*

ACTE I. SCÈNE III.

SGANARELLE.

Il n'est pas nécessaire ; et, puisqu'elle veut être de cette humeur, je suis d'avis qu'on lui laisse *.

LISETTE.

Laissez-moi faire, vous dis-je. Peut-être qu'elle se découvrira plus librement à moi qu'à vous. Quoi ! Madame, vous ne nous direz point ce que vous avez, et vous voulez affliger ainsi tout le monde ? Il me semble qu'on n'agit point comme vous faites ; et que si vous avez quelque répugnance à vous expliquer à un père, vous n'en devez avoir aucune à me découvrir votre cœur. Dites-moi, souhaitez-vous quelque chose de lui ? il nous a dit plus d'une fois qu'il n'épargneroit rien pour vous contenter. Est-ce qu'il ne vous donne pas toute la liberté que vous souhaiteriez ? et les promenades et les cadeaux ne tenteroient-ils point votre ame ? Hé ? Avez-vous reçu quelque déplaisir de quelqu'un ? N'auriez-vous point quelque secrette inclination, avec qui vous souhaiteriez que votre père vous mariât ? Ah ! je vous entends. Voilà l'affaire. Que diable, pourquoi tant de façons ? Monsieur, le mystère est découvert ; et...

SGANARELLE.

Va, fille ingrate, je ne te veux plus parler, et je te laisse dans ton obstination.

LUCINDE.

Mon père, puisque vous voulez que je vous dise la chose....

SGANARELLE.

Oui ; je perds toute l'amitié que j'avois pour toi.

LISETTE.

Monsieur, sa tristesse....

SGANARELLE.

C'est une coquine qui me veut faire mourir.

* *Et puisqu'elle veut être de cette humeur, je suis d'avis qu'on lui laisse.* Il faudroit, *qu'on la lui laisse*, ou plutôt, *qu'on l'y laisse*.

Cette scène où Sganarelle s'obstine à ne point vouloir entendre ce qu'on lui dit de cent façons, parce qu'on lui fait envisager le mariage de sa fille comme le vrai remède de sa mélancolie, et que cette idée de mariage contrarie les siennes, est d'un comique charmant.

LUCINDE.

Mon père, je veux bien....

SGANARELLE.

Ce n'est pas là la recompense de t'avoir élevée comme j'ai fait.

LISETTE.

Mais, monsieur....

SGANARELLE.

Non, je suis contre elle dans une colère épouvantable.

LUCINDE.

Mais, mon père....

SGANARELLE.

Je n'ai plus aucune tendresse pour toi.

LISETTE.

Mais....

SGANARELLE.

C'est une friponne.

LUCINDE.

Mais....

SGANARELLE.

Une ingrate.

LISETTE.

Mais...

SGANARELLE.

Une coquine, qui ne veut pas dire ce qu'elle a.

LISETTE.

C'est un mari qu'elle veut.

SGANARELLE *faisant semblant de ne pas entendre.*

Je l'abandonne.

LISETTE.

Un mari.

SGANARELLE.

Je la déteste.

LISETTE.

Un mari.

SGANARELLE.

Et la renonce pour ma fille.

LISETTE.
Un mari.
SGANARELLE.
Non, ne m'en parlez point.
LISETTE.
Un mari.
SGANARELLE.
Ne m'en parlez point.
LISETTE.
Un mari.
SGANARELLE.
Ne m'en parlez point.
LISETTE.
Un mari, un mari, un mari.

SCÈNE IV.
LUCINDE, LISETTE.
LISETTE.
On dit bien vrai, qu'il n'y a point de pires sourds que ceux qui ne veulent pas entendre.
LUCINDE.
Hé bien, Lisette, j'avois tort de cacher mon déplaisir, et je n'avois qu'à parler, pour avoir tout ce que je souhaitois de mon père ? Tu le vois.
LISETTE.
Par ma foi, voilà un vilain homme ; et je vous avoue que j'aurois un plaisir extrême à lui jouer quelque tour. Mais, d'où vient donc, madame, que jusqu'ici vous m'avez caché votre mal ?
LUCINDE.
Hélas ! de quoi m'auroit servi de te le découvrir plutôt ? n'aurois-je pas autant gagné à le tenir caché toute ma vie ? Crois-tu que je n'aye pas bien prévu tout ce que tu vois maintenant, que je ne sûsse pas à fond tous les sentimens de mon père, et que le refus qu'il a fait porter à celui qui ma demandée par un ami, n'ait pas étouffé dans mon ame toute sorte d'espoir ?

LISETTE.

Quoi ! c'est cet inconnu qui vous a fait demander, pour qui vous ?....

LUCINDE.

Peut-être n'est-il pas honnête à une fille de s'expliquer si librement ; mais enfin, je t'avoue que, s'il m'étoit permis de vouloir quelque chose, ce seroit lui que je voudrois. Nous n'avons eu ensemble aucune conversation, et sa bouche ne m'a point déclaré la passion qu'il a pour moi ; mais, dans tous les lieux où il a pu me voir, ses regards et ses actions m'ont toujours parlé si tendrement, et la demande qu'il a fait faire de moi, m'a paru d'un si honnête homme, que mon cœur n'a pu s'empêcher d'être sensible a ses ardeurs *; et, cependant, tu vois où la dureté de mon père réduit toute cette tendresse.

LISETTE.

Allez, laissez-moi faire. Quelque sujet que j'aie de me plaindre de vous ** du secret que vous m'avez fait, je ne veux pas laisser de servir votre amour ; et, pourvu que vous ayez assez de résolution....

LUCINDE.

Mais, que veux-tu que je fasse contre l'autorité d'un père ? Et s'il est inexorable à mes vœux....

LISETTE.

Allez, allez, il ne faut pas se laisser mener comme un oison ; et, pourvu que l'honneur n'y soit pas offensé, on se peut libérer un peu de la tyrannie d'un père. Que prétend-il que vous fassiez ? N'êtes vous pas en âge d'être mariée, et croit-il que vous soyez de marbre ? Allez, encore un coup, je veux servir votre passion ; je prends, dès-à-présent sur moi tout le soin de ses intérêts, et vous verrez que je sais des détours....Mais, je vois votre père. Rentrons, et me laissez agir.

---

* *Sensible à ses ardeurs.* On diroit aujourd'hui, *à son ardeur*: Il n'y a que les poëtes qui emploient encore ce mot au pluriel.

** *Quelque sujet que j'aie de me plaindre de vous du secret*, etc. On retrancheroit aujourd'hui *de vous*, comme inutile à la phrase, et comme multipliant désagréablement la particule *de*.

SCÈNE V.
SGANARELLE seul.

Il est bon, quelquefois, de ne point faire semblant d'entendre les choses qu'on n'entend que trop bien ; et j'ai fait sagement de parer la déclaration d'un desir que je ne suis pas résolu de contenter. A-t-on jamais rien vu de plus tyrannique que cette coutume où l'on veut assujettir les pères ? Rien de plus impertinent et de plus ridicule, que d'amasser du bien avec de grands travaux, et élever une fille avec beaucoup de soin et de tendresse, pour se dépouiller de l'un et de l'autre entre les mains d'un homme qui ne nous touche de rien ? Non, non ; je me moque de cet usage, et je veux garder mon bien et ma fille pour moi.

SCÈNE VI.
SGANARELLE, LISETTE.

LISETTE *courant sur le Théâtre, et feignant de pas voir Sganarelle.*

Ah ! malheur. Ah ! disgrace. Ah ! pauvre seigneur Sganarelle, où pourrai-je te rencontrer[*] ?

SGANARELLE *à part.*

Que dit-elle là ?

LISETTE *courant toujours.*

Ah ! misérable père, que feras-tu quand tu sauras cette nouvelle ?

SGANARELLE *à part.*

Que sera-ce ?

LISETTE.

Ma pauvre maîtresse !

SGANARELLE *à part.*

Je suis perdu.

---

[*] Il est aisé de voir que *Regnard* a dessiné *ses Folies amoureuses* d'après cette scène et d'après toute la pièce. Lucinde ne fait point la folle ici, mais seulement la malade.

L'AMOUR MÉDECIN.

LISETTE.

Ah !

SGANARELLE *courant après Lisette.*

Lisette.

LISETTE.

Quelle infortune !

SGANARELLE.

Lisette.

LISETTE.

Quel accident !

SGANARELLE.

Lisette.

LISETTE.

Quelle fatalité !

SGANARELLE.

Lisette.

LISETTE *s'arrêtant.*

Ah ! Monsieur.

SGANARELLE.

Qu'est-ce ?

LISETTE.

Monsieur.

SGANARELLE.

Qu'y a-t-il ?

LISETTE.

Votre fille....

SGANARELLE.

Ah, ah !

LISETTE.

Monsieur, ne pleurez donc point comme cela, car vous me feriez rire.

SGANARELLE.

Dis donc vîte.

LISETTE.

Votre fille, toute saisie des paroles que vous lui avez dites, et de la colère effroyable où elle vous a vu contre elle, est montée vîte dans sa chambre, et, pleine de désespoir, a ouvert la fenêtre qui regarde sur la rivière.

ACTE I. SCÈNE VIII.

SGANARELLE.
Hé bien ?

LISETTE.
Alors, levant les yeux au ciel ; non, a-t-elle dit, il m'est impossible de vivre avec le courroux de mon père ; et, puisqu'il me renonce pour sa fille, je veux mourir.

SGANARELLE.
Elle s'est jetée ?

LISETTE.
Non, Monsieur. Elle a fermé tout doucement la fenêtre, et s'est allée mettre sur le lit. Là, elle s'est prise à pleurer amèrement ; et, tout d'un coup, son visage a pâli, ses yeux se sont tournés, le cœur lui a manqué, et elle est demeurée entre mes bras.

SGANARELLE.
Ah, ma fille ! Elle est morte ?

LISETTE.
Non, monsieur. A force de la tourmenter, je l'ai fait revenir ; mais cela lui reprend de moment en moment, et je crois qu'elle ne passera pas la journée.

SGANARELLE.
Champagne, Champagne, Champagne.

SCÈNE VII.

SGANARELLE, CHAMPAGNE, LISETTE.

SGANARELLE.
Vite, qu'on m'aille querir des médecins, et en quantité. On n'en peut trop avoir dans une pareille aventure. Ah, ma ma fille ! Ma pauvre fille !

SCÈNE VIII.

PREMIÈRE ENTRÉE.

Champagne, valet de Sganarelle, frappe, en dansant, aux portes de quatre médecins.

SCÈNE IX.

Les quatre médecins dansent, et entrent avec cérémonie chez Sganarelle.

ACTE II.

SCÈNE I.

SGANARELLE, LISETTE.

LISETTE.

Que voulez-vous donc faire, monsieur, de quatre médecins? N'est-ce pas assez d'un pour tuer une personne?

SGANARELLE.

Taisez-vous. Quatre conseils valent mieux qu'un.

LISETTE.

Est-ce que votre fille ne peut pas bien mourir sans le secours de ces messieurs là?

SGANARELLE.

Est-ce que les médecins font mourir?

LISETTE.

Sans doute; et j'ai connu un homme qui prouvoit, par bonnes raisons, qu'il ne faut jamais dire, une telle personne est morte d'une fièvre et d'une fluxion sur la poitrine, mais elle est morte de quatre médecins et de deux apothicaires *.

* *Il ne faut jamais dire une telle personne est morte d'une fièvre et d'une fluxion sur la poitrine, mais, elle est morte de quatre médecins.* Pline, dans son Histoire naturelle, cite une épitaphe, où l'on fait dire à un mort qu'il est mort du nombre de ses médecins. *Turbâ se medicorum periisse.*

SGANARELLE.

Chut. N'offensez pas ces messieurs-là.

LISETTE.

Ma foi, monsieur, notre chat est réchappé depuis peu d'un saut qu'il fit du haut de la maison dans la rue, et il fut trois jours sans manger et sans pouvoir remuer ni pied, ni patte; mais il est bien heureux de ce qu'il n'y a point de chats médecins, car ses affaires étoient faites, et ils n'auroient pas manqué de le purger et de le saigner.

SGANARELLE.

Voulez-vous vous taire, vous dis-je ? Mais, voyez quelle impertinence ! Les voici.

LISETTE.

Prenez garde, vous allez être bien édifié. Il vous diront en latin que votre fille est malade.

SCÈNE II.

MESSIEURS TOMÈS, DESFONANDRÈS, MACROTON, BAHIS, SGANARELLE, LISETTE.

SGANARELLE.

Hé bien, messieurs ?

M. TOMÈS.

Nous avons vu suffisamment la malade, et sans doute qu'il y a beaucoup d'impuretés en elle.

SGANARELLE.

Ma fille est impure ?

M. TOMÈS.

Je veux dire qu'il y a beaucoup d'impuretés dans son corps, quantité d'humeurs corrompues.

SGANARELLE.

Ah ! je vous entends.

M. TOMÈS.

Mais.... Nous allons consulter ensemble.

SGANARELLE.

Allons, faites donner des sièges.

LISETTE à *M. Tomès.*

Ah! monsieur, vous en êtes.

SGANARELLE à *Lisette.*

De quoi donc connoissez-vous monsieur?

LISETTE.

De l'avoir vu l'autre jour chez la bonne amie de madame votre nièce.

M. TOMÈS.

Comment se porte son cocher?

LISETTE.

Fort bien. Il est mort.

M. TOMÈS.

Mort?

LISETTE.

Oui.

M. TOMÈS.

Cela ne se peut.

LISETTE.

Je ne sais pas si cela se peut ; mais je sais bien que cela est.

M. TOMÈS.

Il ne peut pas être mort, vous dis-je.

LISETTE.

Et moi, je vous dis qu'il est mort et enterré.

M. TOMÈS.

Vous vous trompez.

LISETTE.

Je l'ai vu.

M. TOMÈS.

Cela est impossible. Hipocrate dit que ces sortes de maladies ne se terminent qu'au quatorze ou au vingt-un ; et il n'y a que six jours qu'il est tombé malade.

LISETTE.

Hipocrate dira ce qu'il lui plaira ; mais le cocher est mort.

SGANARELLE.

Paix, discoureuse. Allons, sortons d'ici. Messieurs, je vous supplie de consulter de la bonne manière. Quoique ce ne soit pas la coutume de payer auparavant, toutefois, de peur que je ne l'oublie, et afin que ce soit une affaire faite, voici....

(*Il leur donne de l'argent, et chacun en le recevant, fait un geste différent.*)

SCÈNE III.

MESSIEURS DESFONANDRÈS, TOMÈS, MACROTON, BAHIS.

(*Ils s'asseyent et toussent.*)

M. DESFONANDRÈS.

Paris est étrangement grand, et il faut faire de long trajets, quand la pratique donne un peu.

M. TOMÈS.

Il faut avouer que j'ai une mule admirable pour cela, et qu'on a peine à croire le chemin que je lui fais faire tous les jours.

M. DESFONANDRÈS.

J'ai un cheval merveilleux, et c'est un animal infatigable.

M. TOMÈS.

Savez-vous le chemin que ma mule a fait aujourd'hui? J'ai été, premièrement, tout contre l'arsenal, de l'arsenal au bout du faubourg saint-Germain, du faubourg saint-Germain au fond du Marais, du fond du Marais à la porte saint-Honoré, de la porte saint-Honoré au faubourg saint-Jacques, du faubourg saint-Jacques à la porte de Richelieu, de la porte de Richelieu ici, d'ici je dois aller encore à la place royale.

M. DESFONANDRÈS.

Mon cheval a fait tout cela aujourd'hui; et, de plus, j'ai été à Ruel voir un malade.

M. TOMÈS.

Mais, à propos, quel parti prenez-vous dans la querelle des deux médecins, Théophraste et Artémius? Car c'est une affaire qui partage tout notre corps.

M. DESFONANDRES.

Moi, je suis pour Artémius.

M. TOMÈS.

Et moi aussi. Ce n'est pas que son avis, comme on a vu, n'ait tué le malade, et que celui de Théophraste ne fut beaucoup meilleur assurément; mais enfin, il a tort dans les circonstances, et il ne devoit pas être d'un autre avis que son ancien. Qu'en dites-vous?

M. DESFONANDRÈS.

Sans doute. Il faut toujours garder les formalités, quoi qu'il puisse arriver.

M. TOMÈS.

Pour moi, j'y suis sévère en diable, à moins que ce ne soit entre amis; et l'on nous assembla un jour, trois de nous autres, avec un médecin de dehors, pour une consultation où j'arrêtai toute l'affaire, et ne voulus point endurer qu'on opinât, si les choses n'alloient dans l'ordre. Les gens de la maison faisoient ce qu'ils pouvoient, et la maladie pressoit; mais je n'en voulus point démordre, et la malade mourut bravement pendant cette contestation.

M. DESFONANDRÈS.

C'est fort bien fait d'apprendre aux gens à vivre, et de leur montrer leur béjaune *.

M. TOMÈS.

Un homme mort, n'est qu'un homme mort, et ne fait point de conséquence, mais une formalité négligée porte un notable préjudice à tout le corps des médecins.

SCÈNE IV.

SGANARELLE, MESSIEURS TOMÈS, DESFONANDRÈS, MACROTON, BAHIS.

SGANARELLE.

Messieurs, l'oppression de ma fille augmente; je vous prie de me dire vite ce que vous avez résolu.

M. TOMÈS *à monsieur Desfonandrès.*

Allons, monsieur.

M. DESFONANDRÈS.

Non, monsieur, parlez, s'il vous plaît.

M. TOMÈS.

Vous vous moquez.

---

* *Leur montrer leur béjaune.* Terme familier, dit le Dictionnaire de l'Académie, emprunté de la fauconnerie, et qui signifie *oiseau jeune et niais*.

ACTE II. SCÈNE IV.

M. DESFONANDRÈS.

Je ne parlerai pas le premier.

M. TOMÈS.

Monsieur.

M. DESFONANDRÈS.

Monsieur.

SGANARELLE.

Hé, de grace, messieurs, laissez toutes ces cérémonies, et songez que les choses pressent.

(*Ils parlent tous quatre à la fois.*)

M. TOMÈS.

La maladie de votre fille....

M. DESFONANDRÈS.

L'avis de tous ces messieurs tous ensemble.

M. MACROTON.

A-près a-voir bien con-sul-té....

M. BAHIS.

Pour raisonner....

SGANARELLE.

Hé, messieurs, parlez l'un après l'autre, de grace.

M. TOMÈS.

Monsieur, nous avons raisonné sur la maladie de votre fille, et mon avis, à moi, est que cela procède d'une grande chaleur de sang; ainsi, je conclus à la saigner le plutôt que vous pourrez.

M. DESFONANDRÈS.

Et moi je dis que sa maladie est une pourriture d'humeurs causée par une trop grande réplétion; ainsi, je conclus à lui donner de l'émétique.

M. TOMÈS.

Je soutiens que l'émétique la tuera.

M. DESFONANDRÈS.

Et moi que la saignée la fera mourir.

M. TOMÈS.

C'est bien à vous à faire l'habile homme!

M. DESFONANDRÈS.

Oui, c'est à moi; et je vous prêterai le collet en tout genre d'érudition.

L'AMOUR MÉDECIN.

M. TOMÈS.

Souvenez-vous de l'homme que vous fîtes crever ces jours passés.

M. DESFONANDRÈS.

Souvenez-vous de la dame que vous avez envoyée en l'autre monde, il y trois jours.

M. TOMÈS à *Sganarelle*.

Je vous ai dit mon avis.

M. DESFONANDRÈS à *Sganarelle*.

Je vous ai dit ma pensée.

M. TOMÈS.

Si vous ne faites saigner tout-à-l'heure votre fille, c'est une personne morte.

(*Il sort.*)

M. DESFONANDRÈS.

Si vous la faites saigner, elle ne sera pas en vie dans un quart d'heure. (*Il sort.*)

SCÈNE V.

SGANARELLE, MESSIEURS MACROTON, BAHIS.

SGANARELLE.

A qui croire des deux, et quelle résolution prendre sur des avis si opposés ? Messieurs, je vous conjure de déterminer mon esprit, et de me dire, sans passion, ce que vous croyez le plus propre à soulager ma fille.

M. MACROTON.

Mon-si-eur, dans ces ma-ti-è-res-là il faut pro-cé-der a-vec-que cir-cons-pec-tion, et ne ri-en fai-re, com-me on dit, à la vo-lé-e ; d'au-tant que les fau-tes qu'on y peut fai-re sont, se-lon no-tre mai-tre Hi-po-cra-te, d'u-ne dan-ge-reu-se con-sé-quen-ce.

M. BAHIS *bredouillant*.

Il est vrai. Il faut bien prendre garde à ce qu'on fait, car ce ne sont point ici des jeux d'enfant, et, quand on a failli, il n'est pas aisé de réparer le manquement, et de rétablir ce qu'on a gâté. *Experimentum periculosum.* C'est pourquoi il s'agit de

ACTE II. SCÈNE V.

raisonner auparavant comme il faut, de peser mûrement les choses, de regarder le tempérament des gens, d'examiner les causes de la maladie, et de voir les remèdes qu'on y doit apporter.

SGANARELLE à part.

L'un va en tortue, et l'autre court la poste.

M. MACROTON.

Or, mon-si-eur, pour ve-nir au fait, je trou-ve que vo-tre fil-le a u-ne ma-la-die chro-ni-que, et qu'el-le peut pé-ri-cli-ter, si on ne lui don-ne du se-cours, d'au-tant que les symp-tô-mes qu'el-le a sont in-di-ca-tifs d'u-ne va-peur fu-li-gi-neu-se et mor-di-can-te qui lui pi-co-te les mem-bra-nes du cer-veau. Or cet-te va-peur, que nous nom-mons en Grec, *At-mos*, est cau-sée par des hu-meurs pu-tri-des, te-na-ces, con-glu-ti-neu-ses, qui sont con-te-nues dans le bas ven-tre.

M. BAHIS.

Et comme ces humeurs ont été la engendrées par une longue succession de tems, elles s'y sont recuites, et ont acquis cette malignité qui fume vers la région du cerveau.

M. MACROTON.

Si bien donc que, pour ti-rer, dé-ta-cher, ar-ra-cher, ex-pul-ser, é-va-cu-er les-di-tes hu-meurs, il fau-dra u-ne pur-ga-tion vi-gou-reuse. Mais au pré-a-la-ble, je trou-ve à pro-pos, et il n'y a pas d'in-con-vé-ni-ent, d'user de pe-tits re-mè-des a-no-dins, c'est-à-dire, de pe-tits la-ve-mens ré-mol-li-ens et dé-ter-sifs, de ju-leps et de si-rops ra-fraî-chis-sans qu'on mê-le-ra dans sa pti-sa-ne.

M. BAHIS.

Après, nous en viendrons à la purgation et à la saignée, que nous réitérerons, s'il en est besoin.

M. MACROTON.

Ce n'est pas qu'à-vec tout ce-la vo-tre fil-le ne puis-se mou-rir; mais au-moins, vous au-rez fait quel-que cho-se, et vous au-rez la con-so-la-tion qu'el-le se-ra mor-te dans les for-mes.

M. BAHIS.

Il vaut mieux mourir selon les regles, que de réchapper con-tre les règles.

M. MACROTON.

Nous vous di-sons sin-cère-ment no-tre pen-sé-e.

M. BAHIS.

Et vous avons parlé comme nous parlerions à notre frère.

SGANARELLE.

(à M. Macroton, en allongeant ses mots.)

Je vous rends très-hum-bles gra-ces.

(à M. Bahis, en bredouillant.)

Et vous suis infiniment obligé de la peine que vous avez prise.

SCÈNE VI.

SGANARELLE, seul.

Me voilà justement un peu plus incertain que je n'étois auparavant. Morbleu, il me vient une fantaisie. Il faut que j'aille acheter de l'orviétan, et que je lui en fasse prendre. L'orviétan est un remède dont beaucoup de gens se sont bien trouvés. Holà.

SCÈNE VII.

DEUXIÈME ENTRÉE.

SGANARELLE, UN OPÉRATEUR.

SGANARELLE.

Monsieur, je vous prie de me donner une boîte de votre orviétan, que je m'en vais vous payer.

L'OPERATEUR chante.

L'or de tous les climats qu'entoure l'Océan,
Peut-il jamais payer ce secret d'importance ?
Mon remède guérit, par sa rare excellence,
Plus de maux qu'on ne peut nombrer dans tout un an ;

    La gale,
    La rogne,
    La teigne,
    La fièvre,
    La peste,
    La goutte,
    Vérole,

ACTE II. SCÈNE VIII.

Descente,
Rougeole.
O grande puissance
De l'orviétan !

SGANARELLE.

Monsieur, je crois que tout l'or du monde n'est pas capable de payer votre remède ; mais, pourtant, voici une pièce de trente sols que vous prendrez, s'il vous plaît.

L'OPÉRATEUR *chante*.

Admirez mes bontés, et le peu qu'on vous vend
Ce trésor merveilleux que ma main vous dispense.
Vous pouvez, avec lui, braver en assurance
Tous les maux que, sur nous, l'ire du ciel répand,
La gale,
La rogne,
La teigne,
La fièvre,
La peste,
La goutte,
Vérole,
Descente,
Rougeole.
O grande puissance
De l'orviétan !

SCÈNE VIII.

Plusieurs Trivelins, et plusieurs Scaramouches valets de l'opérateur, se réjouissent en dansant.

ACTE III.

SCÈNE I.

MESSIEURS FILLERIN, TOMÈS, DESFONANDRÈS.

M. FILLERIN.

N'avez-vous point de honte, messieurs, de montrer si peu de prudence, pour des gens de votre âge, et de vous être querellés comme de jeunes étourdis ? Ne voyez-vous pas bien quel tort ces sortes de querelles nous font parmi le monde ; et n'est-ce pas assez que les savans voient les contrariétés et les dissentions qui sont entre nos auteurs et nos anciens maîtres, sans découvrir encore au peuple, par nos débats et nos querelles, la forfanterie de notre art ? Pour moi, je ne comprends rien du tout à cette méchante politique de quelques-uns de nos gens, et il faut confesser que toutes ces contestations nous ont décriés, depuis peu, d'une étrange manière ; et que, si nous n'y prenons garde, nous allons nous ruiner nous-mêmes. Je n'en parle pas pour mon intérêt ; car, Dieu merci, j'ai déjà établi mes petites affaires. Qu'il vente, qu'il pleuve, qu'il grêle, ceux qui sont morts, sont morts, et j'ai de quoi me passer des vivans ; mais enfin toutes ces disputes ne valent rien pour la médecine. Puisque le ciel nous fait la grace que, depuis tant de siècles, on demeure infatué de nous, ne désabusons point les hommes avec nos cabales extravagantes, et profitons de leurs sottises le plus doucement que nous pourrons. Nous ne sommes pas les seuls, comme vous savez, qui tâchons à nous prévaloir de la foiblesse humaine. C'est là que va l'étude de la plupart du monde, et chacun s'efforce de prendre les hommes par leur foible, pour

ACTE III. SCENE I.

en tirer quelque profit. Les flatteurs, par exemple, cherchent à profiter de l'amour que les hommes ont pour les louanges, en leur donnant tout le vain encens qu'ils souhaitent, et c'est un art où l'on fait, comme on voit, des fortunes considérables. Les alchymistes tâchent à profiter de la passion que l'on a pour les richesses, en promettant des montagnes d'or à ceux qui les écoutent ; les diseurs d'horoscopes, par leurs prédictions trompeuses, profitent de la vanité et de l'ambition des crédules esprits. Mais le plus grand foible des hommes, c'est l'amour qu'ils ont pour la vie ; et nous en profitons, nous autres, par notre pompeux galimatias, et savons prendre nos avantages de cette vénération que la peur de mourir leur donne pour notre métier. Conservons-nous donc dans le degré d'estime où leur foiblesse nous a mis, et soyons de concert auprès des malades, pour nous attribuer les heureux succès de la maladie, et rejeter sur la nature toutes les bévues de notre art. N'allons point, dis-je, détruire sottement les heureuses préventions d'une erreur qui donne du pain à tant de personnes, et, de l'argent de ceux que nous mettons en terre, nous fait élever de tous côtés de si beaux héritages.

M. TOMÈS.

Vous avez raison en tout ce que vous dites ; mais ce sont chaleurs de sang, dont par fois on n'est pas le maître.

M. FILLERIN.

Allons donc, messieurs, mettez bas toute rancune, et faisons ici votre accommodement.

M. DESFONANDRÈS.

J'y consens. Qu'il me passe mon émétique pour la malade dont il s'agit ; et je lui passerai tout ce qu'il voudra pour le premier malade dont il sera question.

M. FILLERIN.

On ne peut pas mieux dire ; et voilà se mettre à la raison.

M. DESFONANDRÈS.

Cela est fait.

M. FILLERIN.

Touchez donc là. Adieu. Une autre fois montrez plus de prudence.

SCÈNE II.

M. TOMÈS, M. DESFONANDRÈS LISETTE.

LISETTE.

Quoi, messieurs, vous voilà, et vous ne songez pas à réparer le tort qu'on vient de faire à la médecine !

M. TOMÈS.

Comment ? Qu'est-ce ?

LISETTE.

Un insolent, qui a eu l'effronterie d'entreprendre sur votre métier, et, sans votre ordonnance, vient de tuer un homme d'un grand coup d'épée au travers du corps.

M. TOMÈS.

Écoutez, vous faites la railleuse, mais vous passerez par nos mains quelque jour.

LISETTE.

Je vous permets de me tuer, lorsque j'aurai recours à vous.

SCÈNE III.

CLITANDRE en habit de médecin, LISETTE.

CLITANDRE.

Hé bien, Lisette, que dis-tu de mon équipage ? Crois-tu qu'avec cet habit je puisse duper le bon homme ? me trouves-tu bien ainsi ?

LISETTE.

Le mieux du monde, et je vous attendois avec impatience. Enfin, le ciel ma fait d'un naturel le plus humain du monde, et je ne puis voir deux amans soupirer l'un pour l'autre, qu'il ne me prenne une tendresse charitable, et un desir ardent de soulager les maux qu'ils souffrent. Je veux, à quelque prix que ce soit, tirer Lucinde de la tyrannie où elle est, et la mettre en votre pouvoir. Vous m'avez plu d'abord ; je me connois en

ACTE III. SCÈNE IV.

gens; et elle ne peut pas mieux choisir. L'amour risque des choses extraordinaires; et nous avons concerté ensemble une manière de stratagême qui pourra peut-être nous réussir. Toutes nos mesures sont déjà prises; l'homme à qui nous avons affaire n'est pas des plus fins de ce monde; et, si cette aventure nous manque, nous trouverons mille autres voies pour arriver à notre but. Attendez-moi là seulement, je reviens vous querir.

(*Clitandre se retire dans le fond du Théâtre.*)

SCENE IV.
SGANARELLE, LISETTE.

LISETTE.

Monsieur, alégresse! alégresse!

SGANARELLE.

Qu'est-ce?

LISETTE.

Réjouissez-vous.

SGANARELLE.

De quoi?

LISETTE.

Réjouissez-vous, vous dis-je.

SGANARELLE.

Dis-moi donc ce que c'est; et puis, je me réjouirai peut-être.

LISETTE.

Non. Je veux que vous vous réjouissiez auparavant, que vous chantiez, que vous dansiez.

SGANARELLE.

Sur quoi?

LISETTE.

Sur ma parole.

SGANARELLE.
(*Il chante et danse.*)

Allons donc. La lera la la, la lera la la. Que diable!

LISETTE.

Monsieur, votre fille est guérie.

SGANARELLE.
Ma fille est guérie !
LISETTE.
Oui. Je vous amène un médecin ; mais un médecin d'importance, qui fait des cures merveilleuses, et qui se moque des autres médecins.
SGANARELLE.
Où est-il.
LISETTE.
Je vais le faire entrer.
SGANARELLE *seul.*
Il faut voir si celui-ci fera plus que les autres.

SCÈNE V.

CLITANDRE *en habit de médecin*, SGANARELLE, LISETTE.

LISETTE *amenant Clitandre.*
Le voici.
SGANARELLE.
Voilà un médecin qui a la barbe bien jeune.
LISETTE.
La science ne se mesure pas par la barbe, et ce n'est pas par le menton qu'il est habile.
SGANARELLE.
Monsieur, on m'a dit que vous aviez des remèdes admirables pour faire aller à la selle.
CLITANDRE.
Monsieur, mes remèdes sont différens de ceux des autres. Ils ont l'émétique, les saignées, les médecines et les lavemens ; mais moi, je guéris par des paroles, par des sons, par des lettres, par des talismans, et par des anneaux constellés.
LISETTE.
Que vous ai-je dit ?
SGANARELLE.
Voilà un grand homme !
LISETTE.
Monsieur, comme votre fille est là toute habillée dans une chaise, je vais la faire passer ici.

SGANARELLE.

Oui. Fais.

CLITANDRE *tâtant le pouls à Sganarelle.*

Votre fille est bien malade.

SGANARELLE.

Vous connoissez cela ici ?

CLITANDRE.

Oui, par la sympathie qu'il y a entre le père et la fille.

SCÈNE VI.

SGANARELLE, LUCINDE, CLITANDRE, LISETTE.

LISETTE *à Clitandre.*

Tenez, monsieur, voilà une chaise auprès d'elle.

(*à Sganarelle.*)

Allons, laissez-les là tous deux.

SGANARELLE.

Pourquoi ? Je veux demeurer là.

LISETTE.

Vous moquez-vous ? Il faut s'éloigner. Un médecin a cent choses à demander qu'il n'est pas honnête qu'un homme entende.

(*Sganarelle et Lisette s'éloignent.*)

CLITANDRE *bas à Lucinde.*

Ah ! madame, que le ravissement où je me trouve est grand, et que je sais peu par où commencer mon discours ! Tant que je ne vous ai parlé que des yeux, j'avois, ce me sembloit, cent choses à vous dire, et maintenant que j'ai la liberté de vous parler de la façon que je souhaitois, je demeure interdit, et la grande joie où je suis étouffe toutes mes paroles.

LUCINDE.

Je puis vous dire la même chose ; et je sens, comme vous, des mouvemens de joie qui m'empêchent de pouvoir parler.

CLITANDRE.

Ah ! madame, que je serois heureux, s'il étoit vrai que vous sentissiez tout ce que je sens, et qu'il me fût permis de juger de votre ame par la mienne ! Mais, madame, puis-je au moins croire que ce soit à vous à qui je doive la pensée de cet heureux stratagême qui me fait jouir de votre présence ?

LUCINDE.

Si vous ne m'en devez pas la pensée, vous m'êtes redevable au moins d'en avoir approuvé la proposition avec beaucoup de joie.

SGANARELLE à *Lisette*.

Il me semble qu'il lui parle de bien près.

LISETTE à *Sganarelle*.

C'est qu'il observe sa physionomie et tous les traits de son visage.

CLITANDRE à *Lucinde*.

Serez-vous constante, madame, dans ces bontés que vous me témoignez ?

LUCINDE.

Mais, vous, serez-vous ferme dans les résolutions que vous avez montrées ?

CLITANDRE.

Ah ! madame, jusqu'à la mort. Je n'ai point de plus forte envie que d'être à vous, et je vais le faire paroître dans ce que vous m'allez voir faire.

SGANARELLE à *Clitandre*.

Hé bien ! notre malade ? Elle me semble un peu plus gaie.

CLITANDRE.

C'est que j'ai déjà fait agir sur elle un de ces remèdes que mon art m'enseigne. Comme l'esprit a grand empire sur le corps, et que c'est de lui, bien souvent, que procèdent les maladies, ma coutume est de courir à guérir les esprits, avant que de venir aux corps. J'ai donc observé ses regards, les traits de son visage, et les lignes de ses deux mains; et, par la science que le ciel m'a donnée, j'ai reconnu que c'étoit de l'esprit qu'elle étoit malade, et que tout son mal ne venoit que d'une imagination déréglée, et d'un desir dépravé de vouloir être mariée. Pour moi, je ne vois rien de plus extravagant et de plus ridicule que cette envie qu'on a du mariage.

SGANARELLE à *part*.

Voilà un habile homme !

ACTE III. SCÈNE VI.

CLITANDRE.
Et j'ai eu, et j'aurai pour lui, toute ma vie, une aversion effroyable.

SGANARELLE à part.
Voilà un grand médecin !

CLITANDRE.
Mais, comme il faut flatter l'imagination des malades, et que j'ai vu en elle de l'aliénation d'esprit, et même qu'il y avoit du péril à ne lui pas donner un prompt secours, je l'ai prise par son foible, et lui ai dit que j'étois venu ici pour vous la demander en mariage. Soudain, son visage a changé, son teint s'est éclairci, ses yeux se sont animés; et, si vous voulez, pour quelque jours, l'entretenir dans cette erreur, vous verrez que nous la tirerons d'où elle est.

SGANARELLE.
Oui-dà, je le veux bien.

CLITANDRE.
Après, nous ferons agir d'autres remèdes pour la guérir entièrement de cette fantaisie.

SGANARELLE.
Oui, cela est le mieux du monde. Hé bien ! ma fille, voilà monsieur qui a envie de t'épouser, et je lui ai dit que je le voulois bien.

LUCINDE.
Hélas ! est-il possible ?

SGANARELLE.
Oui.

LUCINDE.
Mais, tout de bon ?

SGANARELLE.
Oui, oui.

LUCINDE à *Clitandre*.
Quoi, vous êtes dans le sentiment d'être mon mari ?

CLITANDRE.
Oui, madame.

LUCINDE.
Et mon père y consent ?

SGANARELLE.
Oui, ma fille.

LUCINDE.

Ah, que je suis heureuse! si cela est véritable.

CLITANDRE.

N'en doutez point, madame. Ce n'est pas d'aujourd'hui que je vous aime, et que je brûle de me voir votre mari. Je ne suis venu ici que pour cela; et, si vous voulez que je vous dise nettement les choses comme elles sont, cet habit n'est qu'un prétexte inventé; et je n'ai fait le médecin que pour m'approcher de vous, et obtenir plus facilement ce que je souhaite.

LUCINDE.

C'est me donner des marques d'un amour bien tendre, et j'y suis sensible autant que je puis.

SGANARELLE *à part.*

O la folle! O la folle! O la folle!

LUCINDE.

Vous voulez donc bien, mon père, me donner monsieur pour époux?

SGANARELLE.

Oui. Ça, donne-moi ta main. Donnez-moi aussi un peu la vôtre, pour voir.

CLITANDRE.

Mais, monsieur...

SGANARELLE *étouffant de rire.*

Non, non, c'est pour... pour lui contenter l'esprit. Touchez-là. Voilà qui est fait.

CLITANDRE.

Acceptez, pour gage de ma foi, cet anneau que je vous
(*bas à Sganarelle.*)
donne. C'est un anneau constellé, qui guérit les égaremens d'esprit.

LUCINDE.

Faisons donc le contrat, afin que rien n'y manque.

CLITANDRE.

(*bas à Sganarelle.*)

Hélas! je le veux bien, madame. Je vais faire monter l'homme qui écrit mes remèdes, et lui faire croire que c'est un notaire.

SGANARELLE.

Fort bien.

ACTE III. SCÈNE VII.

CLITANDRE.

Holà. Faites monter le Notaire que j'ai amené avec moi.

LUCINDE.

Quoi, vous aviez amené un Notaire?

CLITANDRE.

Oui, madame.

LUCINDE.

J'en suis ravie.

SGANARELLE.

O la folle! O la folle!

SCÈNE VII.

LE NOTAIRE, CLITANDRE, SGANARELLE, LUCINDE, LISETTE.

(*Clitandre parle bas au Notaire.*)

SGANARELLE *au Notaire.*

Oui, monsieur, il faut faire un contrat pour ces deux per-
(*à Lucinde.*) (*au Notaire.*)
sonnes-là. Écrivez. Voilà le contrat qu'on fait. Je lui donne vingt mille écus en mariage. Ecrivez.

LUCINDE.

Je vous suis bien obligée, mon père.

LE NOTAIRE.

Voilà qui est fait. Vous n'avez qu'à venir signer.

SGANARELLE.

Voilà un contrat bientôt bâti.

CLITANDRE *à Sganarelle.*

Mais, au moins, monsieur....

SGANARELLE.

(*au Notaire.*)
Hé, non, vous dis-je. Sait-on pas bien.... Allons, donnez-
(*à Lucinde.*)
lui la plume pour signer. Allons, signe, signe, signe. Va, va, va, je signerai tantôt, moi.

LUCINDE.

Non, non, je veux avoir le contrat entre mes mains.

SGANARELLE.

(*après avoir signé.*)

Hé bien, tiens. Es-tu contente ?

LUCINDE.

Plus qu'on ne peut s'imaginer.

SGANARELLE.

Voilà qui est bien, voilà qui est bien.

CLITANDRE.

Au reste, je n'ai pas eu seulement la précaution d'amener un Notaire, j'ai eu celle encore de faire venir des voix, des instrumens, et des danseurs, pour célébrer la fête, et pour nous réjouir. Qu'on les fasse venir. Ce sont des gens que je mène avec moi, et dont je me sers tous les jours pour pacifier avec leur harmonie et leurs danses, les troubles de l'esprit.

SCÈNE VIII.

SGANARELLE, LUCINDE, CLITANDRE, LISETTE.

TROISIÈME ENTRÉE.

LA COMÉDIE, LE BALLET, LA MUSIQUE, JEUX, RIS, PLAISIRS.

LA COMÉDIE, LE BALLET, LA MUSIQUE, *ensemble.*

    Sans nous tous les hommes
    Deviendroient mal-sains;
    Et c'est nous qui sommes
    Leurs grands médecins.

ACTE III. SCENE IX.

LA COMEDIE.

Veut-on qu'on rabatte,
Par des moyens doux,
Les vapeurs de rate
Qui nous minent tous ?
Qu'on laisse Hipocrate,
Et qu'on vienne à nous.

TOUS TROIS ENSEMBLE.

Sans nous tous les hommes
Deviendroient mal-sains ;
Et c'est nous qui sommes
Leurs grands médecins.

(*Pendant que les Jeux, les Ris et les Plaisirs dansent, Clitandre emmène Lucinde.*)

SCÈNE IX ET DERNIÈRE.

SGANARELLE, LISETTE.

LA COMÉDIE, LA MUSIQUE, LE BALLET, JEUX, RIS, PLAISIRS.

SGANARELLE.

Voila une plaisante façon de guérir ! Où est donc ma fille et le médecin ?

LISETTE.

Ils sont allés achever le reste du mariage.

SGANARELLE.

Comment, le mariage ?

LISETTE.

Ma foi, monsieur, la bécasse est bridée, et vous avez cru faire un jeu, qui demeure une vérité.

SGANARELLE.

Comment diable ! (*Il veut aller après Clitandre et Lucinde, les danseurs le retiennent.*) Laissez-moi aller, laissez-moi aller, vous dis-je. (*Les danseurs le retiennent toujours.*) Encore ? (*Ils veulent faire danser Sganarelle de force.*) Peste des gens !

FIN.

LE MISANTHROPE,

COMÉDIE EN CINQ ACTES.

AVERTISSEMENT

DE L'ÉDITEUR

SUR

LE MISANTHROPE.

Cette comédie, en vers et en cinq actes, fut jouée sur le théâtre du Palais-Royal le 4 juin 1666.

Nous voilà parvenus à un des chefs-d'œuvre de la scène comique française, car il n'est pas aisé de prononcer entre *le Tartufe* et *le Misanthrope*; c'est l'embarras où l'on se trouve lorsqu'il faut choisir entre *Phèdre et Iphigénie*, ou entre *Rodogune et Cinna*.

Il étoit réservé à notre siècle dissertateur et confiant d'attaquer *le Misanthrope*, si admiré de toute l'Europe et traduit dans toutes les langues (1). M. R... de G.... dans sa lettre à M.

___

(1) Les premiers auteurs Anglais, (dit M. l'Abbé Dubos) qui mirent en leur langue les comédies de Molière, les traduisirent mot à mot. Ceux qui l'ont fait dans la suite, ont accom-

AVERTISSEMENT

Dalembert, s'est livré, sur cette comédie, à des déclamations d'un vertueux Spartiate, ignorant et la science aimable des mœurs et le vrai goût des spectacles, chez une nation policée, qui ne vit point sous un gouvernement démocratique.

M. Dalembert s'est garanti de partager avec M. R... la témérité littéraire d'attaquer Molière; il a même défendu ce grand homme avec autant de force que de succès, ainsi que M. Marmontel. Qu'il soit permis, après ces deux hommes célèbres, d'examiner encore les erreurs de M. R.... peut-être les combattra-t-on par d'autres raisons que les leurs, tant la cause du goût est abondante et fertile en moyens propres à la défendre?

Molière, dit M. R.... pag. 54 et suivantes, *n'a point voulu corriger les vices, mais les ridicules.... Il lui restoit à jouer celui que le monde pardonne le moins, le ridicule de la vertu; c'est ce qu'il a fait dans le Misanthrope... Alceste est un homme droit, sincère, estimable, un véritable homme de bien; Molière lui donne un personnage ridicule.... Molière a mal saisi le Misanthrope; pense-t-on que ce soit par erreur? Non, mais voilà par où le désir de faire rire aux dépens du personnage, le force à le dégrader contre la*

---

modé la comédie française aux mœurs anglaises; ils en ont changé la scène et les incidens : c'est ainsi que Wicherley en usa, lorsqu'il fit, *du Misanthrope* de Molière, *son Homme au franc procédé*, qu'il suppose être un Anglais et un homme de mer.

Tome I, page 166.

vérité du caractère.... et pag. 72, *l'intention de l'auteur étant de plaire à des esprits corrompus, ou sa morale porte au mal, ou le faux bien qu'elle prêche est plus dangereux que le mal même, en ce qu'il fait préférer l'usage et les maximes du monde à l'exacte probité, en ce qu'il fait consister la sagesse dans un certain milieu entre le vice et la vertu, en ce qu'au grand soulagement des spectateurs, il leur persuade que, pour être honnête homme, il suffit de n'être pas un franc scélérat.*

Une espèce d'indignation s'élève, mais on la contraindra, et l'enthousiasme qu'excite le mérite de Molière dans les esprits bien faits, cédera ici à la considération et à l'estime que son critique indiscret mérite à d'autres égards.

Qu'est-ce qu'entend M. R.... par *le ridicule de la vertu?* Ces deux mots se détruisent mutuellement; il falloit dire, d'une vertu privée, par humeur ou par orgueil, de son plus cher avantage et de sa marque la plus distinctive, celle de se faire aimer. M. R... croiroit-il qu'une vertu douce et qui attire à elle tous les cœurs, n'est pas la vraie et solide vertu? S'imagineroit-il qu'elle n'existe pas, parce qu'il a pu en trouver la pratique difficile et rare? Il n'y a qu'*un Misanthrope* qui puisse donner le nom de vertu à son dégoût pour l'humanité.

Pourquoi haïr ses semblables? Pourquoi, dans la société, se donner un titre qui la déchire? Pourquoi Alceste, à qui Molière auroit fait pratiquer la vertu, s'il avoit voulu le peindre comme un *véritable homme de bien*, n'est-il jamais, dans tout le cours de la pièce, ni doux, ni patient, ni juste, ni humain? Pourquoi n'y est-il, au contraire, que brusque, bizarre, emporté, insupportable aux autres? Pourquoi fait-il, en aimant, le choix le moins assorti et le plus ridicule? Pourquoi, malgré les sages réflexions de ses amis, est-il le jouet éternel d'une médisante et d'une coquette qui ne rassemble chez elle que des fats? Pourquoi, dans un âge mûr, où les fautes de la jeunesse deviennent presque des vices, remplit-il chez elle le personnage d'un écolier? Non encore un coup, Alceste n'est pas, dans la rigueur du terme, un *véritable homme de bien*.

A quels traits M. R... a-t-il pu le reconnoître pour tel? Est-ce au ton âcre et sans retenue dont il fait, dans la première scène, le portrait de l'homme avec lequel il est en procès? Est-ce au souhait barbare autant qu'insensé, de voir ses juges commettre une iniquité, en lui faisant perdre sa cause, pour avoir le plaisir de les haïr et de les déchirer? Les *parbleu*, *morbleu*, *têtebleu*, etc. dont tous ses discours sont lardés, sont-ils des signes auxquels M. R... reconnoisse un homme vraiment vertueux? Est-ce au courroux déraisonnable qui le transporte contre un valet trop lent à lui trouver un papier, dans la scène quatrième du quatrième acte, que le citoyen de Genève a conçu l'estime profonde qu'il a pour ce personnage?

Molière se connoissoit mieux en sages; rappelons ici le portrait qu'il fait des véritables gens de bien dans la scène sixième *du Tartufe*.

> Ce ne sont point du tout fanfarons de vertu,
> On ne voit point en eux ce faste insupportable.
> . . . .
> Ils ne censurent point toutes nos actions.
> Ils trouvent trop d'orgueil dans ces corrections;
> Et laissant la fierté des paroles aux autres,
> C'est par leurs actions qu'ils reprennent les nôtres.
> L'apparence du mal a chez eux peu d'appui,
> Et leur ame est portée à bien juger d'autrui.

Voilà sur quelle hauteur il faut que se mesurent ceux qui aspirent au nom de sages; et si l'Alceste de Molière est bâti sur un modèle presque opposé à celui-là, ce n'est point un *véritable homme de bien*, parce que la vertu digne de nos respects, est toujours douce, patiente et charitable.

Molière n'a donc point conçu l'idée monstrueuse de jouer la vertu sous le masque d'Alceste (1);

---

(1) Je ne puis que m'applaudir d'avoir défendu Molière du crime qu'on lui faisoit d'avoir joué la vertu, depuis que M. de Rulhière m'a fait observer que Sénèque auroit pensé d'Alceste comme moi, puisque c'est dans son traité de la colère que Molière a puisé les principaux traits qu'il lance contre la misanthropie. Il suffira de rapporter quelques passages du Livre II, pour ne pas laisser douter que notre poëte Comique n'ait eu ce traité dans la mémoire ou sous ses yeux, lorsqu'il composa son Misanthrope. La joie et la bonne humeur, dit-il, sont le propre de la vertu, et le courroux ne blesse pas moins sa dignité que les larmes. *Gaudere lætarique proprium et naturale virtutis est. Irasci non est ex dignitate ejus non magis quàm mœreri.* Il ne voit rien de plus indigne pour un sage que de faire dépendre

il n'a fait le choix de ce caractère que parce qu'il étoit un foyer très-étendu, sur lequel pouvoit aller se réfléchir le plus grand nombre des ridicules de son tems, qu'il vouloit faire passer sous nos yeux. Il semble que Molière ait réalisé, pour la gloire de son art, le vœu détestable de *ce marault de Caligula*, (comme dit Montaigne) qui souhaitoit que le peuple Romain n'eût qu'une

---

ses affections de la méchanceté d'autrui. *Et quid indignius, quàm sapientis affectum ex alienâ pendere nequitiâ.* Quoi, dit-il, ce Socrate ne pourra rapporter à la maison la même tranquillité de visage qu'il avoit lorsqu'il en est sorti ! *Desinet ille Socrates posse eumdem vultum domum refferre quem domo extulerat !* Il ne discontinuera pas d'être en courroux s'il s'y abandonne une fois : tout est plein de vices et de crimes, et il en verra beaucoup plus qu'il n'en pourroit corriger. *Nunquàm desinet irasci sapiens si simul occœperit ; omnia sceleribus ac vitiis plena sunt, plus committitur quàm quod possit coercitione sanari.* Ira-t-il s'étonner et se courroucer de ce que des haies d'épines ne portent point de fruits utiles ? *Quid si mœretur spineta sentesque non utili aliquâ fruge compleri ?* Je rencontrerai, dit le Philosophe, des ivrognes, des débauchés, des ingrats, des avares, des ambitieux: et bien ! je les regarderai du même œil qu'un médecin voit des malades. *Multi mihi occurrent vino dediti, multi libidinosi, multi ingrati, multi avari, multi furiis ambitionis agitati; omnia ista tam propitius aspiciet quàm ægros suos medicus.* Non, le vice ne s'allie point aux vertus, et un homme courroucé ne peut pas plus être un honnête homme qu'un malade ne peut être sain. *Cum virtutibus vitia non coeunt, nec magis quisquam eodem tempore et iratus potest esse vir bonus, quàm æger et sanus.*

Voilà bien certainement le fond de tout ce que dit Philinte à Alceste ; et l'on voit que Molière, dans le dessein de corriger la société, avoit puisé ses lumières chez les hommes les plus sages de l'antiquité. C'est un avis utile à donner à ceux qui courent la carrière du théâtre. *Stipare Platona Menandro.* Hor.

tête, pour la faire tomber. *Utinam populus Romanus unam cervicem haberet!*

L'humeur d'Alceste devoit lui servir à peindre avec chaleur des ridicules; mais, cette humeur même, dans un homme aussi foible qu'un autre, étoit un excellent sujet de comédie entre les mains de notre auteur, qui, dans ce chef-d'œuvre, est bien loin d'avoir persuadé que, *pour être honnête homme, il suffit de n'être pas un franc scélérat.*

Il a mal saisi le Misanthrope, dit M. R.... Cette seconde inculpation est-elle mieux fondée que la première? C'est ce que nous allons examiner.

Le Misanthrope d'une république et celui d'une monarchie sont deux personnages différens pour *le mode*. Si *le Misanthrope* d'un état gouverné par un maître est un homme d'un état abject, ou s'il est élevé en dignité, l'éducation et les relations de cet individu avec l'ordre de la société, y apporteront encore de nouvelles disparités.

Ce n'est point assez qu'un caractère soit dessiné dans la nature généralement prise. S'il est destiné à servir d'exemple, il faut qu'il soit tracé dans chaque pays et dans chaque âge, selon les mœurs données. *Le Timon* des Anciens n'est point notre *Misanthrope*. Alceste l'est autant qu'un Français de son état et du dix-septième siècle ait pu le devenir; et lorsque M. de M.... osa desirer de lui ressembler, c'étoit un trait de son propre caractère; c'étoit avouer seulement qu'avec autant d'humeur que le *Misanthrope*, il n'avoit pas toujours son courage pour pousser, dans toutes les occasions, les choses aussi vongoureusement que lui. Ce qui ne prouve pas que le caractère soit manqué.

Il y avoit plus de misanthropie, sans doute, dans le mot effrayant du maréchal d'Huxelles, qui justifioit son célibat en disant qu'*il n'avoit pas encore trouvé de femme dont il voulût être le mari, ni d'homme dont il désirât d'être le père* (1). Mais ce mot indigneroit sur la scène française, et plût au ciel que nos auteurs de théâtre sussent aussi bien que Molière à quel point un caractère cesse d'être dramatique, et fait pour être présenté à une nation chez qui tous les extrêmes sont rares, et par conséquent inutiles à montrer !

Si *le Misanthrope* n'eut pas d'abord tout le succès qu'il devoit avoir, ce ne fut par aucun des raisonnemens de M. R.... il falloit, pour les faire naître, que notre impuissance de produire nous eût réduit à ne faire que raisonner sur les productions des autres, et que ce funeste goût dissertateur eût ouvert un champ libre à tous les paradoxes possibles.

On ne dut paroître indécis sur le sort de ce

_____

(1) Il est singulier de trouver dans un autre maréchal de France la même haine pour l'espèce humaine ; le maréchal de Gassion disoit qu'il n'estimoit pas assez la vie pour desirer d'en faire part à quelqu'un. Ils ne faisoient cas, sans doute, que de la postérité d'*Épaminondas*. Je laisse à ma patrie, disoit ce général Thébain, deux filles, dont le nom retentira dans toute la Grèce, les victoires de *Leuctres* et de *Mantinée*.

chef-d'œuvre, que parce qu'étonné de la noblesse et de la décence du genre, le public n'osa prononcer d'abord si ce genre nouveau pouvoit être propre à ses plaisirs.

Cette partie de la nation qui, dans nos spectacles, occupe la dernière place, relativement au prix, cherche moins à admirer qu'à rire, au sortir du travail et des soins pénibles de la vie; et *le Misanthrope* n'excitoit que le rire de l'esprit. C'est ainsi que Térence, dont les premiers ouvrages avoient eu un plein succès, échoua dans sa comédie de l'*Hécire*, parce qu'il avoit tenté, par ce drame, d'introduire à Rome un genre de comédie plus grave et plus sérieux.

La tradition nous apprend, d'ailleurs, que le sonnet d'*Oronte*, écrit dans le style des petits vers qui faisoient alors des réputations aux *Ménages*, aux *Cotins*, aux *Montreuils*, etc., etc., etc., avoit malheureusement plû au parterre, et que la honte d'avoir approuvé des sottises, l'indisposa contre l'ouvrage de Molière.

Il fallut donc le ramener par la farce *du Fagotier*, et bientôt il eut plus de honte encore d'avoir été peu frappé des beautés *du Misanthrope*, que d'avoir été séduit un instant par les jeux de mots et l'affectation puérile du sonnet.

Il faut convenir que si Molière n'avoit pas donné à Alceste une vertu qui le fît aimer, il avoit un peu relevé ce personnage, en lui donnant tout le goût dont il étoit rempli lui-même, et l'on sait qu'il ne désavouoit pas de s'être copié, à cet égard, dans plus d'un endroit de cette comédie.

La leçon vigoureuse qu'il fait à Oronte est une des choses qui ont le plus contribué à perfectionner l'esprit de la nation; et la préférence comique d'Alceste pour la vieille chanson, sur toutes les misères à la mode, servit long-tems de boussole pour distinguer et le naturel et le vrai, d'avec *la pompe fleurie de tous les faux brillans* qu'on étaloit alors avec autant de confiance, et qui se reproduisent encore avec succès parmi nous (1).

La tradition parle d'une querelle fort vive entre Malherbe et un jeune homme de robe qui étoit venu consulter ce poëte sur quelques petits vers qu'il avoit faits, et sur lesquels ce père de notre poësie dit, sans aucun ménagement, son avis au jeune rimeur. *Avez-vous*, lui dit-il, *l'alternative de faire ces vers ou d'être pendu? A moins de cela, vous ne devez pas exposer votre réputation, en produisant une pièce si ridicule.* Il est très-possible que cette anecdote ait fourni à Molière l'idée de la scène excellente d'Alceste et d'Oronte.

On veut aussi que Molière, dans le courroux plaisant d'Alceste sur l'accommodement proposé par messieurs les maréchaux entre Oronte et lui, se soit rappelé ce qu'il avoit ouï dire à Despréaux sur Chapelain. *Il n'y a point de police au Parnasse*, s'étoit un jour écrié le satirique, *si je ne vois ce poëte attaché au Mont Fourchu*: mais si l'anecdote précédente est vraie, elle seule peut avoir inspiré à Molière ces deux vers:

(1) *Turpe est sinè pignore carmen.* Corn. Séver.

SUR LE MISANTHROPE.

> Je soutiendrai, morbleu, que les vers sont mauvais,
> Et qu'un homme est pendable après les avoir faits.

M. de M.... voulant enchérir sur Alceste, osa, dit-on, avancer que l'ordre même du Roi ne pourroit l'empêcher de soutenir les vers mauvais. M. de M.... se vantoit, vraisemblablement. Un ordre de Louis XIV l'auroit, au moins, embarrassé beaucoup; et, d'ailleurs, étoit-ce au protecteur déclaré de Chapelain et de Cotin de se piquer de tant de sévérité dans une décision sur des vers?

C'étoit de lui que Despréaux avoit dit, dans sa satire à M. de Valincour,

> Le ris, sur son visage, est en mauvaise humeur.

Cela prouve bien que son caractère avoit pu fournir quelques traits à Molière; mais, comme on vient de le voir, on ne pouvoit pas lui supposer le goût d'Alceste dans la scène du sonnet.

On sait que M. le duc de S. A.... plaisantant M. de M.... sur le personnage *du Misanthrope*, celui-ci répondit: *eh! ne voyez-vous pas, mon cher duc, que le ridicule du poëte de qualité vous désigne encore plus clairement?* Cela pouvoit être vrai, et il y a grande apparence que Louis XIV, qui redoutoit le ridicule presque autant que Molière, trouvoit fort bon que cet auteur n'arrêtât son génie par aucune des petites considérations, dont l'oubli pourroit, dans un autre tems, perdre un homme de lettres.

Les contemporains de Molière reconnurent sans doute, et *Damon le raisonneur*, qui trouve toujours l'art de ne vous rien dire avec de grands discours, et le *mystérieux Timante*, qui, jusques au bonjour, vous dit tout à l'oreille, et le *Géralde entêté de qualité*, et l'*orgueilleux Adraste*, et le *jeune Cléon*, et son oncle *Damis*, qui, les bras croisés, du haut de son esprit, regarde en pitié ce que chacun dit. Ce qu'il y a d'essentiel à remarquer à cet égard, c'est que Molière, dans cette galerie de portraits, ne découvre aucun vice réel et déshonorant, quoiqu'il en eût pu trouver à la cour. Fidèle aux vrais principes de son art, c'est le ridicule seul qu'il attaque, et dont il veut venger la société.

Le philosophe *Plapisson*, que nous avons vu si ridiculement fâché contre le succès de l'*Ecole des Femmes*, passe aussi pour un des modèles que s'étoit proposé Molière pour *le Misanthrope*; mais les preuves publiques de mauvais goût qu'il avoit données, l'excluoient au moins de toute ressemblance avec Alceste, par rapport aux choses d'esprit.

A l'égard du livre abominable dont Alceste se défend dans la première scène du cinquième acte, on sait que la cabale redoutable qu'épouvantoit l'approche du *Tartufe*, fit forger un libelle infâme, dont elle essaya de faire passer Molière pour l'auteur; ce trait, qui lui étoit personnel, ainsi que plusieurs autres, est une preuve sans réplique que, dans le portrait du *Misanthrope*, il n'avoit affecté personne en particulier. Molière eut fait une satire, si tous les traits de son personnage eussent ressemblé à quelque individu; mais, en généralisant ce caractère, il le rendoit digne de la comédie, qui n'aspire point à la licence du libelle, et il révéloit à ses successeurs le secret de son art, pour corriger les hommes sans les offenser.

On seroit tenté de passer sous silence la prétendue anecdote qui se trouve dans un manuscrit d'un M. de Tralage, conservé à la bibliothèque Saint-Victor, n.º 688. Ce particulier prétend avoir appris du sieur *Angelo*, docteur de la comédie italienne, que lui, docteur, avoit vu à Naples représenter *un Misanthrope*, qu'il en avoit fait l'extrait à Molière, et que cinq semaines après il avoit vu paroître cette même pièce sur le théâtre du Palais-Royal.

Que d'absurdités dans ce conte! *Le Misanthrope* fait en cinq semaines, un caractère absolument dans nos mœurs, dessiné d'après une pièce napolitaine, etc. Comment le docteur *Angelo* est-il le seul qui ait annoncé l'existence de *ce Misanthrope italien?* On rougit pour M. de Tralage, de la peine qu'il a prise d'écrire de pareilles inepties.

Une des singularités *du Misanthrope*, c'est que le sieur de Visé, ennemi jusqu'alors de Molière, devint son apologiste, et qu'on a fait longtems, à l'éloge qu'il fit de cette pièce, l'honneur de l'imprimer avec elle, honneur qu'il a perdu, avec raison, parce que *le Misanthrope* est également au-dessus d'un pareil éloge et des critiques que depuis on s'est hasardé d'en faire.

Quoique cette pièce soit une des mieux écrites de toutes celles de Molière, on y trouve encore quelques fautes de style. Il faut se souvenir de l'aveu qu'il fit lui-même en dînant avec Despréaux et le duc de Vitry, chez le comte de Broussin.

Il devoit lire, à ce dîner, quelques morceaux de sa traduction libre de Lucrèce ; mais il s'en excusa, dans la crainte de paroître moins digne des louanges qu'il venoit de recevoir de son ami, dans sa seconde satire ; il aima mieux faire la lecture du premier acte *du Misanthrope*, auquel il travailloit alors, mais en prévenant encore ses auditeurs qu'ils ne devoient pas s'attendre à *des vers aussi parfaits et aussi achevés que ceux de Despréaux, parce qu'il perdroit trop de tems s'il vouloit les travailler autant que lui*.

Molière et Racine étoient brouillés lorsqu'on donna *le Misanthrope*. Les amis du dernier de ces grands hommes l'avoient forcé de retirer son *Alexandre* du théâtre du Palais-Royal, pour le porter à celui de Bourgogne, où cette tragédie eut, en effet, plus de succès. C'étoit un dégoût pour Molière et pour sa troupe, qui d'ailleurs perdit, à cette occasion, la meilleure de ses actrices ; mais le refroidissement que produisit cette tracasserie théâtrale, n'empêcha jamais ces deux génies de se rendre justice. Quelqu'un étant venu chez Racine le lendemain de la première représentation *du Misanthrope*, lui dire que la pièce étoit tombée, et que rien n'étoit plus froid : *retournez-y*, répondit le poëte tragique, *examinez-la mieux : il est impossible que Molière ait fait une mauvaise pièce*.

Quelque noblesse qu'il y ait dans ce procédé

de Racine, Molière est encore plus étonnant, lorsque deux ans après, voyant le mauvais accueil du public pour *les Plaideurs*, il dit tout haut en sortant : *Cette comédie est excellente, et ceux qui s'en moquent mériteroient qu'on se moquât d'eux.* Molière approuvoit alors un homme qui sembloit vouloir courir la même carrière que lui, et qui s'y prenoit assez bien pour lui annoncer un rival redoutable.

Il faut observer que depuis l'*Amour Médecin* jusqu'*au Misanthrope*, il s'étoit passé neuf mois sans que Molière eût rien fait paroître ; mais que la suspension des spectacles à la mort de la reine en avoit été la cause.

ACTEURS.

ALCESTE, amant de Célimène.
PHILINTE, ami d'Alceste.
ORONTE, amant de Célimène.
CÉLIMÈNE.
ÉLIANTE, cousine de Célimène.
ARISNOÉ, amie de Célimène.
ACASTE,
CLITANDRE, } marquis.
BASQUE, valet de Célimène.
UN GARDE de la maréchaussée de France.
DUBOIS, valet d'Alceste.

La scène est à Paris, dans la maison de Célimène.

LE MISANTHROPE.

ACTE PREMIER.

SCÈNE I*.

PHILINTE, ALCESTE.

PHILINTE.

Qu'est-ce donc, qu'avez-vous ?
   ALCESTE *assis*.
      Laissez-moi, je vous prie.
   PHILINTE.
Mais encor, dites-moi, quelle bizarrerie....

---

* *Un chasseur, dit le célèbre* M. Piron, *qui se trouve en automne, au lever d'une belle aurore, dans une plaine ou dans une forêt, fertiles en gibier, ne se sent pas le cœur plus réjoui que dut l'être l'esprit de Molière, quand, après avoir fait le plan du Misanthrope, il entra dans ce champ vaste où tous les ridicules du monde venoient se présenter, en foule et comme d'eux-mêmes, aux traits qu'il savoit si bien lancer. La belle journée du philosophe ! Pouvoit-elle manquer d'être l'époque du chef-d'œuvre de notre théâtre ?*

 Cette admirable comédie n'a guère plus d'action et de mouvement que celles de *Térence*; mais, que de conversations ! que de situations délicieuses ! que de traits inimitables ! que de tableaux offerts à nos regards ! C'est la société presque entière du milieu de l'autre siècle, qui passe sous nos yeux. Combien de caractères différens, toujours soutenus jusqu'au dénouement le

ALCESTE.

Laissez-moi là, vous dis-je; et courez vous cacher.

PHILINTE.

Mais on entend les gens au moins sans se fâcher.

ALCESTE.

Moi, je veux me fâcher, et ne veux point entendre.

PHILINTE.

Dans vos brusques chagrins je ne puis vous comprendre,
Et, quoiqu'amis enfin, je suis tout des premiers....

ALCESTE *se levant brusquement.*

Moi, votre ami? Rayez cela de vos papiers.
J'ai fait, jusques ici, profession de l'être;
Mais, après ce qu'en vous je viens de voir paroître,
Je vous déclare net que je ne le suis plus,
Et ne veux nulle place en des cœurs corrompus.

PHILINTE.

Je suis donc bien coupable, Alceste, à votre compte?

ALCESTE.

Allez, vous devriez mourir de pure honte;
Une telle action ne sauroit s'excuser,
Et tout homme d'honneur s'en doit scandaliser.
Je vous vois accabler un homme de caresses,
Et témoigner pour lui les dernières tendresses;
De protestations, d'offres et de sermens,
Vous chargez la fureur de vos embrassemens;
Et quand je vous demande après quel est cet homme,
A peine pouvez-vous dire comme il se nomme * ;

plus simple et le plus vrai! La Coquette, la Prude, les Petits-Maîtres, Philinte, Oronte, servent tous à l'envi à faire sortir le caractère d'Alceste, *le plus achevé et le plus singulier*, (dit le P. Rapin) 1 *qui ait jamais paru sur le théâtre.*

1 Le même P. Rapin écrit à M. le comte de Bussy en 1672: *On fait tous les objets plus grands qu'ils ne sont; on fait un Misanthrope plus Misanthrope qu'il n'est.... Le génie du peuple est grossier, il faut de grands traits pour le toucher.* On voit que, du tems de Molière, les hommes les plus habiles étoient bien loin de penser qu'il eût affoibli ce caractère.

* *Comme il se nomme*, la plupart auroient préféré *comment.*

ACTE I. SCÈNE I.

Votre chaleur pour lui tombe en vous séparant,
Et vous me le traitez, à moi, d'indifférent.
Morbleu, c'est une chose indigne, lâche, infâme,
De s'abaisser ainsi, jusqu'a trahir son ame;
Et si, par un malheur j'en avois fait autant,
Je m'irois, de regret, pendre tout à l'instant.

PHILINTE.

Je ne vois pas, pour moi, que le cas soit pendable;
Et je vous supplierai d'avoir pour agréable,
Que je me fasse un peu grace sur votre arrêt,
Et ne me pende pas pour cela, s'il vous plaît.

ALCESTE.

Que la plaisanterie est de mauvaise grace!

PHILINTE.

Mais, sérieusement, que voulez-vous qu'on fasse?

ALCESTE.

Je veux qu'on soit sincère, et qu'en homme d'honneur,
On ne lâche aucun mot qui ne parte du cœur.

PHILINTE.

Lorsqu'un homme vous vient embrasser avec joie,
Il faut bien le payer de la même monnoie,
Répondre, comme on peut, à ses empressemens,
Et rendre offre pour offre, et sermens pour sermens.

ALCESTE.

Non, je ne puis souffrir cette lâche méthode
Qu'affectent la plupart de vos gens à la mode;
Et je ne hais rien tant que les contorsions
De tous ces grands faiseurs de protestations,
Ces affables donneurs d'embrassades frivoles,
Ces obligeans diseurs d'inutiles paroles,
Qui de civilités, avec tous, font combat,
Et traitent du même air l'honnête homme et le fat.
Quel avantage a-t-on qu'un homme vous caresse,
Vous jure amitié, foi, zèle, estime, tendresse,
Et vous fasse de vous un éloge éclatant,
Lorsqu'au premier faquin, il court en faire autant?
Non, non; il n'est point d'ame un peu bien située *,

* *Un peu bien située*, pour *un peu bien placée*, a paru io propre.

Qui veuille d'une estime ainsi prostituée ;
Et la plus glorieuse a des régals peu chers *,
Dès qu'on voit qu'on nous mêle avec tout l'univers :
Sur quelque préférence une estime se fonde,
Et c'est n'estimer rien, qu'estimer tout le monde.
Puisque vous y donnez, dans ces vices du tems,
Morbleu, vous n'êtes pas pour être de mes gens ;
Je refuse d'un cœur la vaste complaisance
Qui ne fait de mérite aucune différence,
Je veux qu'on me distingue, et, pour le trancher net,
L'ami du genre humain n'est point du tout mon fait.
PHILINTE.
Mais, quand on est du monde, il faut bien que l'on rende
Quelques dehors civils ** que l'usage demande.
ALCESTE.
Non, vous dis-je, on devroit châtier, sans pitié,
Ce commerce honteux de semblant d'amitié.
Je veux que l'on soit homme, et qu'en toute rencontre,
Le fond de notre cœur dans nos discours se montre,
Que ce soit lui qui parle ; et que nos sentimens
Ne se masquent jamais sous de vains complimens.
PHILINTE.
Il est bien des endroits où la pleine franchise
Deviendroit ridicule, et seroit peu permise ;
Et, par fois, n'en déplaise à votre austère honneur,
Il est bon de cacher ce qu'on a dans le cœur.
Seroit-il à propos, et de la bienséance,
De dire à mille gens tout ce que d'eux on pense ?
Et, quand on a quelqu'un qu'on hait, ou qui déplaît,
Lui doit-on déclarer la chose comme elle est ?
ALCESTE.
Oui.
PHILINTE.
Quoi, vous iriez dire à la vieille Émilie

* *A des régals peu chers*, mauvaise expression.

** *Que l'on rende quelques dehors civils*, pour dire *rendre des politesses extérieures*, ne se dit pas.

ACTE I. SCENE I.

Qu'à son âge il sied mal de faire la jolie,
Et que le blanc qu'elle a scandalise chacun?

ALCESTE.
Sans doute.

PHILINTE.
A Dorilas, qu'il est trop importun;
Et qu'il n'est, à la cour, oreille qu'il ne lasse
A conter sa bravoure, et l'éclat de sa race?

ALCESTE.
Fort bien.

PHILINTE.
Vous vous moquez.

ALCESTE.
Je ne me moque point,
Et je vais n'épargner personne sur ce point.
Mes yeux sont trop blessés, et la cour et la ville
Ne m'offrent rien qu'objets a m'échauffer la bile;
J'entre en une humeur noire, en un chagrin profond,
Quand je vois vivre entre eux les hommes comme ils font;
Je ne trouve partout que lâche flatterie,
Qu'injustice, intérêt, trahison, fourberie;
Je n'y puis plus tenir, j'enrage; et mon dessein
Est de rompre en visière à tout le genre humain.

PHILINTE.
Ce chagrin philosophe est un peu trop sauvage.
Je ris des noirs accès où je vous envisage;
Et crois voir en nous deux *, sous mêmes soins nourris,
Ces deux frères que peint l'École des Maris,
Dont....

ALCESTE.
Mon Dieu, laissons-là vos comparaisons fades.

PHILINTE.
Non, tout de bon, quittez toutes ces incartades;
Le monde par vos soins ne se changera pas:

On supprimoit, du tems de Molière, quatre vers de cette scène, où notre auteur parle de son *École des Maris*. Ces quatre vers commencent par *Et crois voir en nous deux*, etc.

Et, puisque la franchise a pour vous tant d'appas,
Je vous dirai tout franc que cette maladie,
Partout où vous allez, donne la comédie ;
Et qu'un si grand courroux contre les mœurs du tems,
Vous tourne en ridicule auprès de bien des gens.

ALCESTE.

Tant mieux, morbleu, tant mieux, c'est ce que je demande;
Ce m'est un fort bon signe, et ma joie en est grande.
Tous les hommes me sont à tel point odieux,
Que je serois fâché d'être sage à leurs yeux.

PHILINTE.

Vous voulez un grand mal à la nature humaine.

ALCESTE.

Oui, j'ai conçu pour elle une effroyable haine.

PHILINTE.

Tous les pauvres mortels, sans nulle exception,
Seront enveloppés dans cette aversion ?
Encore en est-il bien, dans le siècle où nous sommes....

ALCESTE.

Non, elle est générale, et je hais tous les hommes,
Les uns, parce qu'ils sont méchans et malfaisans,
Et les autres, pour être aux méchans complaisans,
Et n'avoir pas pour eux ces haines vigoureuses,
Que doit donner le vice aux ames vertueuses.
De cette complaisance on voit l'injuste excès,
Pour le franc scélérat avec qui j'ai procès.
Au travers de son masque, on voit à plein le traître,
Partout il est connu pour tout ce qu'il peut être ;
Et ses roulemens d'yeux, et son ton radouci,
N'imposent qu'à des gens qui ne sont point d'ici.
On sait que ce pied-plat, digne qu'on le confonde,
Par de sales emplois s'est poussé dans le monde,
Et que par eux, son sort, de splendeur revêtu,
Fait gronder le mérite, et rougir la vertu ;
Quelques titres honteux qu'en tous lieux on lui donne,
Son misérable honneur ne voit pour lui personne,
Nommez-le fourbe, infâme et scélérat maudit,
Tout le monde en convient, et nul n'y contredit ;

ACTE I. SCÉNE I.

Cependant sa grimace est partout bien venue,
On l'accueille, on lui rit, partout il s'insinue,
Et s'il est, par la brigue, un rang à disputer,
Sur le plus honnête homme on le voit l'emporter.
Têtebleu! ce me sont de mortelles blessures,
De voir qu'avec le vice on garde des mesures,
Et, par fois, il me prend des mouvemens soudains,
De fuir dans un désert l'approche des humains.

PHILINTE.

Mon dieu! des mœurs du temps mettons-nous moins en peine,
Et faisons un peu grace à la nature humaine;
Ne l'examinons point dans la grande rigueur,
Et voyons ses défauts avec quelque douceur.
Il faut, parmi le monde, une vertu traitable;
La parfaite raison fuit toute extrémité,
Et veut que l'on soit sage avec sobriété.
Cette grande roideur des vertus des vieux âges,
Heurte trop notre siècle et les communs usages;
Elle veut aux mortels trop de perfection :
Il faut fléchir au tems sans obstination.
Et, c'est une folie à nulle autre seconde,
De vouloir se mêler de corriger le monde.
J'observe, comme vous, cent choses tous les jours,
Qui pourroient mieux aller prenant un autre cours.
Mais, quoi qu'a chaque pas je puisse voir paroître,
En courroux, comme vous, on ne me voit point être.
Je prends tout doucement les hommes comme ils sont;
J'accoutume mon ame à souffrir ce qu'ils font;
Et je crois qu'à la cour, de même qu'à la ville,
Mon flegme est philosophe autant que votre bile.

ALCESTE.

Mais ce flegme, monsieur qui raisonnez si bien,
Ce flegme pourra-t-il ne s'échauffer de rien?
Et s'il faut, par hasard, qu'un ami vous trahisse,
Que, pour avoir vos biens, on dresse un artifice,
Ou qu'on tâche à semer de méchans bruits de vous,
Verrez-vous tout cela, sans vous mettre en courroux?

PHILINTE.

Oui, je vois ces défauts dont votre ame murmure,

Comme vices unis à l'humaine nature ;
Et mon esprit enfin n'est pas plus offensé
De voir un homme fourbe, injuste, intéressé,
Que de voir des vautours affamés de carnage,
Des singes malfaisans, et des loups pleins de rage.

ALCESTE.

Je me verrai trahir, mettre en pièces, voler,
Sans que je sois... Morbleu ! je ne veux point parler,
Tant ce raisonnement est plein d'impertinence !

PHILINTE.

Ma foi, vous feriez bien de garder le silence.
Contre votre partie éclatez un peu moins,
Et donnez au procès une part de vos soins.

ALCESTE.

Je n'en donnerai point, c'est une chose dite.

PHILINTE.

Mais qui voulez-vous donc qui pour vous sollicite ?

ALCESTE.

Qui je veux ? Le raison, mon bon droit, l'équité.

PHILINTE.

Aucun juge par vous ne sera visité ?

ALCESTE.

Non. Est-ce que ma cause est injuste ou douteuse ?

PHILINTE.

J'en demeure d'accord ; mais la brigue est fâcheuse,
Et....

ALCESTE.

Non. J'ai résolu de n'en pas faire un pas.
J'ai tort, ou j'ai raison.

PHILINTE.

Ne vous y fiez pas.

ALCESTE.

Je ne remuerai point.

PHILINTE.

Votre partie est forte,
Et peut, par sa cabale, entraîner....

ALCESTE.

Il n'importe.

ACTE I. SCÈNE I.

PHILINTE.

Vous vous tromperez.

ALCESTE.

Soit. J'en veux voir le succès.

PHILINTE.

Mais....

ALCESTE.

J'aurai le plaisir de perdre mon procès.

PHILINTE.

Mais enfin....

ALCESTE.

Je verrai dans cette plaiderie
Si les hommes auront assez d'effronterie,
Seront assez méchans, scélérats et pervers,
Pour me faire injustice aux yeux de l'univers.

PHILINTE.

Quel homme !

ALCESTE.

Je voudrois, m'en coûtât-il grand'chose,
Pour la beauté du fait avoir perdu ma cause.

PHILINTE.

On se riroit de vous, Alceste, tout de bon,
Si l'on vous entendoit parler de la façon.

ALCESTE.

Tant pis pour qui riroit.

PHILINTE.

Mais cette rectitude
Que vous voulez en tout avec exactitude,
Cette pleine droiture, où vous vous renfermez,
La trouvez-vous ici dans ce que vous aimez ?
Je m'étonne, pour moi, qu'étant, comme il le semble,
Vous et le genre humain, si fort brouillés ensemble,
Malgré tout ce qui peut vous le rendre odieux,
Vous ayez pris chez lui ce qui charme vos yeux;
Et ce qui me surprend encore davantage,
C'est cet étrange choix où votre cœur s'engage.
La sincère Éliante a du penchant pour vous,
La prude Arsinoé vous voit d'un œil fort doux ;
Cependant à leurs vœux votre ame se refuse,

Tant qu'en ses liens Célimène l'amuse,
De qui l'humeur coquette et l'esprit médisant
Semblent si fort donner dans les mœurs d'à-présent.
D'où vient que, leur portant une haine mortelle,
Vous pouvez bien souffrir ce qu'en tient cette belle?
Ne sont-ce plus défauts dans un objet si doux?
Ne les voyez-vous pas, ou les excusez-vous?
ALCESTE.
Non. L'amour que je sens pour cette jeune veuve,
Ne ferme point mes yeux aux défauts qu'on lui treuve *,

*Non, l'amour que je sens pour cette jeune veuve,
Ne ferme point mes yeux aux défauts qu'on y treuve.*

La Fontaine a employé ces deux mêmes rimes dans sa fable du Gland et de la Citrouille, liv. 9, imprimée pour la première fois en 1678.

Dieu fait bien ce qu'il fait. Sans en chercher la preuve
. . . .
Dans les citrouilles je la treuve.

C'est ainsi qu'il a mis dans sa fable des Poissons et du Cormoran, liv. 10 *émute* pour *emeute*.

L'écrevisse en hâte s'en va
Conter le cas : grande est l'émute,
On court, on s'assemble, on députe.

Ces petites licences étoient tolérées du tems de Molière et de La Fontaine, et l'on pourroit dire, à cet égard, avec M. de Voltaire,

Aimons jusqu'aux défauts heureux
De leur mâle et libre éloquence.

Nos anciens poëtes écrivoient *treuve*, comme l'a fait ici Molière. *Voyez* Ronsard, liv. 1, od. 5.

Comme on voit l'orgueil d'un torrent,
Bouillonnant d'une trace neuve,
. . . .
Ravager tout cela qu'il treuve.

Voyez aussi Malherbe, *aux Ombres de Damon*.

Qu'à peine en leur grand nombre une seule se treuve.

J'ai cité la Fable du Gland et de la Citrouille, de La Fontaine, et j'aurois pu citer encore celle de l'Ivrogne et de sa femme.

Et je suis, quelque ardeur qu'elle m'ait pu donner,
Le premier à les voir, comme à les condamner.
Mais, avec tout cela, quoi que je puisse faire,
Je confesse mon foible, elle a l'art de me plaire;

. . . . A son réveil il treuve
L'attirail de la mort à l'entour de son corps.

Nous avons vu long-tems ces deux vers du Misanthrope changés au théâtre de la manière suivante :

Non, l'amour que je sens plus fort que toute épreuve,
Ne ferme point mes yeux aux défauts de ma veuve.

On doit préférer la manière dont ils sont changés aujourd'hui. La voici :

Non, l'amour que je sens pour cette jeune veuve
De ses défauts en moi n'affoiblit point la preuve.

Un homme de Lettres de la ville de Troyes, qui joint beaucoup de sagacité et d'esprit à de grandes connoissances, m'a adressé dans le journal Encyclopédique du premier mai 1776, une lettre à l'occasion de la Célimène du Misanthrope, qu'il prétend être la célèbre madame de Longueville, ce qui est très-différent de l'opinion des Commentateurs de Boileau, dont j'ai parlé dans ma note a ce sujet. Ce littérateur ingénieux a trouvé dans différens mémoires de la minorité de Louis XIV, que plusieurs lettres de cette duchesse avoient causé un scandale public, et il croit que Moliere a affecté ce point de fait pour le dénouement de son Misanthrope. Voici les raisons qu'il a de le croire. Les *Visionnaires* de M. Nicole, où les auteurs de pièces de théâtre et les comédiens étoient traités d'*empoisonneurs publics*, sont de 1665, et le Misanthrope de l'année suivante. Madame de Longueville qui depuis 1652, avoit donné à Dieu et à Port-Royal les restes d'une vie passée dans les plaisirs, étoit la grande protectrice des solitaires de Port-Royal, et c'étoit pour Moliere une occasion de se venger de ces solitaires que de jouer publiquement leur principal appui. Le littérateur est si persuadé de la réalité de sa découverte, qu'il attribue la froideur avec laquelle on reçut le Misanthrope, à la connoissance qu'avoit le public de l'original de la Célimene. Il prétend que le respect de ce public pour la Duchesse, dont la conversion éclatante avoit effacé l'irrégularité de sa vie passée, lui fit apercevoir dans la vengeance de Moliere un fond de méchanceté qui contribua au peu de succès de l'ouvrage dans les premieres représentations. Tout cela est bien conjectural ; ç'auroit été se venger bien indirectement des solitaires, ennemis du théâtre, que d'attaquer une femme de leur parti. L'anecdote des Lettres n'étoit pas

J'ai beau voir ses défauts, et j'ai beau l'en blâmer,
En dépit qu'on en ait, elle se fait aimer;
Sa grace est la plus forte; et sans doute ma flamme
De ces vices du tems pourra purger son ame *.

PHILINTE.

Si vous faites cela, vous ne ferez pas peu.
Vous croyez être donc aimé d'elle?

plus l'histoire de cette femme galante et coquette, que celle du plus grand nombre de cette espèce. Molière n'avoit pas eu besoin, pour démasquer une coquette, d'un événement particulier : son dénouement est pris dans la nature générale, et non pas dans l'histoire d'un individu. Si Molière, comme le suppose la lettre qui m'a été adressée, avoit été blessé des Visionnaires de M. Nicole, et qu'il eût voulu se venger et de cet écrivain et des Solitaires de Port-Royal, il travailloit alors au Tartufe, qui parut un an après, et qui auroit été un cadre bien plus favorable à sa vengeance; et l'on sait au contraire que le parti le plus opposé aux Solitaires eut le plus à s'en plaindre : il n'en faut pas d'autres preuves que la déclamation que le P. Bourdaloue fit en chaire contre ce dernier ouvrage. La raison que le littérateur assigne au froid accueil que reçut le Misanthrope, donne l'idée d'un public bien différent de celui qui juge aujourd'hui nos ouvrages dramatiques. La découverte d'une malignité de la part de l'auteur seroit plutôt le garant de son succès que la cause de sa chute, et certainement il faut chercher ailleurs le motif d'une erreur qui fit bientôt rougir le public.

* Les commentateurs de Boileau prétendent que cette Célimène étoit une femme très-connue à la cour, et la même que ce satyrique peignit 28 ans après par ces vers :

Nous la verrons hanter les plus honteux brelans;
Donner chez la *Cornu* rendez-vous aux galans, etc.

On doit voir, dans la différence des deux portraits, que Molière ne prêta jamais son art à la licence de la satire, et qu'il évita scrupuleusement de peindre ce qui devoit rendre plus odieux que ridicule.

Nous ne pouvons trop appuyer sur cette observation, que nous trouvons chez nos meilleurs écrivains. Voyez la lettre sur la musique, par M. l'abbé Arnaud. On a déja oublié (dit ce juge éclairé de tous nos arts) que la tragédie a son plaisir qui lui est propre, et que le ridicule est le fondement et l'ame de la comédie. *Ridiculum comœdiæ fundamentum et anima.* Démetr. Phaler.

ACTE I. SCÈNE II.

ALCESTE.

Oui, parbleu.
Je ne l'aimerois pas, si je ne croyois l'être.
PHILINTE.
Mais, si son amitié pour vous se fait paroître,
D'où vient que vos rivaux vous causent de l'ennui ?
ALCESTE.
C'est qu'un cœur bien atteint veut qu'on soit tout à lui,
Et je ne viens ici qu'à dessein de lui dire
Tout ce que là-dessus ma passion m'inspire.
PHILINTE.
Pour moi, si je n'avois qu'à former des desirs,
Sa cousine Éliante auroit tous mes soupirs;
Son cœur, qui vous estime, est solide et sincère,
Et ce choix plus conforme étoit mieux votre affaire.
ALCESTE.
Il est vrai : ma raison me le dit chaque jour;
Mais la raison n'est pas ce qui règle l'amour.
PHILINTE.
Je crains fort pour vos feux, et l'espoir où vous êtes
Pourroit...

SCÈNE II.

ORONTE, ALCESTE, PHILINTE.

ORONTE *à Alceste*.

J'ai su là-bas que pour quelques emplettes,
Éliante est sortie, et Célimène aussi.
Mais, comme l'on m'a dit que vous étiez ici,
J'ai monté pour vous dire, et d'un cœur véritable,
Que j'ai conçu pour vous une estime incroyable;
Et que, depuis long-tems, cette estime m'a mis
Dans un ardent desir d'être de vos amis.
Oui, mon cœur au mérite aime à rendre justice,
Et je brule qu'un nœud d'amitié nous unisse.
Je crois qu'un ami chaud, et de ma qualité,
N'est pas assurément pour être rejeté.

(Pendant le discours d'Oronte, Alceste est rêveur, sans faire attention que c'est à lui qu'on parle, et ne sort de sa rêverie que quand Oronte lui dit :)
C'est à vous, s'il vous plaît, que ce discours s'adresse.

ALCESTE.

A moi, monsieur?

ORONTE.

A vous. Trouvez-vous qu'il vous blesse?

ALCESTE.

Non pas. Mais la surprise est fort grande pour moi,
Et je n'attendois pas l'honneur que je reçoi.

ORONTE.

L'estime où je vous tiens ne doit point vous surprendre;
Et de tout l'univers vous la pouvez prétendre.

ALCESTE.

Monsieur...

ORONTE.

L'état n'a rien qui ne soit au-dessous
Du mérite éclatant que l'on découvre en vous.

ALCESTE.

Monsieur....

ORONTE.

Oui, de ma part, je vous tiens préférable
A tout ce que j'y vois de plus considérable.

ALCESTE.

Monsieur...

ORONTE.

Sois-je du ciel écrasé, si je mens;
Et, pour vous confirmer ici mes sentimens,
Souffrez qu'à cœur ouvert, monsieur, je vous embrasse,
Et qu'en votre amitié je vous demande place.
Touchez-là, s'il vous plaît, vous me le promettez,
Votre amitié?

ALCESTE.

Monsieur...

ORONTE.

Quoi, vous y résistez?

ALCESTE.

Monsieur, c'est trop d'honneur que vous me voulez faire,

ACTE I. SCÈNE II.

Mais l'amitié demande un peu plus de mystère,
Et c'est assurément en profaner le nom,
Que de vouloir le mettre à toute occasion.
Avec lumière et choix cette union veut naître ;
Avant que nous lier, il faut nous mieux connoître :
Et nous pourrions avoir telles complexions,
Que tous deux du marché nous nous repentirions.

ORONTE.

Parbleu, c'est là-dessus parler en homme sage,
Et je vous en estime encore davantage.
Souffrons donc que le tems forme des nœuds si doux,
Mais, cependant je m'offre entièrement à vous.
S'il faut faire à la cour pour vous quelque ouverture,
On sait qu'auprès du roi je fais quelque figure ;
Il m'écoute : et, dans tout, il en use, ma foi,
Le plus honnêtement du monde avec moi.
Enfin, je suis à vous de toutes les manières ;
Et, comme votre esprit a de grandes lumières,
Je viens, pour commencer entre nous ce beau nœud,
Vous montrer un sonnet que j'ai fait depuis peu,
Et savoir s'il est bon qu'au public je l'expose.

ALCESTE.

Monsieur, je suis mal propre * à décider la chose ;
Veuillez m'en dispenser.

ORONTE.
   Pourquoi ?

ALCESTE.
       J'ai le défaut
D'être un peu plus sincère en cela qu'il ne faut.

ORONTE.

C'est ce que je demande, et j'aurois lieu de plainte,
Si, m'exposant à vous pour me parler sans feinte,
Vous alliez me trahir, et me déguiser rien.

ALCESTE.

Puisqu'il vous plaît ainsi, monsieur, je le veux bien.

* *Mal propre*, pour *peu propre*, ne se dit plus.

ORONTE.

Sonnet. C'est un sonnet. *L'espoir...* C'est une dame,
Qui de quelque espérance avoit flatté ma flamme.
L'espoir... Ce ne sont point de ces grands vers pompeux,
Mais de petits vers doux, tendres et langoureux.

ALCESTE.

Nous verrons bien.

ORONTE.

L'espoir... Je ne sais si le style
Pourra vous en paroître assez net et facile,
Et si du choix des mots vous vous contenterez.

ALCESTE.

Nous allons voir, monsieur.

ORONTE.

Au reste, vous saurez
Que je n'ai demeuré qu'un quart-d'heure à le faire.

ALCESTE.

Voyons, monsieur; le tems ne fait rien à l'affaire.

ORONTE *lit.*

L'espoir, il est vrai, nous soulage,
Et nous berce un tems notre ennui;
Mais, Philis, le triste avantage,
Lorsque rien ne marche après lui!

PHILINTE.

Je suis déjà charmé de ce petit morceau.

ALCESTE *bas à Philinte.*

Quoi! vous avez le front de trouver cela beau?

ORONTE.

Vous eûtes de la complaisance;
Mais vous en deviez moins avoir,
Et ne vous pas mettre en dépense,
Pour ne me donner que l'espoir.

PHILINTE.

Ah! qu'en termes galans ces choses-là sont mises!

ALCESTE *bas à Philinte.*

Hé quoi! vil complaisant, vous louez des sottises?

ACTE I. SCÈNE II.

ORONTE.
S'il faut qu'une attente éternelle
Pousse à bout l'ardeur de mon zèle,
Le trépas sera mon recours.

Vos soins ne peuvent m'en distraire ;
Belle Philis, on désespère,
Alors qu'on espère toujours.

PHILINTE.
La chute en est jolie, amoureuse, admirable.

ALCESTE *bas à part.*
La peste de ta chute, empoisonneur au diable * !
En eusses-tu fait une à te casser le nez !

* *La peste de ta chute, empoisonneur au diable !*
En eusses-tu fait une à te casser le nez.

La critique ne voit ici qu'un jeu de mots ; mais un examen plus approfondi y voit une réponse brusque et grossière, très-digne du caractère d'Alceste. Les gens de son humeur se permettent, dans leur accès, ce qu'ils condamneroient dans les autres.

Il faut convenir que, dans cette scène, les complimens du sage Philinte, et son ton d'admiration à chaque vers du sonnet d'*Oronte*, indisposent contre lui ; mais n'oublions pas qu'il pouvoit se tromper comme le public sur le mérite du sonnet. Le sieur de Visé, dans sa lettre sur *le Misanthrope*, dit que le sonnet étoit *selon la manière d'écrire du tems*.

Alceste, devenu Molière en cet instant, a plus de goût que son vertueux ami ; mais cet ami, qui ne voit dans les défauts humains que *des moyens d'exercer notre philosophie*, et qui en fait le *plus bel emploi que trouve la vertu*, sera toujours le guide le plus sûr et le plus sensé qu'on puisse se proposer. C'est le véritable honnête homme de la pièce ; il réduit souvent Alceste à ne pouvoir lui répondre que par des brusqueries. Philinte se trompe ici sur des vers. Eh ! qu'importe ? il ne se tromperoit pas sur le mérite ou le démérite d'une action.

Molière, dit M. Marmontel dans sa Poétique Française, met en opposition les mœurs corrompues de la société, et la probité farouche *du Misanthrope* ; entre ces deux excès paroît la modération d'un honnête homme. Quel fond de philosophie ne faut-il pas pour saisir ainsi le point fixe de la vérité ! C'est à cette précision qu'on reconnoît Molière, etc.

Observons que ce premier acte n'a que trois scènes, et qu'il est un chef-d'œuvre d'exposition. *Le Misanthrope* de Molière

PHILINTE.

Je n'ai jamais ouï de vers si bien tournés.

ALCESTE *bas à part.*

Morbleu.

ORONTE à *Philinte.*

Vous me flattez, et vous croyez peut-être....

PHILINTE.

Non, je ne flatte point.

ALCESTE *bas à part.*

Hé, que fais-tu donc, traître ?

ORONTE à *Alceste.*

Mais, pour vous, vous savez quel est notre traité.
Parlez-moi, je vous prie, avec sincérité.

ALCESTE.

Monsieur, cette matière est toujours délicate,
Et, sur le bel-esprit, nous aimons qu'on nous flatte.

et *le Bajazet* de Racine, ont seuls, dans les deux genres, le mérite supérieur d'exposer en agissant. Molière, dit-on, sans être aussi *Misanthrope* qu'Alceste, s'étoit copié dans la manière embarrassée et froide, dont celui-ci reçoit les protestations d'amitié d'Oronte. Ennemi de toutes les faussetés, il ne pouvoit se faire à *ces serremens de mains et à ces embrassades*, encore de mode chez les Français d'aujourd'hui.

Il faut en convenir, de toutes les réponses que fait Philinte à Alceste, celle qui regarde *la fureur de ces embrassemens*, dont *le Misanthrope* le gronde, est la plus foible. Il y a quelques apparences qu'Alceste exagère en ce moment les politesses et les honnêtetés que vient d'arracher à Philinte l'homme dont il a presque oublié le nom; M. Dalembert a remarqué, avec autant de justesse que de goût, que la foiblesse de la réponse du sage donnoit, mal-à-propos, trop d'avantage au *Misanthrope*.

L'Illustre Fénélon avoit dit, avant M. R. de G. que Molière avoit donné *un tour gracieux au vice, avec une austérité ridicule et odieuse à la vertu.* Eh ! comment ce grand homme, rempli d'une vertu si douce, en trouva-t-il une véritable dans le caractère d'Alceste ? Son état l'empêcha d'en voir l'effet au théâtre ; ce même état l'indisposoit contre Molière, telle est la source de son erreur. Ecoutons le grand Rousseau, dans sa lettre à M. Riccoboni. *Un homme vertueux*, dit-il, *qui verra sur le théâtre à quel point le Misanthrope se rend insociable pour vouloir accommoder les mœurs de son siècle aux siennes... pourra se corriger du travers d'esprit qui porte aux mêmes excès.*

ACTE I. SCÈNE II.

Mais un jour, à quelqu'un dont je tairai le nom,
Je disois, en voyant des vers de sa façon,
Qu'il faut qu'un galant homme ait toujours grand empire
Sur les démangeaisons qui nous prennent d'écrire ;
Qu'il doit tenir la bride aux grands empressemens
Qu'on a de faire éclat de tels amusemens ;
Et que, par la chaleur de montrer ses ouvrages,
On s'expose à jouer de mauvais personnages.

ORONTE.

Est-ce que vous voulez me déclarer par là,
Que j'ai tort de vouloir....

ALCESTE.

Je ne dis pas cela.
Mais je lui disois, moi, qu'un froid écrit assomme,
Qu'il ne faut que ce foible à décrier un homme,
Et qu'eût-on d'autre part cent belles qualités,
On regarde les gens par leurs méchans côtés.

ORONTE.

Est-ce qu'à mon sonnet vous trouvez à redire ?

ALCESTE.

Je ne dis pas cela. Mais, pour ne point écrire,
Je lui mettois aux yeux* comme, dans notre tems,
Cette soif a gâté de fort honnêtes gens.

ORONTE.

Est-ce que j'écris mal, et leur ressemblerois-je ?

ALCESTE.

Je ne dis pas cela. Mais enfin, lui disois-je,
Quel besoin si pressant avez-vous de rimer ?
Et qui diantre vous pousse à vous faire imprimer ?
Si l'on peut pardonner l'essor d'un mauvais livre,
Ce n'est qu'aux malheureux qui composent pour vivre.
Croyez-moi. Résistez à vos tentations,
Dérobez au public ces occupations,
Et n'allez point quitter, de quoi que l'on vous somme,
Le nom que, dans la cour **, vous avez d'honnête homme,

---

* *Je lui mettois aux yeux*, pour dire, *je lui faisois sentir*, ne se dit pas.

** *Dans la cour*, on diroit aujourd'hui, *à la cour*.

Pour prendre, de la main d'un avide imprimeur,
Celui de ridicule et misérable auteur.
C'est ce que je tâchai de lui faire comprendre.
ORONTE.
Voilà qui va fort bien, et je crois vous entendre.
Mais, ne puis-je savoir ce que dans mon sonnet....
ALCESTE.
Franchement il est bon à mettre au cabinet ;
Vous vous êtes réglé sur de méchans modèles,
Et vos expressions ne sont point naturelles.

> Qu'est-ce que, *nous berce un tems notre ennui,*
> Et que, *rien ne marche après lui ?*
> Que, *ne vous pas mettre en dépense,*
> *Pour ne me donner que l'espoir ?*
> Et que, *Philis, on désespère,*
> *Alors qu'on espère toujours ?*

Ce style figuré dont on fait vanité,
Sort du bon caractère et de la vérité ;
Ce n'est que jeu de mots, qu'affectation pure,
Et ce n'est point ainsi que parle la nature.
Le méchant goût du siècle en cela me fait peur ;
Nos pères, tout grossiers, l'avoient beaucoup meilleur ;
Et je prise bien moins tout ce que l'on admire,
Qu'une vieille chanson que je m'en vais vous dire.

> *Si le roi m'avoit donné*
> *Paris sa grand'ville,*
> *Et qu'il me fallut quitter*
> *L'amour de ma mie !*
> *Je dirois au roi Henri,*
> *Reprenez votre Paris,*
> *J'aime mieux ma mie, oh gay !*
> *J'aime mieux ma mie.*

La rime n'est pas riche, et le style en est vieux :
Mais ne voyez-vous pas que cela vaut bien mieux
Que ces colifichets dont le bon sens murmure,
Et que la passion parle-là toute pure ?

> *Si le roi m'avoit donné*
> *Paris sa grand'ville,*

ACTE I. SCÈNE II.

Et qu'il me fallût quitter
L'amour de ma mie !
Je dirois au roi Henri,
Reprenez votre Paris,
J'aime mieux ma mie, oh gay !
J'aime mieux ma mie.

Voilà ce que peut dire un cœur vraiment épris.
(*à Philinte qui rit.*)
Oui, monsieur le rieur, malgré vos beaux esprits,
J'estime plus cela que la pompe fleurie
De tous ces faux brillans où chacun se récrie.

ORONTE.

Et moi, je vous soutiens que mes vers sont fort bons.

ALCESTE.

Pour les trouver ainsi, vous avez vos raisons;
Mais vous trouverez bon que j'en puisse avoir d'autres
Qui se dispenseront de se soumettre aux vôtres.

ORONTE.

Il me suffit de voir que d'autres en font cas.

ALCESTE.

C'est qu'ils ont l'art de feindre, et moi, je ne l'ai pas.

ORONTE.

Croyez-vous donc avoir tant d'esprit en partage ?

ALCESTE.

Si je louois vos vers, j'en aurois davantage.

ORONTE.

Je me passerai fort que vous les approuviez.

ALCESTE.

Il faut bien, s'il vous plaît, que vous vous en passiez.

ORONTE.

Je voudrois bien, pour voir, que de votre manière,
Vous en composassiez sur la même matière.

ALCESTE.

J'en pourrois, par malheur, faire d'aussi méchans,
Mais je me garderois de les montrer aux gens.

ORONTE.

Vous me parlez bien ferme, et cette suffisance...

LE MISANTHROPE.

ALCESTE.

Autre part que chez moi cherchez qui vous encense.

ORONTE.

Mais, mon petit monsieur, prenez-le un peu moins haut.

ALCESTE.

Ma foi, mon grand monsieur, je le prends comme il faut.

PHILINTE *se mettant entre deux.*

Hé! messieurs, c'en est trop. Laissez cela, de grace.

ORONTE.

Ah! j'ai tort, je l'avoue, et je quitte la place.
Je suis votre valet, monsieur, de tout mon cœur.

ALCESTE.

Et moi, je suis, monsieur, votre humble serviteur.

SCÈNE III.

PHILINTE, ALCESTE.

PHILINTE.

Hé bien! vous le voyez. Pour être trop sincère,
Vous voilà sur les bras une fâcheuse affaire;
Et j'ai bien vu qu'Oronte, afin d'être flatté....

ALCESTE.

Ne me parlez pas.

PHILINTE.

Mais....

ALCESTE.

Plus de société.

PHILINTE.

C'est trop....

ALCESTE.

Laissez-moi là.

PHILINTE.

Si je...

ALCESTE.

Point de langage.

PHILINTE.

Mais quoi...

ALCESTE.

Je n'entends rien.

ACTE II. SCÈNE I.

PHILINTE.
Mais...
ALCESTE.
Encore?
PHILINTE.
On outrage...
ALCESTE.
Ah! parbleu, c'en est trop. Ne suivez point mes pas.
PHILINTE.
Vous vous moquez de moi, je ne vous quitte pas.

ACTE II.

SCÈNE I.

ALCESTE, CÉLIMÈNE.

ALCESTE.

Madame, voulez-vous que je vous parle net?
De vos façons d'agir je suis mal satisfait,
Contre elles dans mon cœur trop de bile s'assemble,
Et je sens qu'il faudra que nous rompions ensemble;
Oui, je vous tromperois de parler autrement;
Tôt ou tard nous romprons indubitablement,
Et je vous promettrois mille fois le contraire,
Que je ne serois pas en pouvoir de le faire.

CÉLIMÈNE.

C'est pour me quereller donc, à ce que je voi,
Que vous avez voulu me ramener chez moi?

ALCESTE.

Je ne querelle point. Mais votre humeur, madame,
Ouvre au premier venu trop d'accès dans votre ame ;
Vous avez trop d'amans qu'on voit vous obséder,
Et mon cœur de cela ne peut s'accommoder.

CÉLIMÈNE.

Des amans que je fais me rendez-vous coupable ?
Puis-je empêcher les gens de me trouver aimable ?
Et, lorsque pour me voir ils font de doux efforts,
Dois-je prendre un bâton pour les mettre dehors ?

ALCESTE.

Non, ce n'est pas, madame, un bâton qu'il faut prendre,
Mais un cœur, à leurs vœux, moins facile et moins tendre.
Je sais que vos appas vous suivent en tous lieux ;
Mais votre accueil retient ceux qu'attirent vos yeux,
Et sa douceur offerte à qui vous rend les armes,
Achève sur les cœurs l'ouvrage de vos charmes.
Le trop riant espoir que vous leur présentez,
Attache autour de vous leurs assiduités,
Et votre complaisance, un peu moins étendue,
De tant de soupirans chasseroit la cohue.
Mais, au moins, dites-moi, madame, par quel sort,
Votre Clitandre a l'heur de vous plaire si fort ;
Sur quel fonds de mérite et de vertu sublime,
Appuyez-vous en lui l'honneur de votre estime ?
Est-ce par l'ongle long qu'il porte au petit doigt *.

---

* *Est-ce par l'ongle long qu'il porte au petit doigt ?*

Dans un tems où l'on portoit en poche un peigne, dont on se servoit jusques dans l'anti-chambre du roi, il n'est pas étonnant que quelqu'un se soit avisé de laisser croître l'ongle du doigt auriculaire, pour un besoin qui ne peut plus se désigner 1. On ne voit que cette explication à donner à cet usage singulier, car les grands (de ce tems-là, du moins) n'étoient pas assez instruits pour avoir imité, à cet égard, les grands de l'Inde, qui laissent croître leurs ongles fort longs, comme une preuve qu'ils n'ont pas besoin du travail de leurs mains pour vivre.

Nos acteurs changent ce vers, et disent:

Est-ce par le brillant qu'il porte au petit doigt ?

ACTE II. SCÈNE I.

Qu'il s'est acquis chez vous l'estime où l'on le voit ?
Vous êtes-vous rendue avec tout le beau monde,
Au mérite éclatant de sa perruque blonde ?
Sont-ce ses grands canons qui vous le font aimer ?
L'amas de ses rubans a-t-il su vous charmer ?
Est-ce par les appas de sa vaste reingrave,
Qu'il a gagné votre ame en faisant votre esclave * ?
Ou sa façon de rire, et son ton de fausset,
Ont-ils de vous toucher su trouver le secret ?

CÉLIMÈNE.

Qu'injustement, de lui, vous prenez de l'ombrage !
Ne savez-vous pas bien pourquoi je le ménage ?
Et que, dans mon procès, ainsi qu'il m'a promis,
Il peut intéresser tout ce qu'il a d'amis ?

ALCESTE.

Perdez votre procès, madame, avec constance ;
Et ne ménagez point un rival qui m'offense.

Les six vers qui suivent tombent sur des ridicules emportés par le torrent des modes. Une *perruque blonde*, de *grands canons*, un *amas de rubans*, ne peignent plus rien à nos yeux. Nos acteurs les changent aujourd'hui en passant quatre vers, et en substituant le mot de *frisure* à celui de *perruque*.

M. le marquis de Thyard, à l'amitié de qui je dois quelques-unes de mes nouvelles remarques, se souvient d'avoir oui-dire à madame sa mère, née en 1688, à l'occasion de ce vers, qu'elle avoit vu dans sa jeunesse des vieillards avec cet ongle long, qu'ils s'en servoient à table pour prendre du sel, et que ces vieillards étoient des bourgeois de province attachés aux anciens usages; mais que les gens de qualité, leurs contemporains, avoient déjà aboli celui-là.

1 C'est une chose assez singulière que, sous le règne le plus galant et le plus poli, les Français aient laissé croître un de leurs ongles aussi long que ceux de la *Fée Dentue de Fleur d'Épine*. Scarron, dans sa nouvelle tragi-comique, *plus d'effet que de paroles*, avoit déjà remarqué ce ridicule dans le portrait qu'il fait du *prince de Tarente*. Voici ce qu'il dit : *il s'étoit laissé croître l'ongle du petit doigt de la gauche jusqu'à une grandeur étonnante, ce qu'il trouvoit le plus galant du monde.*

* *En faisant votre esclave*, pour dire *en se rendant votre esclave*, ne se dit pas.

CÉLIMÈNE.

Mais de tout l'univers vous devenez jaloux.

ALCESTE.

C'est que tout l'univers est bien reçu de vous.

CÉLIMÈNE.

C'est ce qui doit rasseoir votre ame effarouchée,
Puisque ma complaisance est sur tous épanchée;
Et vous auriez plus lieu de vous en offenser,
Si vous me la voyiez sur un seul ramasser.

ALCESTE.

Mais moi, que vous blâmez de trop de jalousie,
Qu'ai-je de plus qu'eux tous, madame, je vous prie?

CÉLIMÈNE.

Le bonheur de savoir que vous êtes aimé.

ALCESTE.

Et quel lieu de le croire, a mon cœur enflammé?

CÉLIMÈNE.

Je pense qu'ayant pris le soin de vous le dire,
Un aveu de la sorte a de quoi vous suffire.

ALCESTE.

Mais qui m'assurera que, dans le même instant,
Vous n'en disiez, peut-être, aux autres tout autant?

CÉLIMÈNE.

Certes, pour un amant, la fleurette est mignonne,
Et vous me traitez-là de gentille personne.
Hé bien! pour vous ôter d'un semblable souci *,
De tout ce que j'ai dit, je me dédis ici;
Et rien ne sauroit plus vous tromper que vous-même :
Soyez content.

ALCESTE.

Morbleu, faut-il que je vous aime!
Ah! que si de vos mains je rattrape mon cœur,
Je bénirai le ciel de ce rare bonheur.
Je ne le cèle pas, je fais tout mon possible
A rompre de ce cœur l'attachement terrible;
Mais mes plus grands efforts n'ont rien fait jusqu'ici,
Et c'est pour mes péchés que je vous aime ainsi.

* *D'un semblable souci*, on diroit aujourd'hui *un*.

ACTE II. SCÈNE III.

CÉLIMÈNE.
Il est vrai, votre ardeur est pour moi sans seconde.
ALCESTE.
Oui, je puis là-dessus défier tout le monde.
Mon amour ne se peut concevoir, et jamais
Personne n'a, madame, aimé comme je fais.
CÉLIMÈNE.
En effet, la méthode en est toute nouvelle,
Car vous aimez les gens pour leur faire querelle ;
Ce n'est qu'en mots fâcheux qu'éclate votre ardeur,
Et l'on n'a vu jamais un amant si grondeur.
ALCESTE.
Mais il ne tient qu'à vous que son chagrin ne passe.
A tous nos démêlés coupons chemin, de grace,
Parlons à cœur ouvert, et voyons d'arrêter *....

SCÈNE II.

CÉLIMÈNE, ALCESTE, BASQUE.

CÉLIMÈNE.
Qu'est-ce ?

BASQUE.
Acaste est là-bas.
CÉLIMÈNE.
Hé bien ! faites monter.

SCÈNE III.

CÉLIMÈNE, ALCESTE.

ALCESTE.
Quoi ! l'on ne peut jamais vous parler tête à tête ?
A recevoir le monde on vous voit toujours prête ?
Et vous ne pouvez pas, un seul moment de tous **,
Vous résoudre à souffrir de n'être pas chez vous ?

---

* *Voyons d'arrêter,* on diroit aujourd'hui *à*.

** *Un seul moment de tous, de tous* a paru cheville.

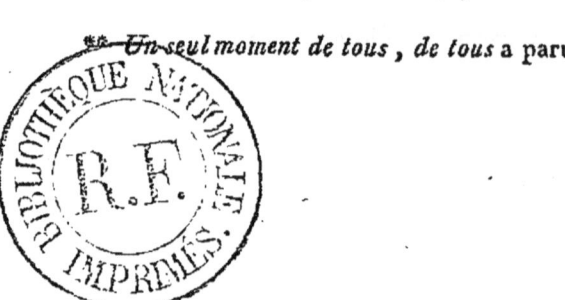

CÉLIMÈNE.
Voulez-vous qu'avec lui je me fasse une affaire ?
ALCESTE.
Vous avez des égards qui ne sauroient me plaire.
CÉLIMÈNE.
C'est un homme à jamais ne me le pardonner,
S'il savoit que sa vue eût pu m'importuner.
ALCESTE.
Et que vous fait cela, pour vous gêner de sorte ?...
CÉLIMÈNE.
Mon Dieu, de ses pareils la bienveillance importe ;
Et ce sont de ces gens qui, je ne sais comment,
Ont gagné, dans la cour, de parler hautement.
Dans tous les entretiens on les voit s'introduire,
Ils ne sauroient servir, mais ils peuvent vous nuire ;
Et jamais, quelque appui qu'on puisse avoir d'ailleurs,
On ne doit se brouiller avec ces grands brailleurs.
ALCESTE.
Enfin, quoi qu'il en soit, et sur quoi qu'on se fonde,
Vous trouvez des raisons pour souffrir tout le monde ;
Et les précautions de votre jugement....

SCENE IV.

ALCESTE, CÉLIMÈNE, BASQUE.

BASQUE.
Voici Clitandre encor, madame.
ALCESTE.
Justement.
CÉLIMÈNE.
Où courez-vous ?
ALCESTE.
Je sors.
CÉLIMÈNE.
Demeurez.
ALCESTE.
Pourquoi faire.

CÉLIMÈNE.

Demeurez.

ALCESTE.

Je ne puis.

CÉLIMÈNE.

Je le veux.

ALCESTE.

Point d'affaire.
Ces conversations ne font que m'ennuyer,
Et c'est trop que vouloir me les faire essuyer.

CÉLIMÈNE.

Je le veux, je le veux.

ALCESTE.

Non, il m'est impossible.

CÉLIMÈNE.

Hé bien, allez, sortez, il vous est tout loisible.

SCÈNE V.

ÉLIANTE, PHILINTE, ACASTE, CLITANDRE, ALCESTE, CÉLIMÈNE, BASQUE.

ÉLIANTE à *Célimène*.

Voici les deux marquis qui montent avec nous.
Vous l'est-on venu dire ?

CÉLIMÈNE.

(à *Basque*.)

Oui. Des sièges pour tous.

(*Basque donne des sièges, et sort.*)

(à *Alceste*.)

Vous n'êtes pas sorti ?

ALCESTE.

Non ; mais je veux, madame,
Ou pour eux, ou pour moi, faire expliquer votre ame.

CÉLIMÈNE.

Taisez-vous.

ALCESTE.

Aujourd'hui, vous vous expliquerez.

LE MISANTHROPE.

CÉLIMÈNE.

Vous perdez le sens.

ALCESTE.

Point. Vous vous déclarerez.

CÉLIMÈNE.

Ah !

ALCESTE.

Vous prendrez parti.

CÉLIMÈNE.

Vous vous moquez, je pense.

ALCESTE.

Non. Mais vous choisirez, c'est trop de patience.

CLITANDRE.

Parbleu, je viens du Louvre, où Cléonte, au levé,
Madame, a bien paru ridicule achevé.
N'a-t-il point quelque ami qui pût, sur ses manières,
D'un charitable avis lui prêter les lumières.

CÉLIMÈNE.

Dans le monde, à vrai dire, il se barbouille fort ;
Partout il porte un air qui saute aux yeux d'abord,
Et, lorsqu'on le revoit, après un peu d'absence,
On le retrouve encor plus plein d'extravagance.

ACASTE.

Parbleu, s'il faut parler des gens extravagans,
Je viens d'en essuyer un des plus fatigans ;
Damon le raisonneur, qui m'a, ne vous déplaise,
Une heure, au grand soleil, tenu hors de ma chaise.

CÉLIMÈNE.

C'est un parleur étrange, et qui trouve toujours
L'art de ne vous rien dire avec de grands discours :
Dans les propos qu'il tient on ne voit jamais goutte ;
Et ce n'est que du bruit, que tout ce qu'on écoute.

ÉLIANTE à *Philinte*.

Ce début n'est pas mal ; et, contre le prochain,
La conversation prend un assez bon train.

CLITANDRE.

Timante encor, madame, est un bon caractère.

ACTE II. SCÈNE V.
CÉLIMÈNE.
C'est, de la tête aux pieds, un homme tout mystère,
Qui vous jette, en passant, un coup-d'œil égaré,
Et, sans aucune affaire, est toujours affairé.
Tout ce qu'il vous débite, en grimaces abonde;
A force de façons, il assomme le monde;
Sans cesse il a, tout bas, pour rompre l'entretien,
Un secret à vous dire, et ce secret n'est rien;
De la moindre vétille il fait une merveille,
Et, jusques au bonjour, il dit tout à l'oreille.
ACASTE.
Et Géralde, madame?
CÉLIMÈNE.
O l'ennuyeux conteur!
Jamais on ne le voit sortir du grand Seigneur.
Dans le brillant commerce il se mêle sans cesse,
Et ne cite jamais que duc, prince, ou princesse.
La qualité l'entête; et tous ses entretiens
Ne sont que de chevaux, d'équipages et de chiens;
Il tutoie, en parlant, ceux du plus haut étage,
Et le nom de monsieur est chez lui hors d'usage.
CLITANDRE.
On dit qu'avec Bélise il est du dernier bien.
CÉLIMÈNE.
Le pauvre esprit de femme, et le sec entretien!
Lorsqu'elle vient me voir, je souffre le martyre,
Il faut suer sans cesse à chercher que lui dire;
Et la stérilité de son expression
Fait mourir a tous coups la conversation.
En vain, pour attaquer son stupide silence,
De tous les lieux communs vous prenez l'assistance;
Le beau tems et la pluie, et le froid et le chaud,
Sont des fonds qu'avec elle on épuise bientôt.
Cependant sa visite, assez insupportable,
Traîne en une longueur encore épouvantable;
Et l'on demande l'heure, et l'on bâille vingt fois,
Qu'elle s'émeut autant qu'une pièce de bois.
ACASTE.
Que vous semble d'Adraste?

CÉLIMÈNE.

Ah ! quel orgueil extrême !
C'est un homme gonflé de l'amour de soi-même,
Son mérite jamais n'est content de la cour,
Contre elle il fait métier de pester chaque jour;
Et l'on ne donne emploi, charge, ni bénéfice,
Qu'à tout ce qu'il se croit on ne fasse injustice.

CLITANDRE.

Mais le jeune Cléon, chez qui vont aujourd'hui
Nos plus honnêtes gens, que dites-vous de lui ?

CÉLIMÈNE.

Que de son cuisinier il s'est fait un mérite,
Et que c'est à sa table à qui l'on rend visite.

ÉLIANTE.

Il prend soin d'y servir des mets forts délicats.

CÉLIMÈNE.

Oui ; mais je voudrois bien qu'il ne s'y servît pas;
C'est un fort méchant plat, que sa sotte personne,
Et qui gâte, à mon goût, tous les repas qu'il donne.

PHILINTE.

On fait assez de cas de son oncle Damis;
Qu'en dites-vous, madame ?

CÉLIMÈNE.

Il est de mes amis.

PHILINTE.

Je le trouve honnête homme, et d'un air assez sage.

CÉLIMÈNE.

Oui ; mais il veut avoir trop d'esprit, dont j'enrage.
Il est guindé sans cesse ; et, dans tous ses propos,
On voit qu'il se travaille à dire de bons mots.
Depuis que, dans la tête, il s'est mis d'être habile,
Rien ne touche son goût, tant il est difficile.
Il veut voir des défauts à tout ce qu'on écrit,
Et pense que louer n'est pas d'un bel esprit,
Que c'est être savant que trouver à redire,
Qu'il n'appartient qu'aux sots d'admirer et de rire,
Et qu'en n'approuvant rien des ouvrages du tems,
Il se met au-dessus de tous les autres gens.
Aux conversations même il trouve à reprendre ;

ACTE II. SCÈNE V.

Ce sont propos trop bas pour y daigner descendre ;
Et les deux bras croisés, du haut de son esprit,
Il regarde en pitié tout ce que chacun dit.

ACASTE.

Dieu me damne, voilà son portrait véritable.

CLITANDRE à *Célimène*.

Pour bien peindre les gens vous êtes admirable.

ALCESTE.

Allons, ferme, poussez, mes bons amis de cour,
Vous n'en épargnez point, et chacun a son tour :
Cependant aucun d'eux à vos yeux ne se montre,
Qu'on ne vous voye, en hâte, aller à sa rencontre,
Lui présenter la main, et d'un baiser flatteur,
Appuyer les sermens d'être son serviteur.

CLITANDRE.

Pourquoi s'en prendre à nous ? Si ce qu'on dit vous blesse,
Il faut que le reproche à madame s'adresse.

ALCESTE.

Non, morbleu, c'est à vous ; et vos ris complaisans
Tirent de son esprit tous ces traits médisans.
Son humeur satirique est sans cesse nourrie
Par le coupable encens de votre flatterie ;
Et son cœur à railler trouveroit moins d'appas,
S'il avoit observé qu'on ne l'applaudît pas.
C'est ainsi qu'aux flatteurs on doit partout se prendre *,
Des vices où l'on voit les humains se répandre.

PHILINTE.

Mais pourquoi pour ces gens un intérêt si grand,
Vous qui condamneriez ce qu'en eux on reprend ?

CÉLIMÈNE.

Et ne faut-il pas bien que monsieur contredise ?
A la commune voix veut-on qu'il se réduise ?
Et qu'il ne fasse pas éclater en tous lieux
L'esprit contrariant qu'il a reçu des cieux ?
Le sentiment d'autrui n'est jamais pour lui plaire,
Il prend toujours en main l'opinion contraire,

---

* *On doit partout se prendre,* on diroit aujourd'hui *s'en prendre.*

Et penseroit paroître un homme du commun,
Si l'on voyoit qu'il fût de l'avis de quelqu'un.
L'honneur de contredire a pour lui tant de charmes,
Qu'il prend contre lui-même assez souvent les armes;
Et ses vrais sentimens sont combattus par lui,
Aussitôt qu'il les voit dans la bouche d'autrui.

ALCESTE.

Les rieurs sont pour vous, madame, c'est tout dire;
Et vous pouvez pousser contre moi la satire.

PHILINTE.

Mais il est véritable * aussi que votre esprit
Se gendarme toujours contre tout ce qu'on dit;
Et que par un chagrin que lui-même il avoue,
Il ne sauroit souffrir qu'on blâme ni qu'on loue.

ALCESTE.

C'est que jamais, morbleu, les hommes n'ont raison,
Que le chagrin contr'eux est toujours de saison,
Et que je vois qu'ils sont, sur toutes les affaires,
Loueurs impertinens, ou censeurs téméraires.

CÉLIMÈNE.

Mais....

ALCESTE.

Non, madame, non, quand j'en devrois mourir,
Vous avez des plaisirs que je ne puis souffrir;
Et l'on ** a tort ici de nourrir dans votre ame
Ce grand attachement aux défauts qu'on y blâme ***.

* *Il est véritable que*, on diroit aujourd'hui *il est vrai que*.

** *On a tort.... qu'on y blâme*, il paroît que *on* a ici deux acceptions, ce qui est irrégularité.

*** *Et l'on a tort ici de nourrir dans votre ame*
Ce grand attachement aux défauts qu'on y blâme.

Est-il bien sûr qu'il y ait ici *une double acception* de la particule *on*, comme le disent les remarques grammaticales? Et Molière n'a-t-il pas voulu dire que les gens qui nourrissent dans l'ame de Célimène ce grand attachement à ses défauts, sont les mêmes qui les y blâment ailleurs? Dans ce cas, où seroit l'irrégularité?

ACTE II. SCENE V.

CLITANDRE.

Pour moi, je ne sais pas; mais j'avouerai tout haut
Que j'ai cru jusqu'ici madame sans défaut.

ACASTE.

De graces et d'attraits je vois qu'elle est pourvue;
Mais les défauts qu'elle a, ne frappent point ma vue.

ALCESTE.

Ils frappent tous la mienne; et, loin de m'en cacher,
Elle sait que j'ai soin de les lui reprocher.
Plus on aime quelqu'un, moins il faut qu'on le flatte;
A ne rien pardonner le pur amour éclate;
Et je bannirois, moi, tous ces lâches amans
Que je verrois soumis à tous mes sentimens,
Et dont, à tous propos, les molles complaisances
Donneroient de l'encens à mes extravagances.

CÉLIMÈNE.

Enfin, s'il faut qu'à vous s'en rapportent les cœurs,
On doit, pour bien aimer, renoncer aux douceurs;
Et du parfait amour mettre l'honneur suprême
A bien injurier les personnes qu'on aime.

ÉLIANTE.

L'amour, pour l'ordinaire, est peu fait à ces loix,
Et l'on voit les amans vanter toujours leur choix.
Jamais leur passion n'y voit rien de blâmable,
Et, dans l'objet aimé, tout leur devient aimable;
Ils comptent les défauts pour des perfections,
Et savent y donner de favorables noms.
La pâle est aux jasmins en blancheur comparable * ;

---

* *La pâle est au jasmin en blancheur comparable, etc.*

On a cru long-tems que ces vers récités par Éliante étoient une imitation de ceux d'Ovide, dans le second livre de l'Art d'aimer.

Si pœta est, Veneris similis; si flava, Minervæ, etc.

Mais ils doivent nous être encore plus précieux, puisque Molière les tira de la traduction libre qu'il avoit faite de *Lucrèce*, et que c'est le seul morceau qui nous reste de ce premier ouvrage. Cet endroit du poëte philosophe se trouve à la fin du quatrième livre, et commence par ces mots, *Nigra Melichrus*

La noire à faire peur, une brune adorable;
La maigre a de la taille et de la liberté;
La grasse est, dans son port, pleine de majesté;
La mal-propre sur soi, de peu d'attraits chargée *,
Est mise sous le nom de beauté négligée;
La géante paroît une déesse aux yeux;
La naine, un abrégé des merveilles des cieux;
L'orgueilleuse a le cœur digne d'une couronne;
La fourbe a de l'esprit; la sotte est toute bonne;
La trop grande parleuse est d'agréable humeur;
Et la muette garde une honnête pudeur.
C'est ainsi qu'un amant dont l'amour est extrême,
Aime jusqu'aux défauts des personnes qu'il aime.

ALCESTE.

Et moi, je soutiens, moi....

CÉLIMÈNE.

Brisons-là ce discours;
Et dans la galerie allons faire deux tours.
Quoi! vous vous en allez, messieurs?

CLITANDRE et ACASTE.

Non pas, madame.

ALCESTE.

La peur de leur départ occupe fort votre ame.
Sortez, quand vous voudrez, messieurs; mais j'avertis
Que je ne sors qu'après que vous serez sortis.

ACASTE.

A moins de voir madame en être importunée,
Rien ne m'appelle ailleurs de toute la journée.

CLITANDRE.

Moi, pourvu que je puisse être au petit couché,
Je n'ai point d'autre affaire où je sois attaché.

---

est 1, *etc.* Notre auteur ne pouvoit traduire plus littéralement cet hémistiche de Lucrèce, *Muta pudens est*, que par ce vers:

Et la muette garde une honnête pudeur.

1 Lucrèce avoit emprunté ce mot de la langue grecque; μελιχρὸς signifie une espèce de perle de couleur de miel.

* *La mal-propre sur soi, de peu d'attraits chargée*, ce vers n'a pas paru heureusement exprimé.

CÉLIMÈNE à *Alceste*.

C'est pour rire, je crois.

ALCESTE.

Non, en aucune sorte.
Nous verrons si c'est moi que vous voudrez qui sorte.

SCÈNE VI.

ALCESTE, CÉLIMÈNE, ÉLIANTE, ACASTE, PHILINTE, CLITANDRE, BASQUE.

BASQUE à *Alceste*.

Monsieur, un homme est là, qui voudroit vous parler
Pour affaire, dit-il, qu'on ne peut reculer.

ALCESTE.

Dis-lui que je n'ai point d'affaires si pressées.

BASQUE.

Il porte une jaquette à grand'basques plissées *,
Avec du d'or dessus.

CÉLIMÈNE à *Alceste*.

Allez voir ce que c'est,
Ou bien faites-le entrer.

---

* *Il porte une jaquette à grand'basques plissées.*

Grand'basques pour grandes basques, comme on dit grand'-mère et mère grand. Cette liberté que prend ici Molière, seroit mal-à-propos suivie de nos jours. Au reste, c'est ici la peinture de l'uniforme d'usage alors pour les exempts des maréchaux; mais, aujourd'hui ce détail devient superflu, puisqu'un seul bâton à pomme d'ivoire distingue, des autres acteurs, celui qui est chargé de ce rôle.

SCÈNE VII.

ALCESTE, CÉLIMÈNE, ÉLIANTE, ACASTE, PHILINTE, CLITANDRE, UN GARDE de la maréchaussée.

ALCESTE *allant au-devant du Garde.*

Qu'est-ce donc qu'il vous plaît ?
Venez, monsieur.
LE GARDE.

Monsieur, j'ai deux mots à vous dire.
ALCESTE.

Vous pouvez parler haut, monsieur, pour m'en instruire.
LE GARDE.

Messieurs les maréchaux, dont j'ai commandement,
Vous mandent de venir les trouver promptement,
Monsieur.
ALCESTE.

Qui ? moi, monsieur ?
LE GARDE.

Vous-même.
ALCESTE.

Et pourquoi faire ?
PHILINTE à *Alceste.*

C'est d'Oronte et de vous la ridicule affaire.
CÉLIMÈNE à *Philinte.*

Comment ?
PHILINTE.

Oronte et lui se sont tantôt bravés
Sur certains petits vers, qu'il n'a pas approuvés ;
Et l'on veut assoupir la chose en sa naissance.
ALCESTE.

Moi, je n'aurai jamais de lâche complaisance.
PHILINTE.

Mais il faut suivre l'ordre : allons, disposez-vous.
ALCESTE.

Quel accomodement veut-on faire entre nous ?
La voix de ces messieurs me condamnera-t-elle

ACTE II. SCÈNE VII.

A trouver bons les vers qui font notre querelle ?
Je ne me dédis point de ce que j'en ai dit ;
Je les trouve méchans.

PHILINTE.
Mais, d'un plus doux esprit...

ALCESTE.
Je n'en démordrai point ; les vers sont exécrables.

PHILINTE.
Vous devez faire voir des sentimens traitables.
Allons, venez.

ALCESTE.
J'irai : mais rien n'aura pouvoir
De me faire dédire.

PHILINTE.
Allons vous faire voir.

ALCESTE.
Hors qu'un commandement exprès du roi me vienne,
De trouver bons les vers dont on se met en peine,
Je soutiendrai toujours, morbleu, qu'ils sont mauvais,
Et qu'un homme est pendable après les avoir faits.

(*à Clitandre et Acaste qui rient.*)

Par la sanbleu, messieurs, je ne croyois pas être
Si plaisant que je suis.

CÉLIMÈNE.
Allez vite paroître
Où vous devez.

ALCESTE.
J'y vais, madame ; et, sur mes pas,
Je reviens en ce lieu pour vuider nos débats.

ACTE III.

SCÈNE I.

CLITANDRE, ACASTE.

CLITANDRE.

Cher marquis, je te vois l'ame bien satisfaite;
Toute chose t'égaie, et rien ne t'inquiète.
En bonne foi, crois-tu, sans t'éblouir les yeux,
Avoir de grands sujets de paroître joyeux ?
ACASTE.
Parbleu, je ne vois pas, lorsque je m'examine,
Où prendre aucun sujet d'avoir l'ame chagrine.
J'ai du bien ; je suis jeune, et sors d'une maison
Qui se peut dire noble avec quelque raison ;
Et je crois, par le rang que me donne ma race,
Qu'il est fort peu d'emplois dont je ne sois en passe.
Pour le cœur, dont surtout nous devons faire cas,
On sait, sans vanité, que je n'en manque pas ;
Et l'on m'a vu pousser, dans le monde, une affaire
D'une assez vigoureuse et gaillarde manière.
Pour de l'esprit, j'en ai, sans doute ; et du bon goût,
A juger sans étude et raisonner de tout;
A faire aux nouveautés, dont je suis idolâtre,
Figure de savant, sur les bancs du théâtre * ;

---

* *Figure de savant, sur les bancs du théâtre.*

L'heureuse suppression des bancs du théâtre n'empêchera point qu'on entende ce vers. Il est vrai que cette suppression, due à la libéralité citoyenne de M. le comte de Lauragais, ne

ACTE III. SCÈNE I.

Y décider en chef, et faire du fracas
A tous les beaux endroits qui méritent des ah.
Je suis assez adroit, j'ai bon air, bonne mine,
Les dents belles, surtout, et la taille fort fine.
Quant à se mettre bien, je crois, sans me flatter,
Qu'on seroit mal venu de me le disputer.
Je me vois dans l'estime, autant qu'on y puisse être,
Fort aimé du beau sexe, et bien auprès du maître.
Je crois qu'avec cela, mon cher marquis, je croi
Qu'on peut, par tout pays, être content de soi.

CLITANDRE.

Oui. Mais, trouvant ailleurs des conquêtes faciles,
Pourquoi pousser ici des soupirs inutiles?

ACASTE.

Moi? Parbleu, je ne suis de taille, ni d'humeur
A pouvoir d'une belle essuyer la froideur.
C'est aux gens mal tournés, aux mérites vulgaires
A brûler constamment pour des beautés sévères,
A languir à leurs pieds et souffrir leurs rigueurs,
A chercher le secours des soupirs et des pleurs,
Et tâcher, par des soins d'une très-longue suite,
D'obtenir ce qu'on nie * à leur peu de mérite.
Mais les gens de mon air, marquis, ne sont pas faits
Pour aimer à crédit, et faire tous les frais.
Quelque rare que soit le mérite des belles,
Je pense, Dieu merci, qu'on vaut son prix comme elles;
Que, pour se faire honneur d'un cœur comme le mien,
Ce n'est pas la raison qui ne leur coûte rien;
Et qu'au moins, à tout mettre en de justes balances,
Il faut qu'à frais communs se fassent les avances.

laisse aujourd'hui que difficilement remarquer ces originaux, qui aiment à s'offrir au public comme les oracles du goût.

L'édition de 1682 nous apprend qu'on supprimoit ici quatre vers, commençant par, *A faire aux nouveautés*, etc. On ne voit point de raison de ce retranchement, que celle d'abréger une tirade de vingt-quatre vers. Nos acteurs ne s'y conforment point, et ils disent seulement *aux balcons du théâtre*, au lieu de *sur les bancs du théâtre*.

* *Ce qu'on nie*, pour *ce qu'on refuse*, ne se dit pas.

CLITANDRE.

Tu penses donc, marquis, être fort bien ici ?

ACASTE.

J'ai quelque lieu, marquis, de le penser ainsi.

CLITANDRE.

Crois-moi, détache-toi de cette erreur extrême;
Tu te flattes, mon cher, et t'aveugles toi-même.

ACASTE.

Il est vrai, je me flatte, et m'aveugle en effet.

CLITANDRE.

Mais, qui te fait juger ton bonheur si parfait ?

ACASTE.

Je me flatte.

CLITANDRE.

Sur quoi fonder tes conjectures ?

ACASTE.

Je m'aveugle.

CLITANDRE.

En as-tu des preuves qui soient sûres.

ACASTE.

Je m'abuse, te dis-je.

CLITANDRE.

Est-ce que, de ses vœux,
Célimène t'a fait quelques secrets aveux ?

ACASTE.

Non, je suis maltraité.

CLITANDRE.

Réponds-moi, je te prie.

ACASTE.

Je n'ai que des rebuts.

CLITANDRE.

Laissons la raillerie,
Et me dis quel espoir on peut t'avoir donné.

ACASTE.

Je suis le misérable, et toi le fortuné ;
On a pour ma personne une aversion grande,
Et, quelqu'un de ces jours, il faut que je me pende.

ACTE III. SCÈNE III.
CLITANDRE.

Oh, çà, veux-tu, marquis, pour ajuster nos vœux [*],
Que nous tombions d'accord d'une chose tous deux ?
Que, qui pourra [**] montrer une marque certaine
D'avoir meilleure part au cœur de Célimène,
L'autre ici fera place au vainqueur prétendu [***],
Et le délivrera d'un rival assidu ?

ACASTE.

Ah ! parbleu, tu me plais avec un tel langage,
Et, du bon de mon cœur, à cela je m'engage.
Mais, chut.

SCÈNE II.
CÉLIMÈNE, ACASTE, CLITANDRE.
CÉLIMÈNE.

Encore ici ?

CLITANDRE.
L'amour retient nos pas.
CÉLIMÈNE.
Je viens d'ouïr entrer un carrosse là-bas.
Savez-vous qui c'est ?

CLITANDRE.
Non.

---

[*] *Pour ajuster nos vœux*, mauvaise expression.

[**] *Qui pourra.... l'autre*, plusieurs ont trouvé ici un défaut de construction, d'autres n'y ont vu qu'un gallicisme.

[***] *Au vainqueur prétendu*, pour *au vainqueur reconnu*, est impropre.

SCÈNE III.

CÉLIMÈNE, ACASTE, CLITANDRE, BASQUE.

BASQUE.

Arsinoé, madame,
Monte ici pour vous voir.

CÉLIMÈNE.

Que me veut cette femme ?
BASQUE.
Éliante là-bas est à l'entretenir.
CÉLIMÈNE.
De quoi s'avise-t-elle, et qui l'a fait venir ?
ACASTE.
Pour prude consommée en tous lieux elle passe ;
Et l'ardeur de son zèle...
CÉLIMÈNE.
Oui, oui, franche grimace.
Dans l'ame elle est du monde ; et ses soins tentent tout *

---

* L'auteur anonyme *de la connoissance des beautés et des défauts de la poésie*, etc. a fait une remarque bien peu réfléchie sur un vers de cette scène, voici comme il le cite, pag. 130.

Et ses soins tendent tous pour accrocher quelqu'un.

Les soins peuvent tendre à quelque chose, dit-il, *mais non pour quelque chose*. Cette observation n'auroit pas lieu, si l'on avoit voulu prendre garde que la faute n'est pas de Molière, qui a écrit :

. . . . *Et ses soins tentent tout
Pour accrocher quelqu'un, sans en venir à bout.*

Pourquoi de deux moitiés de vers n'en faire qu'un ? Pourquoi *tendent* au lieu de *tentent* ? Pourquoi *tous* au lieu de *tout* ? Est-ce là ce qu'on appelle instruire les étrangers ? Cette singulière exactitude peut, avec raison, inspirer quelque défiance pour les décisions d'un ouvrage dont l'auteur n'a point osé se faire connoître 1.

1 C'est ainsi que l'auteur caché de l'Eloge injurieux de M. de

ACTE III. SCÈNE IV.

Pour accrocher quelqu'un, sans en venir à bout.
Elle ne sauroit voir, qu'avec un œil d'envie,
Des amans déclarés dont une autre est suivie;
Et son triste mérite abandonné de tous,
Contre le siècle aveugle est toujours en courroux.
Elle tâche à couvrir d'un faux voile de prude,
Ce que chez elle on voit d'affreuse solitude *;
Et, pour sauver l'honneur de ses foibles appas,
Elle attache du crime au pouvoir qu'ils n'ont pas.
Cependant un amant plairoit fort à la dame;
Et même, pour Alceste, elle a tendresse d'ame.
Ce qu'il me rend de soins outrage ses attraits,
Elle veut que ce soit un vol que je lui fais;
Et son jaloux dépit **, qu'avec peine elle cache,
En tous endroits sous main contre moi se détache.
Enfin, je n'ai rien vu de si sot à mon gré;
Elle est impertinente au suprême degré,
Et...

SCÈNE IV.

ARSINOÉ, CÉLIMÈNE, CLITANDRE, ACASTE.

CÉLIMÈNE.

Ah! quel heureux sort en ce lieu vous amène?
Madame, sans mentir, j'étois de vous en peine.

Crébillon, changea les deux premiers vers d'Atrée, pour y trouver du ridicule, et les imprima ainsi:

> Avec l'éclat du jour je vois enfin *paroître*
> L'espoir et la douceur, etc,

L'Illustre Crébillon avoit écrit: *Je vois enfin renaître* ce qui n'auroit pas donné lieu à la plaisanterie de l'observateur, sur un *espoir qu'on voit paroître.*

> * . . . . . . *Couvrir d'un voile de prude,*
> *Ce que chez elle on voit d'affreuse solitude,*

ce tour de phrase a paru peu naturel.

** *Son dépit.... contre moi se détache,* a paru impropre.

LE MISANTHROPE,

ARSINOÉ.

Je viens pour quelque avis que j'ai cru vous devoir;

CÉLIMÈNE.

Ah! mon Dieu, que je suis contente de vous voir!

(*Clitandre et Acaste sortent en riant.*)

SCÈNE V.

ARSINOÉ, CÉLIMÈNE.

ARSINOÉ.

Leur départ ne pouvoit plus à propos se faire.

CÉLIMÈNE.

Voulons-nous nous asseoir?

ARSINOÉ.

Il n'est pas nécessaire.
Madame, l'amitié doit surtout éclater
Aux choses qui le plus nous peuvent importer :
Et, comme il n'en est point de plus grande importance
Que celles de l'honneur et de la bienséance,
Je viens, par un avis qui touche votre honneur,
Témoigner l'amitié que pour vous a mon cœur.
Hier j'étois chez des gens de vertu singulière,
Où, sur vous, du discours on tourna la matière;
Et là, votre conduite, avec ses grands éclats,
Madame, eut le malheur qu'on ne la loua pas.
Cette foule de gens dont vous souffrez visite,
Votre galanterie, et les bruits qu'elle excite,
Trouvèrent des censeurs plus qu'ils n'auroit fallu
Et bien plus rigoureux que je n'eusse voulu.
Vous pouvez bien penser quel parti je sus prendre ;
Je fis ce que je pus * pour vous pouvoir défendre,
Je vous excusai fort sur votre intention,
Et voulus de votre ame être la caution.
Mais vous savez qu'il est des choses dans la vie
Qu'on ne peut excuser, quoiqu'on en ait envie ;

---

* *Ce que je pus pour vous pouvoir,* a paru négligemment écrit.

ACTE III. SCÈNE V.

Et je me vis contrainte à demeurer d'accord,
Que l'air dont vous vivez vous faisoit un peu tort,
Qu'il prenoit dans le monde une méchante face,
Qu'il n'est conte fâcheux que partout on n'en fasse;
Et que, si vous vouliez, tous vos déportemens
Pourroient moins donner prise aux mauvais jugemens.
Non que j'y croye au fond l'honnêteté blessée;
Me préserve le ciel d'en avoir la pensée !
Mais, aux ombres du crime on prête aisément foi,
Et ce n'est pas assez de bien vivre pour soi.
Madame, je vous crois l'ame trop raisonnable,
Pour ne pas prendre bien cet avis profitable,
Et pour ne l'attribuer qu'aux mouvemens secrets *
D'un zèle qui m'attache à tous vos intérêts.

CÉLIMÈNE.

Madame, j'ai beaucoup de graces à vous rendre,
Un tel avis m'oblige, et, loin de le mal prendre,
J'en prétends reconnoître à l'instant la faveur,
Par un avis aussi qui touche votre honneur ;
Et, comme je vous vois vous montrer mon amie,
En m'apprenant les bruits que de moi l'on publie,
Je veux suivre, à mon tour, un exemple si doux,

---

* *Et pour ne l'attribuer qu'aux mouvemens secrets, etc.* Je n'ai point fait de note sur ce vers, qui en mériteroit une. Il falloit remarquer qu'il contient deux fautes, l'une de grammaire, en ne donnant que trois syllabes au mot *attribuer*, qui en a quatre, et l'autre de sens, en y admettant la particule *ne*, qui ne peut pas être de Molière, puisque si l'on veut y faire attention, on verra que cette particule négative détruit le sens de ce qu'Arsinoé veut dire. En la supprimant la faute du mot attribuer n'existe plus, et la clarté de la phrase renaît.

>Madame, je vous crois l'ame trop raisonnable
>Pour ne pas prendre bien cet avis profitable,
>Et pour l'attribuer qu'aux mouvemens secrets
>D'un zèle, etc.

Il n'y a plus alors dans ce vers qu'une ellipse, peut être un peu trop forte, ou le retranchement de ces mots *à autre chose qu'aux mouvemens secrets* : au lieu qu'avec le *ne* la phrase est inintelligible, ce qui doit faire rejeter cette faute sur le compte des éditeurs. (*Cette remarque est due à M. d'Alembert.*)

En vous avertissant de ce qu'on dit de vous.
En un lieu, l'autre jour, où je faisois visite,
Je trouvai quelques gens d'un très-rare mérite,
Qui parlant des vrais soins d'une ame qui vit bien,
Firent tomber sur vous, madame, l'entretien.
Là, votre pruderie et vos éclats de zèle
Ne furent pas cités comme un fort bon modèle ;
Cette affectation d'un grave extérieur,
Vos discours éternels de sagesse et d'honneur,
Vos mines et vos cris aux ombres d'indécence
Que d'un mot ambigu peut avoir l'innocence,
Cette hauteur d'estime où vous êtes de vous,
Et ces yeux de pitié que vous jetez sur tous,
Vos fréquentes leçons et vos aigres censures
Sur des choses qui sont innocentes et pures ;
Tout cela, si je puis vous parler franchement,
Madame, fut blâmé d'un commun sentiment.
A quoi bon, disoient-ils, *cette mine modeste,*
Et ce sage dehors que dément tout le reste ?
Elle est à bien prier exacte au dernier point ;
Mais elle bat ses gens et ne les paye point.
Dans tous les lieux dévots, elle étale un grand zèle ;
Mais elle met du blanc et veut paroître belle.
Elle fait des tableaux couvrir les nudités ;
Mais elle a de l'amour pour les réalités.
Pour moi, contre chacun, je pris votre défense,
Et leur assurai fort que c'étoit médisance ;
Mais tous les sentimens combattirent le mien,
Et leur conclusion fut, que vous feriez bien
De prendre moins de soin des actions des autres,
Et de vous mettre un peu plus en peine des vôtres ;
Qu'on doit se regarder soi-même un fort long tems,
Avant que de songer à condamner les gens,
Qu'il faut mettre le poids d'une vie exemplaire,
Dans les corrections qu'aux autres on veut faire ;
Et qu'encor vaut-il mieux s'en remettre, au besoin,
A ceux à qui le ciel en a commis le soin.
Madame, je vous crois aussi trop raisonnable,
Pour ne pas prendre bien cet avis profitable,

ACTE III. SCÈNE V.

Et pour ne l'attribuer qu'aux mouvemens secrets
D'un zèle qui m'attache à tous vos intérêts.

ARSINOÉ.

A quoi qu'en reprenant on soit assujettie,
Je ne m'attendois pas à cette répartie,
Madame ; et je vois bien, par ce qu'elle a d'aigreur,
Que mon sincère avis vous a blessée au cœur.

CÉLIMÈNE.

Au contraire, madame ; et, si l'on étoit sage,
Ces avis mutuels seroient mis en usage.
On détruiroit par-là, traitant de bonne-foi,
Ce grand aveuglement où chacun est pour soi.
Il ne tiendra qu'à vous qu'avec le même zèle
Nous ne continuïons cet office fidèle,
Et ne prenions grand soin de nous dire, entre nous,
Ce que nous entendrons, vous, de moi, moi, de vous.

ARSINOÉ.

Ah ! madame, de vous je ne puis rien entendre ;
C'est en moi que l'on peut trouver fort à reprendre.

CÉLIMÈNE.

Madame, on peut, je crois, louer et blâmer tout ;
Et chacun a raison suivant l'âge ou le goût.
Il est une saison pour la galanterie,
Il en est une aussi propre à la pruderie.
On peut par politique, en prendre le parti,
Quand, de nos jeunes ans, l'éclat est amorti ;
Cela sert à couvrir de fâcheuses disgraces.
Je ne dis pas qu'un jour je ne suive vos traces,
L'âge amènera tout ; et ce n'est pas le tems,
Madame, comme on sait, d'être prude à vingt ans.

ARSINOÉ.

Certes, vous vous targuez d'un bien foible avantage,
Et vous faites sonner terriblement votre âge.
Ce que de plus que vous on en pourroit avoir,
N'est pas d'un si grand cas * pour s'en tant prévaloir ;
Et je ne sais pourquoi votre ame ainsi s'emporte,
Madame, à me pousser de cette étrange sorte.

* *N'est pas d'un si grand cas*, pour *n'est pas si considérable*, a paru impropre.

CELIMÈNE.

Et moi, je ne sais pas, madame, aussi pourquoi
On vous voit en tous lieux vous déchaîner sur moi.
Faut-il de vos chagrins sans cesse à moi vous prendre ?
Et puis-je mais des soins qu'on ne va pas vous rendre
Si ma personne aux gens inspire de l'amour,
Et si l'on continue à m'offrir chaque jour
Des vœux que votre cœur peut souhaiter qu'on m'ôte,
Je n'y saurois que faire, et ce n'est pas ma faute ;
Vous avez le champ libre, et je n'empêche pas
Que, pour les attirer, vous n'ayez des appas.

ARSINOÉ.

Hélas ! et croyez-vous que l'on se mette en peine
De ce nombre d'amans dont vous faites la vaine ?
Et qu'il ne nous soit pas fort aisé de juger
A quel prix, aujourd'hui, l'on peut les engager ?
Pensez-vous faire croire, à voir comme tout roule,
Que votre seul mérite attire cette foule ?
Qu'ils ne brûlent pour vous que d'un honnête amour ;
Et que, pour vos vertus, ils vous font tous la cour ?
On ne s'aveugle point par de vaines défaites,
Le monde n'est point dupe, et j'en vois qui sont faites
A pouvoir inspirer de tendres sentimens,
Qui, chez elles pourtant, ne fixent point d'amans ;
Et, de-là, nous pouvons tirer des conséquences,
Qu'on n'acquiert point leurs cœurs sans de grandes avances ;
Qu'aucun, pour nos beaux yeux, n'est notre soupirant,
Et qu'il faut acheter tous les soins qu'on nous rend.
Ne vous enflez donc point d'une si grande gloire
Pour les petits brillans d'une foible victoire ;
Et corrigez un peu l'orgueil de vos appas,
De traiter pour cela les gens du haut en bas.
Si nos yeux envioient les conquêtes des vôtres,
Je pense qu'on pourroit faire comme les autres,
Ne se point ménager, et vous faire bien voir
Que l'on a des amans, quand on en veut avoir.

CELIMÈNE.

Ayez-en donc, madame, et voyons cette affaire ;

Par ce rare secret, efforcez-vous de plaire;
Et sans....

ARSINOÉ.

Brisons, madame, un pareil entretien,
Il pousseroit trop loin votre esprit et le mien;
Et j'aurois pris déjà le congé qu'il faut prendre,
Si mon carrosse encor ne m'obligeoit d'attendre.

CÉLIMÈNE.

Autant qu'il vous plaira, vous pouvez arrêter *,
Madame, et, là-dessus, rien ne doit vous hâter.
Mais, sans vous fatiguer de ma cérémonie,
Je m'en vais vous donner meilleure compagnie,
Et monsieur, qu'à propos le hasard fait venir,
Remplira mieux ma place à vous entretenir **.

SCÈNE VI.

ALCESTE, CÉLIMÈNE, ARSINOÉ.

CÉLIMÈNE.

Alceste, il faut que j'aille écrire un mot de lettre
Que, sans me faire tort, je ne saurois remettre.
Soyez avec madame, elle aura la bonté
D'excuser aisément mon incivilité.

* *Vous pouvez arrêter*, pour *vous pouvez rester*, ne se diroit plus.

** Il faut observer que Damon et Céliante, dans *le Philosophe marié*, ont une scène de vérités dures et réciproques qu'ils terminent comme celle-ci, par une fausse protestation d'amitié exprimée de part et d'autre dans les mêmes termes. Un homme fait pour courir la carrière de Molière, a bien de la peine à ne pas lui devoir quelque chose.

Molière, dans cette scène, ne donne au mot *attribuer* que trois syllabes; il en a quatre. Cette faute a échappé aux remarques, *page* 117, *vers* 13.

SCÈNE VII.

ALCESTE, ARSINOÉ.

ARSINOÉ.

Vous voyez, elle veut que je vous entretienne,
Attendant un moment que mon carrosse vienne ;
Et jamais tous ses soins ne pouvoient m'offrir rien
Qui me fût plus charmant qu'un pareil entretien.
En vérité, les gens d'un mérite sublime
Entraînent de chacun et l'amour et l'estime ;
Et le vôtre, sans doute, a des charmes secrets
Qui font entrer mon cœur dans tous vos intérêts.
Je voudrois que la cour, par un regard propice,
A ce que vous valez rendit plus de justice,
Vous avez à vous plaindre ; et je suis en courroux,
Quand je vois, chaque jour, qu'on ne fait rien pour vous.

ALCESTE.

Moi, madame ? Et sur quoi pourrai-je en rien prétendre ?
Quel service à l'État est-ce qu'on m'a vu rendre ?
Qu'ai-je fait, s'il vous plaît, de si brillant de soi *,
Pour me plaindre à la cour qu'on ne fait rien pour moi ?

ARSINOÉ.

Tous ceux sur qui la cour jette des yeux propices,
N'ont pas toujours rendu de ces fameux services.
Il faut l'occasion ainsi que le pouvoir ;
Et le mérite enfin que vous nous faites voir,
Devroit...

---

* S'il y a quelque trait qui ait pu porter si haut l'estime du citoyen de Genève pour Alceste, c'est la modestie de sa réponse à Arsinoé, lorsqu'il lui dit :

Qu'ai-je fait, s'il vous plaît, de si brillant de soi, etc.
De quoi voulez-vous là que la cour s'embarrasse ? etc.

Mais on doit être bien sûr, à la façon contrainte dont Alceste aborde cette prude qu'il ne sera de son avis sur rien, et qu'il va la contredire, dût-elle lui dire du bien de lui-même. Tout bon esprit voit, dans sa réponse, plus d'humeur que de véritable sagesse.

ACTE III. SCÈNE VII.

ALCESTE.

Mon Dieu, laissons mon mérite, de grace;
De quoi voulez-vous-là que la cour s'embarrasse ?
Elle auroit fort à faire, et ses soins seroient grands,
D'avoir à déterrer le mérite des gens.

ARSINOÉ.

Un mérite éclatant se déterre lui-même.
Du vôtre, en bien des lieux, ont fait un cas extrême ;
Et vous saurez de moi qu'en deux forts bons endroits,
Vous fûtes hier loué par des gens d'un grand poids.

ALCESTE.

Hé, madame, l'on loue aujourd'hui tout le monde,
Et le siècle par-là n'a rien qu'on ne confonde !
Tout est d'un grand mérite également doué ;
Ce n'est plus un honneur que de se voir loué ;
D'éloges on regorge, à la tête on les jette,
Et mon valet de chambre est mis dans la gazette.

ARSINOÉ.

Pour moi, je voudrois bien que, pour vous montrer mieux
Une charge à la cour vous pût frapper les yeux.
Pour peu que d'y songer vous nous fassiez les mines *,
On peut, pour vous servir remuer des machines,
Et j'ai des gens en main que j'emploierai pour vous,
Qui vous feront à tout un chemin assez doux.

ALCESTE.

Et que voudriez-vous, madame, que j'y fisse ?
L'humeur dont je me sens veut que je m'en bannisse ;
Le ciel ne m'a point fait, en me donnant le jour,
Une ame compatible avec l'air de la cour.
Je ne me trouve point les vertus nécessaires
Pour y bien réussir, et faire mes affaires.
Être franc et sincère est mon plus grand talent,
Je ne sais point jouer les hommes en parlant ;
Et qui n'a pas le don de cacher ce qu'il pense,
Doit faire en ce pays fort peu de résidence.
Hors de la cour, sans doute, on n'a pas cet appui,

* *Vous nous fasssiez les mines*, mauvaise expression.

Et ces titres d'honneur qu'elle donne aujourd'hui ;
Mais on n'a pas aussi, perdant ces avantages,
Le chagrin de jouer de fort sots personnages.
On n'a point à souffrir mille rebuts cruels,
On n'a point à louer les vers de messieurs tels *,
A donner de l'encens à madame une telle,
Et de nos francs marquis essuyer la cervelle.

ARSINOÉ.

Laissons, puisqu'il vous plaît, ce chapitre de cour ;
Mais il faut que mon cœur vous plaigne en votre amour ;
Et, pour vous découvrir là-dessus mes pensées,
Je souhaiterois fort vos ardeurs mieux placées.
Vous méritez, sans doute, un sort beaucoup plus doux,
Et celle qui vous charme est indigne de vous.

ALCESTE.

Mais en disant cela, songez-vous, je vous prie,
Que cette personne est, madame, votre amie ?

ARSINOÉ.

Oui. Mais ma conscience est blessée en effet,
De souffrir plus long-tems le tort que l'on vous fait.
L'état où je vous vois, afflige trop mon ame,
Et je vous donne avis qu'on trahit votre flamme.

---

* M. l'abbé Dubos admire, dans cette même scène, la saillie du *Misanthrope*, qui, rendant un compte sérieux des raisons qui l'empêchent de s'établir à la cour, ajoute, après une déduction des contraintes réelles et gênantes qu'on s'épargne en n'y vivant point :

On n'a point à louer les vers de messieurs tels.

Cette pensée devient sublime, dit-il, par le caractère connu du personnage qui parle, et par la procédure qu'il vient d'essuyer, pour avoir dit que des vers mauvais ne valoient rien 1.

Remarquons qu'il est assez contradictoire avec l'idée qu'on veut nous donner d'un *véritable homme de bien*, qu'il se soit mis dans le cas de se couper la gorge avec un homme à propos de quelques vers.

1 Réflexions critiques sur la poésie et la peinture, tome premier, pag. 84.

ACTE III. SCENE VII.

ALCESTE.
C'est me montrer, madame, un tendre mouvement,
Et de pareils avis obligent un amant.
ARSINOÉ.
Oui, toute mon amie *, elle est, et je la nomme
Indigne d'asservir le cœur d'un galant homme ;
Et le sien n'a pour vous que de feintes douceurs.
ALCESTE.
Cela se peut, madame, on ne voit pas les cœurs ;
Mais votre charité se seroit bien passée
De jetter dans le mien une telle pensée.
ARSINOÉ.
Si vous ne voulez pas être désabusé,
Il faut ne vous rien dire, il est assez aisé.
ALCESTE.
Non. Mais sur ce sujet, quoi que l'on nous expose,
Les doutes sont fâcheux plus que toute autre chose ;
Et je voudrois, pour moi, qu'on ne me fît savoir
Que ce qu'avec clarté l'on peut me faire voir.
ARSINOÉ.
Hé bien, c'est assez dit ; et, sur cette matière,
Vous allez recevoir une pleine lumière.
Oui, je veux que de tout vos yeux vous fassent foi.
Donnez-moi seulement la main jusques chez moi ;
Là, je vous ferai voir une preuve fidelle
De l'infidélité ** du cœur de votre belle ;
Et si pour d'autres yeux le vôtre peut brûler,
On pourra vous offrir de quoi vous consoler.

* *Oui, toute mon amie, elle est, et je la nomme*, l'ellipse a paru un peu forte.

** *Une preuve fidelle de l'infidélité*, a paru un peu jeu de mots.

ACTE IV.

SCÈNE I.

ÉLIANTE, PHILINTE.

PHILINTE.

Non, l'on n'a point vu d'ame à manier si dure,
Ni d'accommodement plus pénible à conclure ;
En vain de tous côtés on l'a voulu tourner,
Hors de son sentiment on n'a pu l'entraîner ;
Et jamais différend si bizarre, je pense,
N'avoit de ces messieurs occupé la prudence.
Non, messieurs, disoit-il, *je ne me dédis point,
Et tomberai d'accord de tout, hors de ce point.
De quoi s'offense-t-il ? Et que veut-il me dire ?
Y va-t-il de sa gloire à ne pas bien écrire ?
Que lui fait mon avis, qu'il a pris de travers ?
On peut être honnête homme et faire mal des vers ;
Ce n'est point à l'honneur que touchent ces matières,
Je le tiens galant homme en toutes les manières,
Homme de qualité, de mérite et de cœur,
Tout ce qu'il vous plaira, mais fort méchant auteur.
Je louerai, si l'on veut, son train et sa dépense,
Son adresse à cheval, aux armes, à la danse ;
Mais, pour louer ses vers, je suis son serviteur ;
Et, lorsque d'en mieux faire on n'a pas le bonheur,
On ne doit de rimer avoir aucune envie,
Qu'on n'y soit condamné sur peine de la vie.*
Enfin toute la grace et l'accommodement,

ACTE IV. SCÈNE I.

Où s'est avec effort plié son sentiment,
C'est de dire, croyant adoucir mieux son style,
*Monsieur, je suis fâché d'être si difficile,
Et, pour l'amour de vous, je voudrois de bon cœur
Avoir trouvé tantôt votre sonnet meilleur ;*
Et, dans une embrassade, on leur a, pour conclure,
Fait vîte envelopper toute la procédure.

ÉLIANTE.

Dans ses façons d'agir il est fort singulier,
Mais j'en fais, je l'avoue, un cas particulier * ;
Et la sincérité dont son ame se pique,
A quelque chose en soi de noble et d'héroïque.
C'est une vertu rare au siècle d'aujourd'hui,
Et je la voudrois voir partout comme chez lui.

PHILINTE.

Pour moi, plus je le vois, plus surtout je m'étonne
De cette passion où son cœur s'abandonne.
De l'humeur dont le ciel a voulu le former,
Je ne sais pas comment il s'avise d'aimer ;
Et je sais moins encor comment votre cousine
Peut être la personne où son penchant l'incline.

ÉLIANTE.

Cela fait assez voir que l'amour, dans les cœurs,
N'est pas toujours produit par un rapport d'humeurs ;
Et toutes ces raisons de douces sympathies,
Dans cet exemple-ci, se trouvent démenties.

PHILINTE.

Mais, croyez-vous qu'on l'aime, aux choses qu'on peut voir ?

ÉLIANTE.

C'est un point qu'il n'est pas fort aisé de savoir.
Comment pouvoir juger s'il est vrai qu'elle l'aime ?
Son cœur, de ce qu'il sent, n'est pas bien sûr lui-même,

---

* *Mais j'en fais, je l'avoue, un cas particulier*, etc.

Molière, dans ce qu'il fait dire ici à Éliante, peut avoir fourni lui-même des armes à ceux qui lui reprochent d'avoir voulu ridiculiser la vertu. Mais il falloit observer qu'Éliante a du foible pour Alceste, et qu'elle l'avoue dans la même scène ; l'amour, comme on le sait, laisse voir peu de défauts.

Il aime quelquefois sans qu'il le sache bien,
Et croit aimer aussi, par fois, qu'il n'en est rien.
PHILINTE.
Je crois que notre ami, près de cette cousine,
Trouvera des chagrins plus qu'il ne s'imagine ;
Et, s'il avoit mon cœur, à dire vérité,
Il tourneroit ses vœux tout d'un autre côté,
Et par un choix plus juste, on le verroit, madame,
Profiter des bontés que lui montre votre ame.
ÉLIANTE.
Pour moi, je n'en fais point de façons, et je croi
Qu'on doit, sur de tels points, être de bonne foi.
Je ne m'oppose point à toute sa tendresse,
Au contraire, mon cœur pour elle s'intéresse ;
Et, si c'étoit qu'à moi la chose pût tenir,
Moi-même, à ce qu'il aime, on me verroit l'unir.
Mais si, dans un tel choix, comme tout se peut faire,
Son amour éprouvoit quelque destin contraire,
S'il falloit que d'un autre on couronnât les feux,
Je pourrois me résoudre à recevoir ses vœux ;
Et le refus souffert en pareille occurence,
Ne m'y feroit trouver aucune répugnance *,
PHILINTE.
Et moi, de mon côté, je ne m'oppose pas,
Madame, à ces bontés qu'ont pour lui vos appas ;
Et lui-même, s'il veut, il peut bien vous instruire
De ce que là-dessus, j'ai pris soin de lui dire.
Mais si, par un hymen qui les joindroit eux deux,
Vous étiez hors d'état de recevoir ses vœux,
Tous les miens tenteroient la faveur éclatante
Qu'avec tant de bonté votre ame lui présente ;
Heureux, si quand son cœur s'y pourra dérober,
Elle pouvoit sur moi, madame, retomber.
ÉLIANTE.
Vous vous divertissez, Philinte.

---

* *Et le refus souffert*, etc., le sens de ces deux vers a paru embarrassé.

ACTE IV. SCÈNE II.

PHILINTE.

Non, madame,
Et je vous parle ici du meilleur de mon ame.
J'attends l'occasion de m'offrir hautement,
Et, de tous mes souhaits, j'en presse le moment.

SCÈNE II.

ALCESTE, ÉLIANTE, PHILINTE.

ALCESTE.

Ah ! faites-moi raison, madame, d'une offense
Qui vient de triompher de toute ma constance.

ÉLIANTE.

Qu'est-ce donc ? qu'avez-vous qui vous puisse émouvoir ?

ALCESTE.

J'ai ce que, sans mourir, je ne puis concevoir ;
Et le déchaînement de toute la nature
Ne m'accableroit pas, comme cette aventure.
C'en est fait.... Mon amour... Je ne saurois parler.

ÉLIANTE.

Que votre esprit, un peu, tâche à se rappeler.

ALCESTE.

O juste ciel ! Faut-il qu'on joigne à tant de graces
Les vices odieux des ames les plus basses ?

ÉLIANTE.

Mais encor, qui vous peut...

ALCESTE.

Ah, tout est ruiné,
Je suis, je suis trahi, je suis assassiné.
Célimène.... Eût-on pu croire cette nouvelle ?
Célimène me trompe, et n'est qu'une infidelle.

ÉLIANTE.

Avez-vous, pour le croire, un juste fondement ?

PHILINTE.

Peut-être est-ce un soupçon conçu légèrement ;
Et votre esprit jaloux prend, par fois, des chimères...

ALCESTE.
Ah ! morbleu, mêlez-vous, monsieur, de vos affaires.
(*à Éliante*)
C'est de sa trahison n'être que trop certain,
Que l'avoir, dans ma poche, écrite de sa main.
Oui, madame, une lettre écrite pour Oronte,
A produit à mes yeux ma disgace et sa honte ;
Oronte, dont j'ai cru qu'elle fuyoit les soins,
Et que de mes rivaux je redoutois le moins.

PHILINTE.
Une lettre peut bien tromper par l'apparence,
Et n'est pas, quelquefois, si coupable qu'on pense.

ALCESTE.
Monsieur, encore un coup, laissez-moi, s'il vous plaît,
Et ne prenez souci que de votre intérêt.

ÉLIANTE.
Vous devez modérer vos transports, et l'outrage...

ALCESTE.
Madame, c'est à vous qu'appartient cet ouvrage ;
C'est à vous que mon cœur a recours aujourd'hui
Pour pouvoir s'affranchir de son cuisant ennui.
Vengez-moi d'une ingrate et perfide parente,
Qui trahit lâchement une ardeur si constante,
Vengez-moi de ce trait qui doit vous faire horreur.

ÉLIANTE.
Moi, vous venger ? Comment.

ALCESTE.
En recevant mon cœur.
Acceptez-le, madame, au lieu de l'infidelle ;
C'est par-là que je puis prendre vengeance d'elle ;
Et je la veux punir par les sincères vœux,
Par le profond amour, les soins respectueux,
Les devoirs empressés et l'assidu service
Dont ce cœur va vous faire un ardent sacrifice.

ÉLIANTE.
Je compatis, sans doute, à ce que vous souffrez,
Et ne méprise point le cœur que vous m'offrez ;
Mais, peut-être, le mal n'est pas si grand qu'on pense,

ACTE IV. SCÈNE III.

Et vous pouvez quitter ce desir de vengeance.
Lorsque l'injure part d'un objet plein d'appas,
On fait force dessein qu'on n'exécute pas.
On a beau voir, pour rompre, une raison puissante,
Une coupable aimée est bientôt innocente ;
Tout le mal qu'on lui veut se dissipe aisément,
Et l'on sait ce que c'est qu'un courroux d'un amant.

ALCESTE.

Non, non, madame, non. L'offense est trop mortelle;
Il n'est point de retour, et je romps avec elle ;
Rien ne sauroit changer le dessein que j'en fais,
Et je me punirois de l'estimer jamais.
La voici. Mon courroux redouble à cette approche.
Je vais de sa noirceur lui faire un vif reproche,
Pleinement la confondre, et vous porter après
Un cœur tout dégagé de ses trompeurs attraits.

SCÈNE III.

CÉLIMÈNE, ALCESTE.

ALCESTE à part.

O ciel ! de mes transports puis-je être ici le maître ?

CÉLIMÈNE.

(à part.)   (à Alceste.)
Ouais ! Quel est donc le trouble où je vous vois paroître,
Et que me veulent dire, et ces soupirs poussés,
Et ces sombres regards que sur moi vous lancez ?

ALCESTE.

Que toutes les horreurs, dont une ame est capable,
A vos déloyautés n'ont rien de comparable ;
Que le sort, les démons, et le ciel en courroux,
N'ont jamais rien produit de si méchant que vous.

CÉLIMÈNE.

Voilà certainement des douceurs que j'admire.

ALCESTE.

Ah ! ne plaisantez point, il n'est pas tems de rire.
Rougissez bien plutôt, vous en avez raison ;
Et j'ai de sûrs témoins de votre trahison.

Voilà ce que marquoient les troubles de mon ame,
Ce n'étoit pas en vain que s'alarmoit ma flamme ;
Par ces fréquens soupçons qu'on trouvoit odieux,
Je cherchois le malheur qu'ont rencontré mes yeux ;
Et malgré tous vos soins et votre adresse à feindre,
Mon astre me disoit ce que j'avois à craindre ;
Mais ne présumez pas que, sans être vengé,
Je souffre le dépit de me voir outragé.
Je sais que sur les vœux on n'a point de puissance,
Que l'amour veut partout naître sans dépendance,
Que jamais par la force on n'entre dans un cœur,
Et que toute ame est libre à nommer son vainqueur.
Aussi ne trouverois-je aucun sujet de plainte,
Si pour moi votre bouche avoit parlé sans feinte,
Et, rejetant mes vœux dès le premier abord,
Mon cœur n'auroit eu droit de s'en prendre qu'au sort.
Mais d'un aveu trompeur voir ma flamme applaudie,
C'est une trahison, c'est une perfidie,
Qui ne sauroit trouver de trop grands châtimens ;
Et je puis tout permettre à mes ressentimens.
Oui, oui, redoutez tout après un tel outrage,
Je ne suis plus à moi, je suis tout à la rage.
Percé du coup mortel dont vous m'assassinez,
Mes sens par la raison ne sont plus gouvernés ;
Je cède aux mouvemens d'une juste colère,
Et je ne réponds pas de ce que je puis faire.

CÉLIMÈNE.

D'où vient donc, je vous prie, un tel emportement ?
Avez-vous, dites-moi, perdu le jugement ?

ALCESTE.

Oui, oui, je l'ai perdu, lorsque dans votre vue
J'ai pris, pour mon malheur, le poison qui me tue.
Et que j'ai cru trouver quelque sincérité
Dans les traîtres appas dont je fus enchanté.

CÉLIMÈNE.

De quelle trahison pouvez-vous donc vous plaindre ?

ALCESTE.

Ah ! que ce cœur est double, et sait bien l'art de feindre !
Mais, pour le mettre à bout, j'ai des moyens tout prêts,

Jetez ici les yeux, et connoissez vos traits ;
Ce billet découvert suffit pour vous confondre,
Et contre ce témoin, on n'a rien à répondre.
CÉLIMÈNE.
Voilà donc le sujet qui vous trouble l'esprit ?
ALCESTE.
Vous ne rougissez pas en voyant cet écrit !
CÉLIMÈNE.
Et par quelle raison faut-il que j'en rougisse ?
ALCESTE.
Quoi, vous joignez ici l'audace à l'artifice ?
Le désavouerez-vous, pour n'avoir point de seing ?
CÉLIMÈNE.
Pourquoi désavouer un billet de ma main ?
ALCESTE.
Et vous pouvez le voir, sans demeurer confuse
Du crime dont, vers moi, son style vous accuse ?
CÉLIMÈNE.
Vous êtes, sans mentir, un grand extravagant.
ALCESTE.
Quoi, vous bravez ainsi ce témoin convaincant ?
Et ce qu'il m'a fait voir de douceur pour Oronte,
N'a donc rien qui m'outrage, et qui vous fasse honte ?
CÉLIMÈNE.
Oronte ! qui vous dit que la lettre est pour lui ?
ALCESTE.
Les gens qui, dans mes mains, l'ont remise aujourd'hui.
Mais je veux consentir qu'elle soit pour un autre,
Mon cœur en a-t-il moins à se plaindre du vôtre ?
En serez-vous vers moi moins coupable * en effet ?
CÉLIMÈNE.
Mais si c'est une femme à qui va ce billet,
En quoi vous blesse-t-il, et qu'a-t-il de coupable ?
ALCESTE.
Ah ! le détour est bon, et l'excuse admirable.
Je ne m'attendois pas, je l'avoue, à ce trait ;

* *Vers moi, moins coupable*, on diroit aujourd'hui *envers moi*.

Et me voilà, par-là, convaincu tout-à-fait.
Osez-vous recourir à ces ruses grossières ?
Et croyez-vous les gens si privés de lumières ?
Voyons, voyons un peu par quel biais, de quel air,
Vous voulez soutenir un mensonge si clair ;
Et comment vous pourrez tourner, pour une femme,
Tous les mots d'un billet qui montre tant de flamme ?
Ajustez, pour couvrir un manquement de foi,
Ce que je m'en vais lire...

CÉLIMÈNE.

Il ne me plaît pas, moi.
Je vous trouve plaisant d'user d'un tel empire,
Et de me dire au nez ce que vous m'osez dire.

ALCESTE.

Non, non, sans s'emporter, prenez un peu souci
De me justifier les termes que voici.

CÉLIMÈNE.

Non, je n'en veux rien faire ; et, dans cette occurence,
Tout ce que vous croirez m'est de peu d'importance.

ALCESTE.

De grace, montrez-moi, je serai satisfait,
Qu'on peut, pour une femme, expliquer ce billet.

CÉLIMÈNE.

Non, il est pour Oronte, et je veux qu'on le croie.
Je reçois tous ses soins avec beaucoup de joie ;
J'admire ce qu'il dit ; j'estime ce qu'il est ;
Et je tombe d'accord de tout ce qu'il vous plaît.
Faites, prenez parti, que rien ne vous arrête,
Et ne me rompez pas davantage la tête.

ALCESTE *à part *.

Ciel ! Rien de plus cruel peut-il être inventé ;
Et jamais cœur fut-il de la sorte traité ?

---

* Il y a, dans cette scène admirable, un *à parte* de dix vers ;
mais, malgré sa longueur, il est plus supportable, et même
plus dans la nature que ceux de nos pièces modernes, quelque
courts qu'ils soient. Dans l'explication violente qu'ont ensemble
le Misanthrope et Célimène, cette dernière essaie d'en imposer
à son amant, en convenant de tout avec lui, et en lui donnant
son congé. Elle s'avance donc sur le théâtre, en attendant l'effet

Quoi, d'un juste courroux je suis ému contre elle,
C'est moi qui me vient plaindre, et c'est moi qu'on querelle !
On pousse ma douleur et mes soupçons à bout,
On me laisse tout croire, on fait gloire de tout ;
Et cependant mon cœur est encore assez lâche,
Pour ne pouvoir briser la chaîne qui l'attache,
Et pour ne pas s'armer d'un généreux mépris
Contre l'ingrat objet dont il est trop épris !

(*à Célimène*)

Ah ! que vous savez bien ici, contre moi-même,
Perfide, vous servir de ma foiblesse extrême,
Et ménager pour vous l'excès prodigieux
De ce fatal amour né de vos traîtres yeux !
Défendez-vous au moins d'un crime qui m'accable,
Et cessez d'affecter d'être envers moi coupable.
Rendez-moi, s'il se peut, ce billet innocent ;
A vous prêter les mains ma tendresse consent ;
Efforcez-vous ici de paroître fidelle ;
Et je m'efforcerai, moi, de vous croire telle.

que doit produire l'art qu'elle vient d'employer ; et Alceste, épouvanté de l'ordre qu'on vient de lui donner de se retirer, débite les dix vers en question, que Célimène peut ne point vouloir entendre, parce qu'il faut qu'elle laisse à l'agitation où il est, le tems de se calmer, pour revenir, comme il fait, à des sentimens plus doux. Il est difficile de surprendre Molière dans une faute qui blesse la raison et les règles de son art.

M. le Sage, dans *son Turcaret*, fait employer à sa Coquette le même art et la même impudence de Célimène, dans sa manière de se justifier. Ce qui différencie cette scène moderne de son original, c'est le ridicule excessif du personnage de *Turcaret*.

On pouvoit rapporter ici une anecdote qui fournit une réflexion utile sur les *à parte*, et dont Molière fut un des acteurs. Racine, La Fontaine et notre auteur étant un jour rassemblés, la conversation tomba sur les *à parte*; La Fontaine en soutenoit l'usage absurde et contraire à toute vraisemblance, Racine les défendoit, et la dispute devint vive. Molière profita d'un moment d'agitation où il vit le fabuliste, et dit assez haut, et à plusieurs reprises, *La Fontaine est un coquin*, sans que celui-ci l'entendît ; La Fontaine ayant su l'*à parte* de Molière, se confessa vaincu.

CÉLIMÈNE.

Allez, vous êtes fou dans vos transports jaloux,
Et ne méritez pas l'amour qu'on a pour vous.
Je voudrois bien savoir qui pourroit me contraindre
A descendre pour vous aux bassesses de feindre ;
Et pourquoi, si mon cœur penchoit d'autre côté,
Je ne le dirois pas avec sincérité ?
Quoi ! de mes sentimens l'obligeante assurance,
Contre tous vos soupçons ne prend pas ma défense ?
Auprès d'un tel garant, sont-ils de quelque poids ?
N'est-ce pas m'outrager que d'écouter leur voix ?
Et, puisque notre cœur fait un effort extrême,
Lorsqu'il peut se résoudre à confesser qu'il aime ;
Puisque l'honneur du sexe, ennemi de nos feux,
S'oppose fortement à de pareils aveux ;
L'amant qui voit pour lui franchir un tel obstacle,
Doit-il impunément douter de cet oracle ?
Et n'est-il pas coupable, en ne s'assurant pas,
A ce qu'on ne dit point qu'après de grands combats ?
Allez, de tels soupçons méritent ma colère,
Et vous ne valez pas que l'on vous considère.
Je suis sotte, et veux mal à ma simplicité,
De conserver encor pour vous quelque bonté ;
Je devrois autre part attacher mon estime,
Et vous faire un sujet de plainte légitime.

ALCESTE.

Ah ! traîtresse, mon foible est étrange pour vous ;
Vous me trompez sans doute, avec des mots si doux :
Mais il n'importe, il faut suivre ma destinée,
A votre foi mon ame est toute abandonnée ;
Je veux voir jusqu'au bout quel sera votre cœur,
Et si de me trahir il aura la noirceur.

CÉLIMÈNE.

Non, vous ne m'aimez point comme il faut que l'on aime.

ALCESTE.

Ah ! rien n'est comparable à mon amour extrême ;
Et dans l'ardeur qu'il a de se montrer à tous,
Il va jusqu'à former des souhaits contre vous.
Oui, je voudrois qu'aucun ne vous trouvât aimable ;

ACTE IV. SCÈNE IV.

Que vous fussiez réduite en un sort misérable ;
Que le ciel, en naissant, ne vous eût donné rien ;
Que vous n'eussiez ni rang, ni naissance, ni bien ;
Afin que de mon cœur l'éclatant sacrifice
Vous pût, d'un pareil sort, réparer l'injustice ;
Et que j'eusse la joie et la gloire en ce jour
De vous voir tenir tout des mains de mon amour.
CÉLIMÈNE.
C'est me vouloir du bien d'une étrange manière.
Me préserve le ciel que vous ayez matière...
Voici monsieur Dubois plaisamment figuré.

SCÈNE IV.
CÉLIMÈNE, ALCESTE, DUBOIS.

ALCESTE.
Que veut cet équipage et cet air effaré ?
Qu'as-tu ?
DUBOIS.
Monsieur...
ALCESTE.
Hé bien ?
DUBOIS.
Voici bien des mystères.
ALCESTE.
Qu'est-ce ?
DUBOIS.
Nous sommes mal, monsieur, dans nos affaires.
ALCESTE.
Quoi ?
DUBOIS.
Parlerai-je haut ?
ALCESTE.
Oui, parle, et promptement.
DUBOIS.
N'est-il point là quelqu'un ?
ALCESTE.
Ah, que d'amusement !

Veux-tu parler ?
DUBOIS.
Monsieur, il faut faire retraite.
ALCESTE.
Comment ?
DUBOIS.
Il faut d'ici déloger sans trompette.
ALCESTE.
Et pourquoi ?
DUBOIS.
Je vous dis qu'il faut quitter ce lieu.
ALCESTE.
La cause ?
DUBOIS.
Il faut partir, monsieur, sans dire adieu.
ALCESTE.
Mais, par quelle raison me tiens-tu ce langage ?
DUBOIS.
Par la raison, monsieur, qu'il faut plier bagage.
ALCESTE.
Ah ! je te casserai la tête assurément,
Si tu ne veux, maraud, t'expliquer autrement.
DUBOIS.
Monsieur, un homme noir et d'habit et de mine,
Est venu nous laisser, jusques dans la cuisine,
Un papier griffonné d'une telle façon,
Qu'il faudroit, pour le lire, être pis qu'un démon.
C'est de votre procès, je n'en fais aucun doute ;
Mais le diable d'enfer, je crois n'y verroit goutte.
ALCESTE.
Hé bien ! Quoi ? Ce papier, qu'a-t-il à démêler,
Traître, avec le départ dont tu viens me parler ?
DUBOIS.
C'est pour vous dire ici, monsieur, qu'une heure ensuite *,
Un homme, qui souvent vous vient rendre visite,
Est venu vous chercher avec empressement ;

* *Une heure ensuite*, pour *une heure après*, n'a pas paru, d'usage.

ACTE IV. SCÈNE IV.

Et, ne vous trouvant pas, m'a chargé doucement,
Sachant que je vous sers avec beaucoup de zèle,
De vous dire... Attendez, comme est-ce qu'il s'appelle?

ALCESTE.

Laisse-là son nom, traître, et dis ce qu'il t'a dit.

DUBOIS.

C'est un de vos amis, enfin, cela suffit.
Il m'a dit que d'ici votre péril vous chasse,
Et que d'être arrêté le sort vous y menace.

ALCESTE.

Mais quoi! N'a-t-il voulu te rien spécifier?

DUBOIS.

Non. Il m'a demandé de l'encre et du papier;
Et vous a fait un mot, où vous pourrez, je pense,
Du fond de ce mystère avoir la connoissance.

ALCESTE.

Donne-le donc.

CELIMÈNE.

Que peut envelopper ceci?

ALCESTE.

Je ne sais; mais j'aspire à m'en voir éclairci.
Auras-tu bientôt fait, impertinent au diable?

DUBOIS *après avoir long-tems cherché le billet.*

Ma foi, je l'ai, monsieur, laissé sur votre table.

ALCESTE.

Je ne sais qui me tient....

CELIMÈNE.

Ne vous emportez pas,
Et courrez démêler un pareil embarras.

ALCESTE.

Il semble que le sort, quelque soin que je prenne,
Ait juré d'empêcher que je vous entretienne;
Mais, pour en triompher, souffrez à mon amour,
De vous revoir, madame, avant la fin du jour.

ACTE V.

SCÈNE I.

ALCESTE, PHILINTE.

ALCESTE.

La résolution en est prise, vous dis-je.
PHILINTE.
Mais, quelque soit ce coup, faut-il qu'il vous oblige....
ALCESTE.
Non, vous avez beau faire, et beau me raisonner,
Rien de ce que je dis, ne me peut détourner;
Trop de perversité règne au siècle ou nous sommes,
Et je veux me tirer du commerce des hommes.
Quoi, contre ma patrie, on voit, tout-à-la-fois,
L'honneur, la probité, la pudeur et les lois ;
On publie, en tous lieux, l'équité de ma cause ;
Sur la foi de mon droit mon ame se repose ;
Cependant, je me vois trompé par le succès ;
J'ai pour moi la justice, et je perds mon procès !
Un traitre, dont on sait la scandaleuse histoire,
Est sorti triomphant d'une fausseté noire !
Toute la bonne foi cede à sa trahison !
Il trouve, en m'égorgeant, moyen d'avoir raison !
Le poids de sa grimace, où brille l'artifice,
Renverse le bon droit et tourne la justice !
Il fait, par un arrêt, couronner son forfait ;
Et, non content encor du tort que l'on me fait,
Il court, parmi le monde, un livre abominable,

ACTE V. SCÈNE I.

Et de qui la lecture est même condamnable.
Un livre à mériter la dernière rigueur,
Dont le fourbe a le front de me faire l'auteur !
Et là-dessus on voit Oronte qui murmure,
Et tâche, méchamment, d'appuyer l'imposture !
Lui, qui d'un honnête homme à la cour tient le rang,
A qui je n'ai rien fait qu'être sincère et franc ;
Qui me vient, malgré moi, d'une ardeur empressée,
Sur des vers qu'il a faits, demander ma pensée ;
Et, parce que j'en use avec honnêteté,
Et ne le veut trahir, lui, ni la vérité,
Il aide à m'accabler d'un crime imaginaire !
Le voilà devenu mon plus grand adversaire !
Et jamais de son cœur je n'aurai de pardon,
Pour n'avoir pas trouvé que son sonnet fût bon !
Et les hommes, morbleu, sont faits de cette sorte !
C'est à ces actions que la gloire les porte !
Voilà la bonne foi, le zèle vertueux,
La justice et l'honneur que l'on trouve chez eux !
Allons, c'est trop souffrir les chagrins qu'on nous forge,
Tirons-nous de ce bois et de ce coupe-gorge.
Puisqu'entre humains ainsi vous vivez en vrais loups,
Traîtres, vous ne m'aurez de ma vie avec vous.

PHILINTE.

Je trouve un peu bien prompt le dessein où vous êtes,
Et tout le mal n'est pas si grand que vous le faites.
Ce que votre partie ose vous imputer,
N'a point eu le crédit de vous faire arrêter ;
On voit son faux rapport lui-même se détruire,
Et c'est une action qui pourroit bien lui nuire.

ALCESTE.

Lui ? De semblables tours il ne craint point l'éclat,
Il a permission d'être franc scélérat,
Et, loin qu'à son crédit nuise cette aventure,
On l'en verra demain en meilleure posture.

PHILINTE.

Enfin, il est constant qu'on n'a pas trop donné
Au bruit que, contre vous, sa malice a tourné ;

De ce côté, déjà, vous n'avez rien à craindre ;
Et, pour votre procès, dont vous pouvez vous plaindre,
Il vous est, en justice, aisé d'y revenir,
Et, contre cet arrêt....

ALCESTE.

Non, je veux m'y tenir.
Quelque sensible tort qu'un tel arrêt me fasse,
Je me garderai bien de vouloir qu'on le casse ;
On y voit trop à plein le bon droit maltraité,
Et je veux qu'il demeure à la postérité,
Comme une marque insigne, un fameux témoignage
De la méchanceté des hommes de notre âge.
Ce sont vingt mille francs qu'ils m'en pourra coûter,
Mais, pour vingt mille francs, j'aurai droit de pester
Contre l'iniquité de la nature humaine,
Et de nourrir, pour elle, une immortelle haine.

PHILINTE.

Mais enfin...

ALCESTE.

Mais enfin, vos soins sont superflus.
Que pouvez-vous, monsieur, me dire là-dessus ?
Aurez-vous bien le front de me vouloir, en face,
Excuser les horreurs de tout ce qui ce qui se passe ?

PHILINTE.

Non, je tombe d'accord de tout ce qu'il vous plaît ;
Tout marche par cabale et par pur intérêt ;
Ce n'est plus que la ruse aujourd'ui qui l'emporte,
Et les hommes devroient être faits d'autre sorte.
Mais, est-ce une raison que leur peu d'équité,
Pour vouloir se tirer de leur société ?
Tous ces défauts humains nous donnent, dans la vie,
Des moyens d'exercer notre philosophie.
C'est le plus bel emploi que trouve la vertu ;
Et, si de probité tout étoit revêtu,
Si tous les cœurs étoient francs, justes et dociles,
La plupart des vertus nous seroient inutiles,
Puisqu'on en met l'usage à pouvoir, sans ennui,
Supporter dans nos droits l'injustice d'autrui ;
Et, de même qu'un cœur d'une vertu profonde....

ACTE V. SCENE II.

ALCESTE.

Je sais que vous parlez, monsieur, le mieux du monde.
En beaux raisonnemens vous abondez toujours ;
Mais, vous perdez le tems et tous vos beaux discours.
La raison, pour mon bien, veut que je me retire,
Je n'ai point sur ma langue un assez grand empire ;
De ce que je dirois, je ne répondrois pas ;
Et je me jetterois cent choses sur les bras.
Laissez-moi, sans dispute, attendre Célimène.
Il faut qu'elle consente au dessein qui m'amène ;
Je vais voir si son cœur a de l'amour pour moi,
Et c'est ce moment-ci qui doit m'en faire foi.

PHILINTE.

Montons chez Eliante, attendant sa venue.

ALCESTE.

Non. De trop de souci je me sens l'ame émue.
Allez-vous-en la voir, et me laissez enfin,
Dans ce petit coin sombre, avec mon noir chagrin.

PHILINTE.

C'est une compagnie étrange pour attendre,
Et je vais obliger Eliante à descendre.

SCÈNE II.

CÉLIMÈNE, ORONTE, ALCESTE.

ORONTE.

Oui, c'est à vous de voir si, par des nœuds si doux,
Madame, vous voulez m'attacher tout à vous.
Il me faut de votre ame une pleine assurance,
Un amant là-dessus n'aime point qu'on balance.
Si l'ardeur de mes feux a pu vous émouvoir ;
Vous ne devez point feindre à me le faire voir ;
Et la preuve, après tout, que je vous en demande,
C'est de ne plus souffrir qu'Alceste vous prétende * ;
De le sacrifier, madame, à mon amour,
Et de chez vous, enfin, le bannir dès ce jour.

Vous prétende, pour dire *prétende à vous épouser*, ne se diroit guère aujourd'hui.

CÉLIMÈNE.

Mais, quel sujet si grand contre lui vous irrite,
Vous à qui j'ai tant vu parler de son mérite ?

ORONTE.

Madame, il ne faut point ces éclaircissemens ;
Il s'agit de savoir quels sont vos sentimens.
Choisissez, s'il vous plaît, de garder l'un ou l'autre,
Ma résolution n'attend rien que la vôtre.

ALCESTE *sortant du coin où il étoit.*

Oui, monsieur a raison, madame. Il faut choisir ;
Et sa demande ici s'accorde à mon desir.
Pareille ardeur me presse, et même soin m'amène ;
Mon amour veut du vôtre une marque certaine ;
Les choses ne sont plus pour traîner en longueur,
Et voici le moment d'expliquer votre cœur.

ORONTE.

Je ne veux point, monsieur, d'une flamme importune,
Troubler aucunement votre bonne fortune.

ALCESTE.

Je ne veux point, monsieur, jaloux ou non jaloux,
Partager de son cœur rien du tout avec vous.

ORONTE.

Si votre amour au mien lui semble préférable...

ALCESTE.

Si du moindre penchant elle est pour vous capable...

ORONTE.

Je jure de n'y rien prétendre désormais.

ALCESTE.

Je jure hautement de ne la voir jamais.

ORONTE.

Madame, c'est à vous de parler sans contrainte.

ALCESTE.

Madame, vous pouvez vous expliquer sans crainte.

ORONTE.

Vous n'avez qu'à nous dire où s'attachent vos vœux.

ALCESTE.

Vous n'avez qu'à trancher, et choisir de nous deux.

ORONTE.

Quoi ! sur un pareil choix vous semblez être en peine ?

ACTE V. SCÈNE II.

ALCESTE.
Quoi ! votre ame balance et paroît incertaine ?
CÉLIMÈNE.
Mon Dieu ; que cette instance est-là hors de saison,
Et que vous témoignez tous deux peu de raison :
Je sais prendre parti sur cette préférence,
Et ce n'est pas mon cœur maintenant qui balance ;
Il n'est point suspendu, sans doute, entre vous deux,
Et rien n'est sitôt fait que le choix de nos vœux ;
Mais je souffre, à vrai dire, une gêne trop forte
A prononcer en face un aveu de la sorte.
Je trouve que ces mots, qui sont désobligeans,
Ne se doivent point dire en présence des gens ;
Qu'un cœur, de son penchant donne assez de lumière,
Sans qu'on nous fasse aller jusqu'à rompre en visière,
Et qu'il suffit, enfin, que de plus doux témoins
Instruisent un amant du malheur de ses soins.
ORONTE.
Non, non, un franc aveu n'a rien que j'appréhende,
J'y consens pour ma part.
ALCESTE.
Et moi, je le demande ;
C'est son éclat surtout qu'ici j'ose exiger,
Et je ne prétends point vous voir rien ménager.
Conserver tout le monde est votre grande étude ;
Mais, plus d'amusement, et plus d'incertitude.
Il faut vous expliquer nettement là-dessus,
Ou bien, pour un arrêt, je prends votre refus ;
Je saurai, de ma part, expliquer ce silence,
Et me tiendrai pour dit tout le mal que j'en pense.
ORONTE.
Je vous sais bon gré, monsieur, de ce courroux,
Et je lui dis ici même chose que vous.
CÉLIMÈNE.
Que vous me fatiguez avec un tel caprice !
Ce que vous demandez, a-t-il de la justice ?
Et ne vous dis-je pas quel motif me retient ?
J'en vais prendre pour juge Éliante qui vient.

SCÈNE III.

ÉLIANTE, PHILINTE, CÉLIMÈNE, ORONTE, ALCESTE.

CÉLIMÈNE.

Je me vois, ma cousine, ici persécutée
Par des gens dont l'humeur y paroît concertée *
Ils veulent, l'un et l'autre, avec même chaleur,
Que je prononce entr'eux le choix que fait mon cœur,
Et que, par un arrêt qu'en face il me faut rendre,
Je défende à l'un d'eux tous les soins qu'il peut prendre.
Dites-moi si jamais cela sa ait ainsi ?

ÉLIANTE.

N'allez point là-dessus me consulter ici.
Peut-être y pourriez-vous être mal adressée ** ;
Et je suis pour les gens qui disent leur pensée.

ORONTE.

Madame, c'est en vain que vous vous défendez.

ALCESTE.

Tous vos détours ici seront mal secondés.

ORONTE.

Il faut, il faut parler, et lâcher la balance ***.

ALCESTE.

Il ne faut que poursuivre à garder le silence ****.

ORONTE.

Je ne veux qu'un seul mot, pour finir nos débats.

ALCESTE.

Et moi, je vous entends, si vous ne parlez pas.

* *Dont l'humeur y paroît concertée*, *y* a paru de trop.

** *Peut-être y pourriez-vous être mal adressée*, pour *vous adresser mal*, ne sauroit se dire.

*** *Lâcher la balance*, a paru une mauvaise expression.

**** *Poursuivre à* pour *continuer à*, ne se dit pas.

SCÈNE IV.

ARSINOÉ, CÉLIMÈNE, ÉLIANTE
ALCESTE, PHILINTE, ACASTE
CLITANDRE, ORONTE.

ACASTE à *Célimène.*

Madame, nous venons tous deux, sans vous déplaire,
Eclaircir avec vous une petite affaire.

CLITANDRE à *Oronte et à Alceste.*

Fort à propos, messieurs, vous vous trouvez ici;
Et vous êtes mêlés dans cette affaire aussi.

ARSINOÉ à *Célimène* *.

Madame, vous serez surprise de ma vue;
Mais, ce sont ces messieurs qui causent ma venue.
Tous deux ils m'ont trouvée, et se sont plaints à moi
D'un trait à qui mon cœur ne sauroit prêter foi
J'ai du fond de votre ame une trop haute estime,
Pour vous croire jamais capable d'un tel crime;
Mes yeux ont démenti leurs témoins les plus forts **,
Et, l'amitié passant sur de petits discors,
J'ai bien voulu chez vous leur faire compagnie,
Pour vous voir vous laver de cette calomnie.

ACASTE.

Oui, madame, voyons, d'un esprit adouci,
Comment vous vous prendrez à soutenir ceci.
Cette lettre par vous est écrite à Clitandre.

CLITANDRE.

Vous avez, pour Acaste, écrit ce billet tendre.

_____

* Il n'y avoit que Molière qui pût risquer, avec succès, le retour d'Arsinoé chez Célimène, après la scène d'aigreur qu'elles avoient eue; c'est la charité qui ramène cette prude; elle ne reparoît, dit-elle, que pour voir son amie se justifier du crime dont Acaste et Clitandre, qu'elle vient de rencontrer, prétendent la convaincre. De pareils moyens, lorsqu'ils sont trouvés, paroissent naturels et faciles; ils sont l'effort secret de l'art et du génie.

** *Leurs témoins*, *leurs* est équivoque.

ACASTE *à Oronte et à Alceste.*

Messieurs, ces traits pour vous n'ont point d'obscurité,
Et je ne doute pas que sa civilité,
A connoître sa main, n'ait trop su vous instruire.
Mais ceci vaut assez la peine de le lire.

Vous êtes un étrange homme, Clitandre, de condamner mon enjouement, et de me reprocher que je n'ai jamais tant de joie que lorsque je ne suis pas avec vous. Il n'y a rien de plus injuste ; et, si vous ne venez bien vite me demander pardon de cette offense, je ne vous le pardonnerai de ma vie. Notre grand flandrin de vicomte...

Il devroit être ici.

Notre grand flandrin de vicomte*, par qui vous commencez vos plaintes, est un homme qui ne sauroit me revenir ; et depuis que je l'ai vu, trois quarts-d'heure durant, cracher dans un puits pour faire des ronds, je n'ai pu jamais prendre bonne opinion de lui. Pour le petit marquis....

C'est moi-même, messieurs, sans nulle vanité.

Pour le petit marquis qui me tint hier long-tems la main, je trouve qu'il n'y a rien de si mince que toute sa personne ; et ce sont de ces mérites qui n'ont que la cape et l'épée. Pour l'homme aux rubans verts....

(*à Alceste.*)

A vous le dé, monsieur.

Pour l'homme aux rubans verts, il me divertit quelquefois avec ses brusqueries et son chagrin bourru ; mais il est cent momens où je le trouve le plus fâcheux du monde. Et pour l'homme au sonnet....

---

* *Notre grand flandrin de vicomte... depuis que je l'ai vu, trois quarts-d'heure durant, cracher dans un puits pour faire des ronds.* Ce trait comique que Moliere devoit, à coup sûr, à son coup-d'œil contemplateur, avoit déplu à Madame, à laquelle il avoit été lire son ouvrage. Elle regardoit cet endroit comme une tache, et en demanda le sacrifice ; Moliere osa le refuser : il étoit attaché à la cour, mais il n'en fut jamais l'esclave.

ACTE V. SCÈNE V.

(à Oronte.)

Voici votre paquet.

Et pour l'homme au sonnet, qui s'est jeté dans le bel-esprit, et veut être auteur malgré tout le monde, je ne puis me donner la peine d'écouter ce qu'il dit ; et sa prose me fatigue autant que ses vers. Mettez-vous donc en tête que je ne me divertis pas toujours si bien que vous pensez ; que je vous trouve à dire plus que je ne voudrois dans toutes les parties où l'on m'entraîne ; et que c'est un merveilleux assaisonnement aux plaisirs qu'on goûte, que la présence des gens qu'on aime.

CLITANDRE.

Me voici maintenant, moi.

Votre Clitandre dont vous me parlez, et qui fait tant le doucereux, est le dernier des hommes pour qui j'aurois de l'amitié. Il est extravagant de se persuader qu'on l'aime, et vous l'êtes de croire qu'on ne vous aime pas. Changez, pour être raisonnable, vos sentimens contre les siens, et voyez-moi le plus que vous pourrez, pour m'aider à porter le chagrin d'en être obsédée.

D'un fort beau caractère on voit là le modèle,
Madame, et vous savez comment cela s'appelle.
Il suffit. Nous allons l'un et l'autre, en tous lieux,
Montrer de votre cœur le portrait glorieux.

ACASTE.

J'aurois de quoi vous dire, et belle est la matière,
Mais je ne vous tiens pas digne de ma colère ;
Et je vous ferai voir que les petits marquis
Ont, pour se consoler, des cœurs de plus haut prix.

SCÈNE V.

CÉLIMÈNE, ÉLIANTE, ARSINOÉ, ALCESTE, ORONTE, PHILINTE.

ORONTE.

Quoi! de cette façon je vois qu'on me déchire,
Après tout ce qu'à moi je vous ai vu m'écrire ?
Et votre cœur paré de beaux semblans d'amour,
A tout le genre humain se promet tour-à-tour ?

Allez, j'étois trop dupe, et je vais ne plus l'être ;
Vous me faites un bien, me faisant vous connoître,
J'y profite d'un cœur qu'ainsi vous me rendez,
Et trouve ma vengeance en ce que vous perdez.

(*à Alceste.*)

Monsieur, je ne fais plus d'obstacle à votre flamme,
Et vous pouvez conclure affaire avec madame.

SCÈNE VI.

CÉLIMÈNE, ÉLIANTE, ARSINOÉ, ALCESTE, PHILINTE.

ARSINOÉ *à Célimène.*

CERTES, voilà le trait du monde le plus noir,
Je ne me saurois taire, et me sens émouvoir,
Voit-on des procédés qui soient pareils aux vôtres?
Je ne prends point de part aux intérêts des autres;

(*montrant Alceste.*)

Mais, monsieur, que chez vous fixoit votre bonheur,
Un homme, comme lui, de mérite et d'honneur,
Et qui vous chérissoit avec idolâtrie,
Devroit-il....

ALCESTE.

Laissez-moi, madame, je vous prie,
Vider mes intérêts moi-même là-dessus,
Et ne vous chargez point de ces soins superflus.
Mon cœur a beau vous voir prendre ici sa querelle,
Il n'est point en état de payer ce grand zèle ;
Et ce n'est pas à vous que je pourrai songer,
Si, par un autre choix, je cherche à me venger.

ARSINOÉ.

Hé, croyez-vous, monsieur, qu'on ait cette pensée,
Et que de vous avoir on soit tant empressée !
Je vous trouve un esprit bien plein de vanité,
Si, de cette créance *, il peut s'être flatté.

---

* *Créance*, pour *croyance*, ne se dit plus.

Le rebut de madame est une marchandise,
Dont on auroit grand tort d'être si fort éprise.
Détrompez-vous, de grace, et portez-le moins haut.
Ce ne sont pas des gens comme moi qu'il vous faut.
Vous ferez bien encor de soupirer pour elle,
Et je brûle de voir une union si belle.

SCÈNE VII.

CÉLIMÈNE, ÉLIANTE, ALCESTE, PHILINTE.

ALCESTE à *Célimène.*

Hé bien ! je me suis tu, malgré ce que je voi,
Et j'ai laissé parler tout le monde avant moi.
Ai-je pris sur moi-même un assez long empire :
Et puis-je maintenant ?...

CÉLIMÈNE.

Oui, vous pouvez tout dire ;
Vous en êtes en droit, lorsque vous vous plaindrez,
Et de me reprocher tout ce que vous voudrez.
J'ai tort, je le confesse ; et mon ame confuse
Ne cherche à vous payer d'aucune vaine excuse.
J'ai des autres ici meprisé le courroux ;
Mais je tombe d'accord de mon crime envers vous.
Votre ressentiment, sans doute, est raisonnable ;
Je sais combien je dois vous paroître coupable,
Que toute chose dit que j'ai pu vous trahir,
Et qu'enfin vous avez sujet de me haïr.
Faites-le, j'y consens.

ALCESTE.

Hé ! le puis-je, traîtresse ?
Puis-je ainsi triompher de toute ma tendresse ?
Et, quoiqu'avec ardeur je veuille vous haïr,
Trouvé-je un cœur en moi tout prêt à m'obéir ?

(*à Éliante et à Philinte.*)

Vous voyez ce que peut une indigne tendresse,
Et je vous fais tous deux témoins de ma foiblesse
Mais, à vous dire vrai, ce n'est pas encor tout,

Et vous allez me voir la pousser jusqu'au bout,
Montrer que c'est à tort que sages on nous nomme,
Et que dans tous les cœurs, il est toujours de l'homme.
(à Célimène.)
Oui, je veux bien, perfide, oublier vos forfaits,
J'en saurai, dans mon ame, excuser tous les traits,
Et me les couvrirai du nom d'une foiblesse
Où le vice du tems porte votre jeunesse ;
Pourvu que votre cœur veuille donner les mains
Au dessein que j'ai fait de fuir tous les humains,
Et que dans mon désert, où j'ai fait vœu de vivre,
Vous soyez, sans tarder, résolue à me suivre.
C'est par là seulement que, dans tous les esprits,
Vous pouvez réparer le mal de vos écrits,
Et qu'après cet éclat qu'un noble cœur abhorre,
Il peut m'être permis de vous aimer encore.

CÉLIMÈNE.

Moi, renoncer au monde avant que de vieillir,
Et, dans votre désert, aller m'ensevelir !

ALCESTE.

Et, s'il faut qu'à mes feux votre flamme réponde,
Que vous doit importer tout le reste du monde ?
Vos desirs avec moi ne sont-ils pas contens ?

CÉLIMÈNE.

La solitude effraie une ame de vingt ans.
Je ne sens point la mienne assez grande, assez forte,
Pour me résoudre à prendre un dessein de la sorte.
Si le don de ma main peut contenter vos vœux,
Je pourrai me résoudre à serrer de tels nœuds ;
Et l'hymen....

ALCESTE.

Non. Mon cœur à présent vous déteste,
Et ce refus lui seul fait plus que tout le reste.
Puisque vous n'êtes point en des liens si doux *

---

* *Puisque vous n'êtes point*, etc., la construction a paru embarrassée et louche dans ces deux vers.

Pour trouver tout en moi, comme moi tout en vous ⁎,
Allez, je vous refuse; et ce sensible outrage
De vos indignes fers pour jamais me dégage.

⁎ *Pour trouver tout en moi, comme moi tout en vous.*

Dufresny auroit-il voulu parodier ce vers médiocre, dans sa comédie, quelquefois plaisante mais peu naturelle, *du Dédit*, scène huitième?

Tout en vous étant beau, tout en moi vous aimant,
Tout en moi tout en vous par un rapport charmant,
Tout en vous tout en moi demande mariage.

Il semble, au premier coup-d'œil, et c'est une observation qui nous a été communiquée par un homme de l'art, que le troisième acte *du Misanthrope* est, comme on dit en termes du métier, *un enfant perdu*, et qu'il pourroit être séparé de la pièce sans que la marche de l'action en fût retardée : ce qui seroit un défaut considérable.

Cette opinion est fondée, principalement, sur ce qu'Alceste sort au second acte pour se rendre à l'assignation qu'il a reçue de la part de messieurs les maréchaux, et que le quatrième acte commence par le récit du raccommodement qui a été ordonné à ce tribunal; mais, si l'on fait attention que c'est dans ce troisième acte que la prude Arsinoé cherche à détacher le Misanthrope de Célimène, et que, sur le refus qu'il fait de la croire sur sa parole, elle doit lui donner, dans l'entre-acte, des preuves convaincantes de l'infidélité de sa maîtresse, ce qui produit les scènes principales et brillantes du quatrième acte, on conviendra que ce troisième acte ne seroit pas si facile à supprimer qu'on le croit.

C'est d'ailleurs dans ce troisième acte que la vraie fatuité française et la pruderie sont peintes avec des couleurs si fortes et si vraies, que ce seul mérite rend cet acte aussi précieux au théâtre que les autres.

Le sieur Riccoboni, dans son Traité de la Réformation du théâtre, fait grace *au Misanthrope*, et voici ses raisons.

La coquetterie de Célimène est punie par la honte, et par l'abandon de ses amans : le Misanthrope, de son côté, a sa bonne part de la punition que méritoit son imprudence de s'être attaché à Célimène par prédilection, lui qui haïssoit tout le genre humain; voilà, à ce que je crois, la correction et l'instruction que l'on doit chercher dans une fable dramatique... et je crois que la comédie du Misanthrope mérite d'être conservée, et qu'elle est très-digne d'être admise au théâtre.

Le projet de jouer la vertu n'avoit donc point frappé cet acteur étranger, si versé dans son art, et si rigoureux du côté des mœurs. Pourquoi donc avoir été rechercher dans les écrits du célèbre archevêque de Cambrai, la seule erreur du goût qui s'y trouve, peut-être, et que son état fait excuser chez lui?

SCÈNE VIII ET DERNIÈRE.

ÉLIANTE, ALCESTE, PHILINTE.

ALCESTE à *Éliante*.

Madame, cent vertus ornent votre beauté,
Et je n'ai vu qu'en vous de la sincérité;
De vous, depuis long-tems, je fais un cas extrême,
Mais laissez-moi toujours vous estimer de même;
Et souffrez que mon cœur, dans ses troubles divers,
Ne se présente point à l'honneur de vos fers;
Je m'en sens trop indigne, et commence à connoître
Que le ciel, pour ce nœud, ne m'avoit point fait naître,
Que ce seroit pour vous un hommage trop bas,
Que le rebut d'un cœur qui ne vous valoit pas;
Et qu'enfin...

ÉLIANTE.

Vous pouvez suivre votre pensée,
Ma main de se donner n'est pas embarrassée;
Et voilà votre ami, sans trop m'inquiéter,
Qui, si je l'en priois, la pourroit accepter.

PHILINTE.

Ah! cet honneur, madame, est toute mon envie,
Et j'y sacrifierois et mon sang et ma vie.

ALCESTE.

Puissiez-vous pour goûter de vrais contentemens,
L'un pour l'autre, à jamais, garder ces sentimens.
Trahi de toutes parts, accablé d'injustices,
Je vais sortir d'un gouffre où triomphent les vices;
Et chercher, sur la terre, un endroit écarté,
Où d'être homme d'honneur on ait la liberté.

PHILINTE.

Allons, madame, allons employer toute chose,
Pour rompre le dessein que son cœur se propose.

En 1745, *Louise Bergalli*, vénitienne, et de l'académie des Arcades, fit une comédie intitulée *la Misanthrope*, imitée, dit-elle, de Molière; il faut redouter de se prévenir; mais une imitation d'un des chefs-d'œuvre de notre auteur, est une tâche bien forte pour une femme. La misanthropie, d'ailleurs, est moins le ridicule de son sexe que du nôtre.

LE MÉDECIN

MALGRÉ LUI,

COMÉDIE EN TROIS ACTES.

AVERTISSEMENT
DE L'ÉDITEUR
SUR
LE MÉDECIN MALGRÉ LUI.

Cette comédie, en prose et trois actes, fut représentée sur le théâtre du Palais-Royal, le 9 août 1666.

On a écrit que le sujet *du Médecin malgré lui* étoit pris d'une relation du fameux *Grotius*, et que ce même conte se trouvoit aussi dans *Olearius*; mais Molière, à qui son genre de travail ne mettoit pas de pareils ouvrages à la main, l'avoit tiré vraisemblablement d'un ancien fabliau, intitulé *le Vilain Mire*, c'est-à-dire, *le Villageois médecin*, manuscrit ancien, imprimé pour la première fois en 1756. Voici le fond de ce vieux conte.

Un chevalier pauvre est forcé de donner sa fille à un riche laboureur; celui-ci, inquiet sur le compte de sa femme pendant qu'il est aux champs, imagine de la battre tous les jours avant de sortir, afin que la douleur où il la laissera, puisse le tranquilliser sur sa conduite. La jeune femme déjà battue plus d'une fois, trouve un jour deux *messagiers* du roi qui vont passer en Angleterre. *Pourquoi fère?* leur demande la femme du vilain.

Si nous envoie un mire querre.

Disent *les messagiers.*

La fille le roi est malade ;
Il a passé huit jours entiers
Que ne pot boire ne mangier
Que une arreste de poisson
Li arresta au gavion.

Vous n'irez pas si loin, leur dit la femme, lasse d'être battue et pressée de se venger,

Quar mon mari est, je vos di,
Bon mire, je vous afi,
Certes, il scet plus de mécine
Et de vrais jugemens d'orine
Que oncques ne sot Ypocras.

Mais, ajoute-t-elle, il est d'une si grande bizarrerie et d'une humeur si maussade,

Qu'il ne feroit pour nelly rien ;
Sainçois ne le battoit-on bien.

Qu'à cela rien ne tienne, disent *les messagiers.*

Ja pour battre ne remaindra.

Ils vont donc le chercher, et, sur son refus de se dire médecin, ils le battent jusqu'à ce qu'il se laisse conduire auprès du roi, dont il guérit la fille, par une polissonnerie grossière qui excite la princesse à rire, et qui lui fait rejeter l'arrête qui l'étrangloit. La réputation que fait cette cure au Vilain Mire, lui amène beaucoup de pratiques à la cour, il les traite aussi singulièrement que la fille du roi, les guérit, et revient dans sa maison comblé de présens.

Molière qui, d'après ce fabliau, avoit jadis composé pour la province deux farces, sous les titres *de Médecin volant* et *du Fagoteux*, y retrouva de quoi bâtir *le Médecin malgré lui*, dont il eut besoin pour soutenir *son Misanthrope*.

Il sentoit bien, et il avoit dit très-haut qu'il ne feroit jamais mieux ; mais il jugea l'esprit du tems, et conçut que ce chef-d'œuvre avoit besoin d'un plus long examen pour réussir autant qu'il le devoit. Il le retira donc du théâtre, et ne l'y reporta qu'un mois après, avec *son Fagotier*.

Tant de gens s'opposoient à la haute réputation de Molière, qu'il étoit presque généralement décidé qu'on pouvoit espérer de lui quelques bouffonneries, mais qu'il présumoit trop de ses forces toutes les fois qu'il vouloit élever le ton.

Ses ennemis ne cessoient point de répandre que les papiers de *Gauthier-Garguille*, qu'il avoit achetés de la veuve de ce farceur, étoient la source où il puisoit. Il nous reste de ce Saltimbanque un recueil de chansons, imprimé chez Fr. Targa, en 1632, avec privilège du roi, quoique très-indécent; nous l'avons scrupuleusement examiné, et nous n'y avons pas trouvé une seule plaisanterie, pas un seul mot de gaîté, dont Molière ait profité. Ce bouffon ne servoit au plus que pour notre Opéra comique, et il est vrai que les auteurs de ce genre ont bien recueilli ses équivoques, ses jeux de mots et ses saletés. Nous devons même, à ce turlupin, l'ingénieuse invention de nos *amphigouris*. Voyez la cinquantième chanson, pag. 143.

> Je m'en allai à Bagnolet,
> Où je trouvai un grand mulet
> Qui plantoit des carotes;
> Ma Madelon, je t'aime tant,
> Que quasi je radote.

> Je m'en allai un peu plus loing,
> Trouvai une botte de foing
> Qui dansoit la gavotte.
> Ma Madelon, etc.

Tel est le bouffon grossier dont on vouloit que le père de la scène comique françoise empruntât tout ce qu'il y avoit de plaisant et de gai dans ses ouvrages.

Cette fausse idée qu'avoient accréditée le mauvais goût et l'envie, lui rendit toujours difficile le succès de ses plus grands ouvrages; il venoit de l'éprouver pour *le Misanthrope*, et il se vit forcé de ramener le public à son théâtre par un moyen dont il étoit sûr, mais qu'il étoit bien loin de préférer au bonheur d'instruire en amusant.

La farce *du Médecin malgré lui*, composée à la hâte, et dans laquelle il ne daigna pas même s'asservir à la règle de l'unité de lieu, eut le plus grand succès, et soutint *le Misanthrope*, à la honte de l'esprit humain. C'étoit, dit M. de Voltaire, *l'ouvrage d'un sage qui écrivit pour les hommes éclairés, et il fallut que le sage se déguisât en farceur pour plaire à la multitude.*

Ce que nous disons ici *du Médecin malgré lui*, comparé avec *le Misanthrope*, n'empêche pas que cette première pièce ne soit, dans son genre, une des plus heureuses plaisanteries qui soit sortie des mains de Molière. La gaîté la plus franche, la plus vive et la plus spirituelle, y est soutenue d'un bout à l'autre, et c'est une des folies charmantes qu'on revoit tous les jours sur nos théâtres avec le plaisir le plus vif. Quoiqu'écrite en prose, elle abonde de traits qui ont fait proverbe et qui se replacent sans cesse dans la conversation.

Molière avoit, dans cette bagatelle, des gens de la campagne à faire dialoguer, et il leur fit parler leur langage grossier, comme il l'avoit déjà fait dans quelques scènes *du Festin de Pierre*. C'est ce que Despréaux, qui ne pouvoit souffrir qu'on blessât la langue, ne put jamais lui pardonner : le satirique croyoit, à cet égard, avoir pour lui les anciens auteurs comiques.

Vous ne voyez pas (disoit-il) *que Plaute* (1) *ni ses confrères estropient la langue en faisant parler des villageois. Il leur fait tenir des discours proportionnés à leur état, sans qu'il en coûte rien à la pureté de l'idiôme. Otez cela à Molière, je ne lui connois point de supérieur pour l'esprit et pour le naturel; ce grand homme l'emporte de beaucoup sur Corneille, sur Racine et sur moi.*

La délicatesse de Despréaux sur ce point nous paroît exagérée, et nous ne croyons pas qu'il soit moins permis au poëte de donner au paysan son langage grossier, qu'au peintre de le représenter avec ses vêtemens rustiques. Il seroit d'une difficulté presque invincible de conserver à un homme de la campagne la tournure naïve et plaisante de ses idées, avec une manière de parler plus pure que la sienne ; et de toutes les bonnes scènes de villageois qui sont sur nos théâtres, il n'y en a pas une qui ne perdît presque tout son mérite à se montrer sous un style exact et châtié.

Que chez les Grecs une femme du marché public ait assez bien connu sa langue pour dire

___
(1) Plaute, dans sa comédie du *Pœnulus*, introduit un Carthaginois qui, dans sa langue, prie les Dieux de lui faire retrouver ses filles ; mais Plaute lui fait répéter la même prière en latin. Comment le sieur *Ruzante*, un des premiers corrupteurs du théâtre italien, en 1530, osa-t-il se défendre, par cet exemple, d'avoir introduit dans ses Drames tous les jargons de l'Italie ?

au fameux Théophraste qu'il n'étoit pas citoyen, cela n'est pas étonnant dans une nation libre, dont tous les actes, toutes les cérémonies, tous les jeux, étoient de la plus grande publicité ; mais que chez nous, le peuple, espèce passive, qui n'est de rien, qui ne voit rien, et n'entend rien, se soit fait un langage particulier, et qu'il soit nécessaire, pour le bien faire connoître, de lui faire parler son jargon ; il n'y a rien à cela que de naturel.

Dans nos églogues, où nous donnons à nos habitans de la campagne des mœurs de convention, des goûts, et surtout des sentimens aussi éloignés de la nature que les nôtres, nous sommes aussi scrupuleux que les Latins ; notre langue est respectée, et *Corydon*, chez Fontenelle, parle aussi bien qu'un académicien ; mais, quand l'ouvrier, le laboureur, ou le jardinier, doivent paroître ce qu'ils sont véritablement, pourquoi ne s'énonceroient-ils pas de la manière qui leur est propre ?

Le fond du conte qui avoit guidé Molière, le ramenoit bien naturellement à la petite guerre qu'il avoit déclarée aux médecins de son tems. Les saignées de précaution, le vin émétique, ne furent pas oubliés ; et quoique Sganarelle ne fût pas un vrai médecin, il ne jeta pas moins de ridicule sur l'abus de la profession qu'on l'avoit forcé de prendre.

Molière avoit eu l'adresse de faire dire, dès

la première scène, à Sganarelle, qu'il avoit servi six ans un fameux médecin, et qu'il avoit su, dans son jeune âge, son rudiment par cœur ; ce qui donnoit à cette farce un peu plus de vraisemblance qu'elle n'en auroit eu sans cette précaution.

Il est difficile d'apercevoir, dans ces sortes de Drames, le moindre but d'utilité, et c'est le cas de dire ce que le bon Rabelais disoit de son ouvrage.

Vrai est qu'ici peu de perfection
Vous apprendrez, sinon en cas de rire.

Ce que Molière a composé dans ce genre, dit M. Riccoboni, dans ses observations sur la comédie, a, ce me semble, un mérite singulier..... On retrouve toujours le maître de l'art, soit dans l'intrigue de la pièce, soit dans la liaison et l'arrangement des scènes, soit dans les idées qui, pour être comiques, ne sont ni basses ni grossières..... Si l'esprit humain est borné, et si un écrivain semble n'être destiné, en général, par la nature, qu'à réussir dans un seul genre, combien est-il surprenant de voir un même génie exceller en tous, et faire rire le connoisseur et l'ignorant dans la farce *du Médecin malgré lui*, après avoir si pleinement satisfait l'homme d'esprit dans la comédie *du Misanthrope* ?

Ce que nous avons dit du peu d'importance que Molière mettoit cependant aux ouvrages de cette espèce, est confirmé par le comédien

SUR LE MÉDECIN MALGRÉ LUI.

Subligny, auteur de la gazette rimée, sous le nom de *Muse Dauphine*. Voici par où ce gazetier termine ce qu'il dit du *Médecin malgré lui*.

    Molière, dit-on, ne l'appelle
    Qu'une petite bagatelle,
Mais cette bagatelle est d'un esprit si fin,
    Que, s'il faut que je vous le die,
L'estime qu'on en fait est une maladie,
Qui fait que dans Paris tout court au Médecin.

ACTEURS.

GÉRONTE, père de Lucinde.
LUCINDE, fille de Géronte.
LÉANDRE, amant de Lucinde.
SGANARELLE, mari de Martine.
MARTINE, femme de Sganarelle.
M. ROBERT, voisin de Sganarelle.
VALÈRE, domestique de Géronte.
LUCAS, mari de Jacqueline, domestique de Géronte.
JACQUELINE, nourrice chez Géronte, et femme de Lucas.
THIBAUT, père de Perrin, } paysans.
PERRIN, fils de Thibaut,

La scène est à la Campagne.

LE MÉDECIN MALGRÉ LUI.

ACTE PREMIER.

SCÈNE I*.

SGANARELLE, MARTINE.

SGANARELLE.

Non, je te dis que je n'en veux rien faire, et que c'est à moi de parler et d'être le maître.

MARTINE.

Et je te dis, moi, que je veux que tu vives à ma fantaisie, et que je ne me suis point mariée avec toi pour souffrir tes fredaines.

SGANARELLE.

Oh! la grande fatigue que d'avoir une femme, et qu'Aristote a bien raison, quand il dit qu'une femme est pire qu'un démon.

MARTINE.

Voyez un peu l'habile homme, avec son benêt d'Aristote.

---

* On prétend que la première scène de cette farce est faite d'après le même personnage qui a servi à Boileau d'original pour *le Perruquier du Lutrin*. Il s'appeloit *Didier l'Amour*; sa femme étoit une clabaudeuse éternelle, que le mari corrigeoit souvent avec le sang-froid de Sganarelle.

SGANARELLE.

Oui, habile homme. Trouve-moi un faiseur de fagots qui sache, comme moi, raisonner des choses; qui ait servi six ans un fameux médecin, et qui ait su, dans son jeune âge, son rudiment par cœur.

MARTINE.

Peste du fou fieffé!

SGANARELLE.

Peste de la carogne!

MARTINE.

Que maudis soient l'heure et le jour où je m'avisai d'aller dire oui!

SGANARELLE.

Que maudit soit le bec cornu de notaire qui me fit signer ma ruine!

MARTINE.

C'est bien à toi, vraiment, à te plaindre de cette affaire. Devrois-tu être un seul moment sans rendre graces au ciel de m'avoir pour ta femme, et méritois-tu d'épouser une personne comme moi?

SGANARELLE.

Il est vrai que tu me fis trop d'honneur, et que j'eus lieu de me louer la première nuit de nos noces. Hé! morbleu, ne me fais point parler la-dessus: je dirois de certaines choses...

MARTINE.

Quoi? Que dirois-tu?

SGANARELLE.

Baste, laissons là ce chapitre. Il suffit que nous savons ce que nous savons, et que tu fus bien heureuse de me trouver.

MARTINE.

Qu'appelles-tu, bien heureuse de te trouver? Un homme qui me réduit à l'hôpital, un débauché, un traître, qui mange tout ce que j'ai!

SGANARELLE.

Tu as menti, j'en bois une partie.

MARTINE.

Qui me vend, pièce à pièce, tout ce qui est dans le logis!

SGANARELLE.

C'est vivre de ménage.

ACTE I. SCÈNE I.

MARTINE.

Qui m'a ôté jusqu'au lit que j'avois!

SGANARELLE.

Tu t'en leveras plus matin.

MARTINE.

Enfin, qui ne laisse aucun meuble dans toute la maison!

SGANARELLE.

On en déménage plus aisément.

MARTINE.

Et qui, du matin jusqu'au soir, ne fait que jouer et que boire!

SGANARELLE.

C'est pour ne me point ennuyer.

MARTINE.

Et que veux-tu, pendant ce tems, que je fasse avec ma famille?

SGANARELLE.

Tout ce qu'il te plaira.

MARTINE.

J'ai quatre pauvres petits enfans sur les bras....

SGANARELLE.

Mets-les à terre.

MARTINE.

Qui me demandent à toute heure du pain.

SGANARELLE.

Donne-leur le fouet. Quand j'ai bien bu et bien-mangé, je veux que tout le monde soit saoul dans ma maison.

MARTINE.

Et tu prétends, ivrogne, que les choses aillent toujours de même?

SGANARELLE.

Ma femme, allons tout doucement, s'il vous plaît.

MARTINE.

Que j'endure éternellement tes insolences et tes débauches?

SGANARELLE.

Ne nous emportons point, ma femme.

MARTINE.

Et que je ne sache pas trouver le moyen de te ranger à ton devoir?

SGANARELLE.

Ma femme, vous savez que je n'ai pas l'ame endurante, et que j'ai le bras assez bon.

MARTINE.

Je me moque de tes menaces.

SGANARELLE.

Ma petite femme, ma mie, votre peau vous demange à votre ordinaire.

MARTINE.

Je te montrerai bien que je ne te crains nullement.

SGANARELLE.

Ma chère moitié, vous avez envie de me dérober quelque chose.

MARTINE.

Crois-tu que je m'épouvante de tes paroles ?

SGANARELLE.

Doux objet de mes vœux, je vous frotterai les oreilles.

MARTINE.

Ivrogne que tu es !

SGANARELLE.

Je vous battrai.

MARTINE.

Sac à vin.

SGANARELLE.

Je vous rosserai.

MARTINE.

Infâme.

SGANARELLE.

Je vous étrillerai.

MARTINE.

Traître, insolent, trompeur, lâche, coquin, pendard; gueux, belître, fripon, maraud, voleur,...

SGANARELLE.

Ah ! vous en voulez donc ?

(*Sganarelle prend un bâton, et bat sa femme.*)

MARTINE *criant.*

Ah, ah, ah, ah !

SGANARELLE.

Voilà le vrai moyen de vous apaiser.

SCÈNE II.

M. ROBERT, SGANARELLE, MARTINE.

M. ROBERT.

Holà, holà, holà. Fi. Qu'est ceci ? Quelle infamie ! Peste soit le coquin, de battre ainsi sa femme !

MARTINE à M. Robert.

Et je veux qu'il me batte, moi.

M. ROBERT.

Ah ! j'y consens de tout mon cœur.

MARTINE.

De quoi vous mêlez-vous.

M. ROBERT.

J'ai tort.

MARTINE.

Est-ce là votre affaire ?

M. ROBERT.

Vous avez raison.

MARTINE.

Voyez un peu cet impertinent, qui veut empêcher les maris de battre leurs femmes ?

M. ROBERT.

Je me rétracte.

MARTINE.

Qu'avez-vous à voir là-dessus ?

M. ROBERT.

Rien.

MARTINE.

Est-ce à vous d'y mettre le nez ?

M. ROBERT.

Non.

MARTINE.

Mêlez-vous de vos affaires.

M. ROBERT.

Je ne dis plus mot.

MARTINE.

Il me plaît d'être battue.

M. ROBERT.

D'accord.

MARTINE.

Ce n'est pas à vos dépens.

M. ROBERT.

Il est vrai.

MARTINE.

Et vous êtes un sot de venir vous fourrer où vous n'avez que faire.

(*Elle lui donne un soufflet.*)

M. ROBERT à *Sganarelle*.

Compère, je vous demande pardon de tout mon cœur. Faites, rossez, battez, comme il faut, votre femme, je vous aiderai, si vous le voulez.

SGANARELLE.

Il ne me plaît pas, moi.

M. ROBERT.

Ah ! c'est une autre chose.

SGANARELLE.

Je la veux battre, si je le veux, et ne la veux pas battre, si je ne le veux pas.

M. ROBERT.

Fort bien.

SGANARELLE.

C'est ma femme, et non pas la vôtre.

M. ROBERT.

Sans doute.

SGANARELLE.

Vous n'avez rien à me commander.

M. ROBERT.

D'accord.

SGANARELLE.

Je n'ai que faire de votre aide.

M. ROBERT.

Très-volontiers.

SGANARELLE.

Et vous êtes un impertinent, de vous ingérer des affaires

ACTE I. SCÈNE III.

d'autrui. Apprenez que Cicéron dit qu'entre l'arbre et le doigt il ne faut pas mettre l'écorce *.

(*Il bat M. Robert, et le chasse.*)

SCÈNE III.

SGANARELLE, MARTINE.

SGANARELLE.

Or ça, faisons la paix nous deux. Touche-là.

MARTINE.

Oui, après m'avoir ainsi battue?

SGANARELLE.

Cela n'est rien. Touche.

MARTINE.

Je ne veux pas.

SGANARELLE.

Hé?

MARTINE.

Non.

SGANARELLE.

Ma petite femme.

MARTINE.

Point.

SGANARELLE.

Allons, te dis-je.

MARTINE.

Je n'en ferai rien.

SGANARELLE.

Viens, viens, viens.

---

* *Apprenez que Cicéron dit qu'entre l'arbre et le doigt il n'y faut pas mettre l'écorce. Le proverbe commun est, qu'entre l'arbre et l'écorce, il n'y faut pas mettre le doigt. Mais c'est ainsi que les gens de l'espèce de Sganarelle travestissent les choses les plus triviales. A l'égard de la citation hasardée de Cicéron, Rabelais, liv. 1, ch. 8, à l'occasion de l'Emeraude de la braguette de Gargantua, cite courageusement, Orpheus, libro de lapidibus, et Plin. libro ultimo.*

MARTINE.

Non. Je veux être en colère.

SGANARELLE.

Fi, c'est une bagatelle. Allons, allons.

MARTINE.

Laisse-moi là.

SGANARELLE.

Touche, te dis-je.

MARTINE.

Tu m'as trop maltraitée.

SGANARELLE.

Hé bien ! va, je te demande pardon, mets-là ta main.

MARTINE.

(bas à part.)

Je te pardonne ; mais tu me le paieras.

SGANARELLE.

Tu es une folle de prendre garde à cela. Ce sont petites choses qui sont de tems en tems nécessaires dans l'amitié ; et cinq ou six coups de bâton entre gens qui s'aiment, ne font que ragaillardir l'affection. Va, je m'en vais au bois, et je te promets aujourd'hui plus d'un cent de fagots.

SCÈNE IV.

MARTINE seule.

Va, quelque mine que je fasse, je n'oublierai pas mon ressentiment ; et je brûle en moi-même de trouver les moyens de te punir des coups que tu m'as donnés. Je sais bien qu'une femme a toujours dans les mains de quoi se venger d'un mari ; mais c'est une punition trop délicate pour mon pendard. Je veux une vengeance qui se fasse un peu mieux sentir ; et ce n'est pas contentement pour l'injure que j'ai reçue.

SCÈNE V.

VALÈRE, LUCAS, MARTINE.

LUCAS *à Valère, sans voir Martine.*

Parguienne, j'avons pris là tous deux une guêble de commission ; et je ne sais pas, moi, ce que je pensons attraper.

VALÈRE *à Lucas, sans voir Martine.*

Que veeux-tu, mon pauvre nourricier ? Il faut bien obéir à notre maître ; et puis, nous avons intérêt, l'un et l'autre, à la santé de sa fille, notre maîtresse ; et sans doute son mariage, différé par sa maladie, nous vaudra quelque récompense. Horace, qui est libéral, a bonne part aux prétentions qu'on peut avoir sur sa personne ; et, quoiqu'elle ait fait voir de l'amitié pour un certain Léandre, tu sais bien que son père n'a jamais voulu consentir à le recevoir pour son gendre.

MARTINE *rêvant à part, se croyant seule.*

Ne puis-je point trouver quelque invention pour me venger ?

LUCAS *à Valère.*

Mais, quelle fantaisie s'est-il boutée là dans la tête, puisque tous les médecins y avons perdu leur latin ?

VALÈRE *à Lucas.*

On trouve quelquefois, à force de chercher, ce qu'on ne trouve pas d'abord ; et souvent, en de simples lieux....

MARTINE *se croyant toujours seule.*

Oui, il faut que je m'en venge à quelque prix que ce soit. Ces coups de bâton me reviennent au cœur, je ne saurois les digérer, et.... (*heurtant Valère et Lucas.*) Ah ! messieurs, je vous demande pardon ; je ne vous voyois pas, et cherchois dans ma tête quelque chose qui m'embarrasse.

VALÈRE.

Chacun a ses soins dans le monde ; et nous cherchons aussi ce que nous voudrions bien trouver.

MARTINE.

Seroit-ce quelque chose où je vous pusse aider ?

VALÈRE.

Cela se pourroit faire ; et nous tâchons de rencontrer quelque habile homme, quelque médecin particulier, qui pût donner quelque soulagement à la fille de notre maître, attaquée d'une maladie qui lui a ôté tout d'un coup l'usage de la langue. Plusieurs médecins ont déjà épuisé toute leur science après elle; mais on trouve par fois des gens avec des secrets admirables, de certains remèdes particuliers, qui font, le plus souvent, ce que les autres n'ont su faire, et c'est là ce que nous cherchons.

MARTINE *bas à part.*

Ah! que le ciel m'inspire une admirable invention pour me venger de mon pendard! (*haut.*) Vous ne pouviez jamais vous mieux adresser pour rencontrer ce que vous cherchez; et nous avons un homme, le plus merveilleux homme du monde, pour les maladies désespérées.

VALÈRE.

Hé, de grace, où pouvons-nous le rencontrer?

MARTINE.

Vous le trouverez maintenant, vers ce petit lieu que voilà, qui s'amuse à couper du bois.

LUCAS.

Un médecin qui coupe du bois!

VALÈRE.

Qui s'amuse à cueillir des simples, voulez-vous dire?

MARTINE.

Non. C'est un homme extraordinaire, qui se plaît à cela; fantasque, bizarre, quinteux, et que vous ne prendriez jamais pour ce qu'il est. Il va vêtu d'une façon extravagante, affecte quelquefois de paroître ignorant, tient sa science renfermée, et ne fuit rien tant, tous les jours, que d'exercer les merveilleux talens qu'il a eus du ciel pour la médecine.

VALÈRE.

C'est une chose admirable, que tous les grands hommes ont toujours du caprice, quelque petit grain de folie mêlé à leur science.

MARTINE.

La folie de celui-ci est plus grande qu'on ne peut croire; car elle va par fois jusqu'à vouloir être battu pour demeurer d'accord de sa capacité; et je vous donne avis que vous n'en viendrez pas à bout, qu'il n'avouera jamais qu'il est médecin, s'il se le met en fantaisie, que vous ne preniez chacun un bâton, et ne le réduisiez, à force de coups, à vous confesser à la fin ce qu'il

ACTE I. SCÈNE V.

vous cachera d'abord. C'est ainsi que nous en usons, quand nous avons besoin de lui.

VALÈRE.

Voilà une étrange folie.

MARTINE.

Il est vrai ; mais, après cela, vous verrez qu'il fait des merveilles.

VALÈRE.

Comment s'appelle-t-il ?

MARTINE.

Il s'appelle Sganarelle ; Mais il est aisé à connoître. C'est un homme qui a une large barbe noire, et qui porte une fraise, avec un habit jaune et vert.

LUCAS.

Un habit jaune et vart ; c'est donc le médecin des parroquets ?

VALÈRE.

Mais, est-il bien vrai qu'il soit aussi habile que vous le dites ?

MARTINE.

Comment ? C'est un homme qui fait des miracles. Il y a six mois qu'une femme fut abandonnée de tous les autres médecins, on l'a tenoit morte il y avoit déjà six heures, et l'on se disposoit de l'ensevelir, lorsqu'on y fit venir de force l'homme dont nous parlons. Il lui mit, l'ayant vue, une petite goutte de je ne sais quoi dans la bouche ; et, dans le même instant, elle se leva de son lit, et se mit aussitôt à se promener dans sa chambre, comme si de rien n'eût été.

LUCAS.

Ah !

VALÈRE.

Il falloit que ce fût quelque goutte d'or potable.

MARTINE.

Cela pourroit bien être. Il n'y a pas trois semaines encore, qu'un jeune enfant de douze ans tomba du haut du clocher en bas, et se brisa, sur le pavé, la tête, les bras et les jambes. On n'y eut pas plutôt amené notre homme, qui le frotta partout le corps d'un certain onguent qu'il sait faire, et l'enfant aussitôt se leva sur ses pieds, et courut jouer à la fossette.

LUCAS.

Ah!

VALÈRE.

Il faut que cet homme-là ait la médecine universelle.

MARTINE.

Qui en doute?

LUCAS.

Tétégué, vlà justement l'homme qu'il nous faut. Allons vite le charcher.

VALÈRE.

Nous vous remercions du plaisir que vous nous faites.

MARTINE.

Mais, souvenez-vous bien, au moins, de l'avertissement que je vous ai donné.

LUCAS.

Hé, morguenne, laissez-nous faire. S'il ne tient qu'à battre, la vache est à nous.

VALÈRE à *Lucas*.

Nous sommes bien heureux d'avoir fait cette rencontre; et j'en conçois, pour moi, la meilleure espérance du monde.

SCÈNE VI.

SGANARELLE, VALÈRE, LUCAS.

SGANARELLE *chantant derrière le théâtre*.

La, la, la.

VALÈRE.

J'entends quelqu'un qui chante, et qui coupe du bois.

SGANARELLE *entrant sur le théâtre avec une bouteille à sa main, sans apercevoir Valère ni Lucas.*

La, la, la. Ma foi, c'est assez travailler pour boire un coup. Prenons un peu d'haleine.

(*après avoir bu.*)

Voilà du bois qui est salé comme tous les diables.

ACTE I. SCÈNE VI.

(*Il chante.*)
* Qu'ils sont doux,
Bouteille jolie,
Qu'ils sont doux,
Vos petits glou-gloux !
Mais mon sort feroit bien des jaloux,
Si vous étiez toujours remplie.
Ah ! bouteille ma mie,
Pourquoi vous videz-vous ?

Allons, morbleu, il ne faut point engendrer de mélancolie.

VALÈRE *bas à Lucas.*

Le voilà lui-même.

LUCAS *bas à Valère.*

Je pense que vous dites vrai, et que j'avons bouté le nez dessus.

VALÈRE.

Voyons de près.

SGANARELLE *embrassant sa bouteille.*

Ah ! ma petite friponne, que je t'aime, mon petit bouchon.
(*Il chante.*)   (*Apercevant Valère et Lucas qui l'examinent, il baisse la voix.*)
Mais mon sort.... feroit bien.... des jaloux.
Si...
(*Voyant qu'on l'examine de plus près.*)
Que diable, à qui en veulent ces gens-là ?

* Qu'ils sont doux,
Bouteille jolie, etc.

M. Roze, de l'Académie Française, s'étant amusé à traduire en latin la chanson de Sganarelle, s'en divertit avec Molière, qu'il inquiéta, en lui disant qu'il n'avoit fait que parodier une ancienne chanson latine, qu'il lui récita, et qui se chantoit sur le même air. La voici :

Quàm dulces,
Amphora amœna,
Quàm dulces
Sunt tuæ voces !
Dùm fundis merum in calices,
Utinam semper esses plena !
Ah ! ah ! cara mea lagena,
Vacua cur jaces ?

VALÈRE *à Lucas.*

C'est lui assurément.

LUCAS *à Valère.*

Le vlà tout craché comme on nous l'a défiguré.

Sganarelle pose la bouteille à terre ; et Valère se baissant pour le saluer, comme il croit que c'est à dessein de la prendre, il la met de l'autre côté ; Lucas faisant la même chose que Valère, Sganarelle reprend sa bouteille, et la tient contre son estomac, avec divers gestes qui font un jeu de théâtre.

SGANARELLE *à part.*

Ils consultent en me regardant. Quel dessein auroient-ils ?

VALÈRE.

Monsieur, n'est-ce pas vous qui vous appelez Sganarelle ?

SGANARELLE.

Hé ? quoi ?

VALÈRE.

Je vous demande si ce n'est pas vous qui se nomme * Sganarelle ?

SGANARELLE *se tournant vers Valère, puis vers Lucas.*

Oui et non, selon ce que vous lui voulez.

VALERE.

Nous ne voulons que lui faire toutes les civilités que nous pourrons.

SGANARELLE.

En ce cas, c'est moi qui se nomme Sganarelle **.

VALÈRE.

Monsieur, nous sommes ravis de vous voir. On nous a adressés à vous pour ce que nous cherchons ; et nous venons implorer votre aide, dont nous avons besoin.

SGANARELLE.

Si c'est quelque chose, messieurs, qui dépende de mon petit négoce, je suis tout prêt à vous rendre service.

VALÈRE.

Monsieur, c'est trop de grace que vous nous faites ; mais,

---

* *Je vous demande si ce n'est pas vous qui se nomme Sganarelle.* Il faudroit aujourd'hui, *qui vous nommez.*

** *En ce cas, c'est moi qui se nomme.* Il faut, *qui me nomme.*

ACTE I. SCENE VI.

monsieur, couvrez-vous, s'il vous plaît, le soleil pourroit vous incommoder.

LUCAS.

Monsieu, boutez dessus.

SGANARELLE à part.

Voici des gens bien pleins de cérémonie.

(Il se couvre.)

VALÈRE.

Monsieur, il ne faut pas trouver étrange que nous venions à vous ; les habiles gens sont toujours recherchés, et nous sommes instruits de votre capacité.

SGANARELLE.

Il est vrai, messieurs, que je suis le premier homme du monde pour faire des fagots.

VALÈRE.

Ah ! monsieur.

SGANARELLE.

Je n'y épargne aucune chose, et les fais d'une façon qu'il n'y a rien à redire.

VALÈRE.

Monsieur, ce n'est pas cela dont il est question.

SGANARELLE.

Mais aussi je les vends cent dix sols le cent.

VALÈRE.

Ne parlons point de cela, s'il vous plaît.

SGANARELLE.

Je vous promets que je ne saurois les donner à moins.

VALÈRE.

Monsieur, nous savons les choses.

SGANARELLE.

Si vous savez les choses, vous savez que je les vends cela.

VALÈRE.

Monsieur, c'est se moquer que....

SGANARELLE.

Je ne me moque point, je n'en puis rien rabattre.

VALÈRE.

Parlons d'autre façon, de grace.

SGANARELLE.

Vous en pourrez trouver autre part à moins; il y a fagots et fagots; mais, pour ceux que je fais....

VALÈRE.

Hé, monsieur, laissons-là ce discours.

SGANARELLE.

Je vous jure que vous ne les auriez pas, s'il s'en falloit un double.

VALÈRE.

Hé! Fi.

SGANARELLE.

Non, en conscience, vous en paierez cela. Je vous parle sincèrement, et ne suis pas homme à surfaire.

VALÈRE.

Faut-il, monsieur, qu'une personne comme vous s'amuse à ces grossières feintes; s'abaisse à parler de la sorte? Qu'un homme si savant, un fameux médecin comme vous êtes, veuille se déguiser aux yeux du monde, et tenir enterrés les beaux talens qu'il a?

SGANARELLE *à part*.

Il est fou.

VALÈRE.

De grace, monsieur, ne dissimulez point avec nous.

SGANARELLE.

Comment?

LUCAS.

Tout ce tripotage ne sart de rian, je savons c'en que je savons.

SGANARELLE.

Quoi donc? Que voulez-vous dire? Pour qui me prenez-vous?

VALÈRE.

Pour ce que vous êtes, pour un grand médecin.

SGANARELLE.

Médecin vous-même; je ne le suis point, et je ne l'ai jamais été.

VALÈRE.

(*bas*.)   (*haut*.)

Voilà sa folie qui le tient. Monsieur, ne veuillez point nier

ACTE I. SCÈNE VI.

les choses davantage *; et n'en venons point, s'il vous plaît, à de fâcheuses extrémités.

SGANARELLE.

A quoi donc?

VALÈRE.

A de certaines choses dont nous serions marris.

SGANARELLE.

Parbleu, venez-en à tout ce qu'il vous plaira; je ne suis point médecin, et ne sais ce que vous me voulez dire.

VALÈRE.

(bas.)   (haut.)

Je vois bien qu'il se faut servir du remède. Monsieur, encore un coup, je vous prie d'avouer ce que vous êtes.

LUCAS.

Hé, têtegué, ne lantiponez pas davantage, et confessez à la frauquette que v'sétes médecin.

SGANARELLE à part.

J'enrage.

VALÈRE.

A quoi bon nier ce qu'on sait?

LUCAS.

Pourquoi toutes ces fraimes-là? A quoi est-ce que ça vous sart?

SGANARELLE.

Messieurs, en un mot, autant qu'en deux mille, je vous dis que je ne suis point médecin?

VALÈRE.

Vous n'êtes point médecin?

SGANARELLE.

Non.

LUCAS.

V'nêtes pas médecin?

SGANARELLE.

Non, vous dis-je.

---

* *Monsieur, ne veuillez pas nier les choses.* On ne s'exprimeroit pas ainsi aujourd'hui, on diroit, *Monsieur, ne niez pas les choses davantage.*

VALÈRE.

Puisque vous le voulez, il faut bien s'y résoudre.

(*Ils prennent chacun un bâton, et le frappent.*)

SGANARELLE.

Ah, ah, ah, messieurs, je suis tout ce qu'il vous plaira.

VALÈRE.

Pourquoi, monsieur, nous obligez-vous à cette violence?

LUCAS.

A quoi bon nous bailler la peine de vous battre?

VALÈRE.

Je vous assure que j'en ai tous les regrets du monde.

LUCAS.

Par ma figué, j'en sis fâché franchement.

SGANARELLE.

Que diable est ceci, messieurs? De grace, est-ce pour rire, ou si tous deux vous extravaguez, de vouloir que je sois médecin?

VALÈRE.

Quoi, vous ne vous rendez pas encore, et vous vous défendez d'être médecin?

SGANARELLE.

Diable emporte, si je le suis.

LUCAS.

Il n'est pas vrai que vous sayez médecin?

SGANARELLE.

(*Ils recommencent à le battre.*)

Non, la peste m'étouffe. Ah, ah! Hé bien, messieurs, oui, puisque vous le voulez, je suis médecin, je suis médecin; apothicaire encore, si vous le trouvez bon. J'aime mieux consentir à tout, que de me faire assommer.

VALÈRE.

Ah! voilà qui va bien, monsieur; je suis ravi de vous voir raisonnable.

LUCAS.

Vous me boutez la joie au cœur, quand je vous vois parler comme ça.

VALÈRE.

Je vous demande pardon de toute mon ame.

ACTE I. SCÈNE VI.

LUCAS.

Je vous demandons excuse de la liberté que j'avons prise.

SGANARELLE à part.

Ouais, seroit-ce bien moi qui me tromperois, et serois-je devenu médecin sans m'en être aperçu ?

VALÈRE.

Monsieur, vous ne vous repentirez pas de nous montrer ce que vous êtes, et vous verrez assurément que vous en serez satisfait.

SGANARELLE.

Mais, messieurs, dites-moi, ne vous trompez-vous point vous-mêmes ? Est-il bien assuré que je sois médecin ?

LUCAS.

Oui, par ma figué.

SGANARELLE.

Tout de bon ?

VALÈRE.

Sans doute.

SGANARELLE.

Diable emporte si je le savois.

VALÈRE.

Comment ! vous êtes le plus habile médecin du monde.

SGANARELLE.

Ah, ha !

LUCAS.

Un médecin qui a gari je ne sais combien de maladies.

SGANARELLE.

Tudieu !

VALÈRE.

Une femme étoit tenue pour morte il y avoit six heures ; elle étoit prête à ensevelir, lorsqu'avec une goutte de quelque chose vous la fîtes revenir, et marcher d'abord par la chambre.

SGANARELLE.

Peste !

LUCAS.

Un petit enfant de douze ans se laissit cheoir du haut d'un clocher, de quoi il eut la tête, les jambes et les bras cassés ; et vous, avec je ne sais quel onguent, vous fîtes qu'aussitôt il se relevit sur ses pieds et s'en fut jouer à la fossette.

SGANARELLE.
Diantre !
VALÈRE.
Enfin, monsieur, vous aurez contentement avec nous, et vous gagnerez ce que vous voudrez, en vous laissant conduire où nous prétendons vous mener.
SGANARELLE.
Je gagnerai ce que je voudrai ?
VALÈRE.
Oui.
SGANARELLE.
Ah ! je suis médecin, sans contredit. Je l'avois oublié, mais je m'en ressouviens. De quoi est-il question ? Où faut-il se transporter ?
VALÈRE.
Nous vous conduirons. Il est question d'aller voir une fille qui a perdu la parole.
SGANARELLE.
Ma foi, je ne l'ai pas trouvée.
VALÈRE *bas à Lucas*.
(*à Sganarelle.*)
Il aime à rire. Allons, monsieur.
SGANARELLE.
Sans une robe de médecin ?
VALÈRE.
Nous en prendrons une.
SGANARELLE *présentant sa bouteille à Valère*.
Tenez cela, vous, voilà où je mets mes juleps.
(*puis se tournant vers Lucas en crachant.*)
Vous, marchez là-dessus, par ordonnance du médecin.
LUCAS.
Palsanguenne, vlà un médecin qui me plaît ; je pense qu'il réussira, car il est bouffon.

ACTE II.

SCÈNE I.

GÉRONTE, VALÈRE, LUCAS, JACQUELINE.

VALÈRE.

Oui, monsieur, je crois que vous serez satisfait ; et nous vous avons amené le plus grand médecin du monde.

LUCAS.

Oh! marguenne, il faut tirer l'échelle après ceti-là ; et tous les autres ne sont pas daignes de li déchausser ses souliers.

VALÈRE.

C'est un homme qui a fait des cures merveilleuses.

LUCAS.

Qui a gari des gens qui étiant morts.

VALÈRE.

Il est un peu capricieux, comme je vous ai dit ; et, par fois, il a des momens où son esprit s'échappe, et ne paroît pas ce qu'il est.

LUCAS.

Oui, il aime à bouffonner ; et l'an diroit par fois, ne vs'en déplaise, qu'il a quelque petit coup de hache à la tête.

VALÈRE.

Mais, dans le fond, il est tout science ; et, bien souvent, il dit des choses tout-à-fait relevées.

LUCAS.

Quand il s'y boute, il parle tout en droit comme s'il lisoit dans un livre.

VALÈRE.

Sa réputation s'est déjà répandue ici ; et tout le monde vient à lui.

GÉRONTE.

Je meurs d'envie de le voir ; faites-le moi vîte venir.

VALÈRE.

Je le vais querir.

SCÈNE II.

GÉRONTE, JACQUELINE, LUCAS.

JACQUELINE.

Par ma fi, monsieu, cetti-ci fera justement ce qu'ant fait les autres. Je pense que ce sera queu si queu mi ; et la meilleure médeçaine que l'an pourroit bailler à votre fille, ce seroit, selon moi, un biau et bon mari, pour qui alle eût de l'amiquié.

GÉRONTE.

Ouais, nourrice ma mie ! Vous vous mêlez de bien des choses.

LUCAS.

Taisez-vous, notre minagère Jacquelaine ; ce n'est pas à vous à bouter là votre nez.

JACQUELINE.

Je vous dis et vous douze, que tous ces médecins n'y feront rian que de l'iau claire ; que votre fille a besoin d'autre chose que de rhibarbe et de séné, et qu'un mari est un emplâtre qui garit tous les maux des filles.

GÉRONTE.

Est-elle en état maintenant qu'on s'en voulût charger avec l'infirmité qu'elle a ? Et, lorsque j'ai été dans le dessein de la marier, ne s'est-elle pas opposée à mes volontés ?

JACQUELINE.

Je le crois bian ; vous li vouliez bailler eun homme qu'alle n'aime point. Que ne preniais-vous ce monsieu Liandre, qui li touchoit au cœur ? Alle auroit été fort obéissante ; et je m'en vas gager qu'il l'a prendroit li, comme alle est, si vous la li vouliais donner.

ACTE II. SCÈNE II.

GÉRONTE.

Ce Léandre n'est pas ce qu'il lui faut, il n'a pas du bien comme l'autre.

JACQUELINE.

Il a eun oncle qui est si riche, dont il est hériquié.

GÉRONTE.

Tous ces biens à venir me semblent autant de chansons. Il n'est rien tel que ce qu'on tient, et l'on court grand risque de s'abuser, lorsque l'on compte sur le bien qu'un autre vous garde. La mort n'a pas toujours les oreilles ouvertes aux vœux et aux prières de messieurs les héritiers; et l'on a le tems d'avoir les dents longues, lorsqu'on attend, pour vivre, le trépas de quelqu'un.

JACQUELINE.

Enfin; j'ai toujours ouï-dire qu'en mariage, comme ailleurs, contentement passe richesse. Les pères et les mères ont cette maudite coûtume, de demander toujours qu'a-t-il et qu'a-t-elle? Et le compère Pierre a marié sa fille Simonette au gros Thomas pour un quarquié de vaigne qu'il avoit davantage que le jeune Robin, où elle avoit bouté son amiquié; vlà que la pauvre criature en est devenue jaune comme eun coin, et n'a point profité tout depuis ce tems-là. C'est un bel exemple pour vous, monsieu. On n'a que son plaisir en ce monde; et j'aimerois mieux bailler à ma fille eun bon mari qui lui fût agriable, que toutes les rentes de la Biausse.

GÉRONTE.

Peste, madame la nourrice, comme vous dégoisez! Taisez-vous, je vous prie, vous prenez trop de soin, et vous échauffez votre lait.

LUCAS *frappant, à chaque phrase qu'il dit, sur l'épaule de Géronte.*

Morgué, tais-toi, t'es une impartinante. Monsieu n'a que faire de tes discours, et il sait ce qu'il a à faire. Mêle-toi de donner à teter à ton enfant, sans tant faire la raisonneuse. Monsieu est le père de sa fille; et il est bon et sage pour voir ce qui li faut.

GÉRONTE.

Tout doux. Oh! tout doux.

LUCAS *frappant encore sur l'épaule de Géronte.*

Monsieur, je veux un peu la mortifier, et li apprendre le respect qu'alle vous doit.

GÉRONTE.

Oui. Mais ces gestes ne sont pas nécessaires.

SCÈNE III.

VALÈRE, SGANARELLE, GÉRONTE, LUCAS, JACQUELINE.

VALÈRE.

Monsieur, préparez-vous. Voici notre médecin qui entre.

GÉRONTE à *Sganarelle.*

Monsieur, je suis ravi de vous voir chez moi, et nous avons grand besoin de vous.

SGANARELLE, *en robe de médecin, avec un chapeau des plus pointus.*

Hippocrate dit... que nous nous couvrions tous deux.

GÉRONTE.

Hippocrate dit cela ?

SGANARELLE.

Oui.

GÉRONTE.

Dans quel chapitre, s'il vous plaît ?

SGANARELLE.

Dans son chapitre... des chapeaux *.

GÉRONTE.

Puisqu'Hippocrate le dit, il le faut faire.

SGANARELLE.

Monsieur le médecin, ayant appris les merveilleuses choses....

---

* *Dans son chapitre des chapeaux.* Même imitation de Rabelais, que nous avons remarquée dans la scène deuxième du premier acte. Racine dans ses *Plaideurs*, a tiré de la même source ces deux vers :

Qui ne sait que la loi, si quis canis, *digeste*
De vi, paragrapho, *Messieurs,* caponibus.

ACTE II. SCÈNE III.

GÉRONTE.

À qui parlez-vous ; de grace ?

SGANARELLE.

A vous.

GÉRONTE.

Je ne suis pas médecin.

SGANARELLE.

Vous n'êtes pas médecin ?

GÉRONTE.

Non vraiment.

SGANARELLE.

Tout de bon ?

GÉRONTE.

Tout de bon.

(*Sganarelle prend un bâton, et frappe Géronte.*)
Ah, ah, ah !

SGANARELLE.

Vous êtes médecin maintenant, je n'ai jamais eu d'autres licences.

GÉRONTE à *Valère.*

Quel diable d'homme m'avez-vous là amené ?

VALÈRE.

Je vous ai bien dit que c'étoit un médecin goguenard.

GÉRONTE.

Oui. Mais je l'enverrois promener avec ses goguenarderies.

LUCAS.

Ne prenez pas garde à ça, monsieu, ce n'est que pour rire.

GÉRONTE.

Cette raillerie ne me plaît pas.

SGANARELLE.

Monsieur, je vous demande pardon de la liberté que j'ai prise.

GÉRONTE.

Monsieur, je suis votre serviteur.

SGANARELLE.

Je suis fâché...

GÉRONTE.

Cela n'est rien.

SGANARELLE.

Des coups de bâton....

GÉRONTE.

Il n'y a pas de mal.

SGANARELLE.

Que j'ai eu l'honneur de vous donner.

GÉRONTE.

Ne parlons plus de cela. Monsieur, j'ai une fille qui est tombée dans une étrange maladie.

SGANARELLE.

Je suis ravi, monsieur, que votre fille ait besoin de moi ; et je souhaiterois de tout mon cœur, que vous en eussiez besoin aussi, vous et toute votre famille, pour vous témoigner l'envie que j'ai de vous servir.

GÉRONTE.

Je vous suis obligé de ces sentimens.

SGANARELLE.

Je vous assure que c'est du meilleur de mon ame que je vous parle.

GÉRONTE.

C'est trop d'honneur que vous me faites.

SGANARELLE.

Comment s'appelle votre fille ?

GÉRONTE.

Lucinde.

SGANARELLE.

Lucinde ! Ah ! beau nom à médicamenter. Lucinde !

GÉRONTE.

Je m'en vais voir un peu ce qu'elle fait.

SGANARELLE.

Qui est cette grande femme-là ?

GÉRONTE.

C'est la nourrice d'un petit enfant que j'ai.

SCENE IV.

SGANARELLE, JACQUELINE, LUCAS.

SGANARELLE.

(à part.) (haut.)

Peste, le joli meuble que voilà ! Ah ! nourrice, charmante nourrice, ma médecine est la très-humble esclave de votre nourricerie, et je voudrois bien être le petit poupon fortuné qui

(Il lui porte la main sur le sein.)

tetût le lait de vos bonnes graces. Tous mes remedes, toute ma science, toute ma capacité est à votre service ; et...

LUCAS.

Avec votre permission, monsieu le médecin, laissez-là ma femme, je vous prie.

SGANARELLE.

Quoi ! elle est votre femme ?

LUCAS.

Oui.

SGANARELLE.

Ah ! vraiment je ne savois pas cela, et je m'en réjouis pour l'amour de l'un et de l'autre.

(Il fait semblant de vouloir embrasser Lucas, et embrasse la nourrice.)

LUCAS tirant Sganarelle, et se remettant entre lui et sa femme.

Tout doucement, s'il vous plaît.

SGANARELLE.

Je vous assure que je suis ravi que vous soyez unis ensemble. Je la félicite d'avoir un mari comme vous ; et je vous félicite, vous, d'avoir une femme si belle, si sage, et si bien faite comme elle est.

(Il fait encore semblant d'embrasser Lucas, qui lui tend les bras ; Sganarelle passe dessous et embrasse encore la nourrice.)

LUCAS le tirant encore.

Hé, tétegué, point tant de complimens, je vous supplie.

SGANARELLE.

Ne voulez-vous pas que je me réjouisse avec vous d'un si bel assemblage ?

####### LUCAS.

Avec moi, tant qu'il vous plaira ; mais, avec ma femme, trêve de sarimonie.

####### SGANARELLE.

Je prends part également au bonheur de tous deux. Et, si je vous embrasse pour vous témoigner ma joie, je l'embrasse de même pour lui en témoigner aussi.

(Il continue le même jeu.)

LUCAS *le tirant pour la troisième fois.*

Ah ! vartigué, monsieu le médecin, que de lantiponage ?

SCÈNE V.

GÉRONTE, SGANARELLE, LUCAS, JACQUELINE.

####### GÉRONTE.

Monsieur, voici tout-à-l'heure ma fille qu'on va vous amener.

####### SGANARELLE.

Je l'attends, monsieur, avec toute la médecine.

####### GÉRONTE.

Où est-elle ?

SGANARELLE *se touchant le front.*

Là-dedans.

####### GÉRONTE.

Fort bien.

####### SGANARELLE.

Mais, comme je m'intéresse à toute votre famille, il faut que j'essaye un peu le lait de votre nourrice, et que je visite son sein.

(Il s'approche de Jacqueline.)

LUCAS *le tirant, et lui faisant faire la pirouette.*

Nannain, nannain, je n'avons que faire de ça.

####### SGANARELLE.

C'est l'office du médecin, de voir les tetons des nourrices.

####### LUCAS.

Il guia office qui quienne, je sis votre sarviteur.

SGANARELLE.

As-tu bien la hardiesse de t'opposer au médecin ? Hors de là.

LUCAS.

Je me moque de çà.

SGANARELLE *en le regardant de travers.*

Je te donnerai la fièvre.

JACQUELINE *prenant Lucas par le bras et lui faisant faire aussi la pirouette.*

Ote-toi de là aussi. Est-ce que je ne sis pas assez grande pour me défendre moi-même, s'il me fait queuque chose qui ne soit pas à faire ?

LUCAS.

Je ne veux pas qu'il te tâte, moi.

SGANARELLE.

Fi le vilain, qui est jaloux de sa femme !

GÉRONTE.

Voici ma fille.

SCÈNE VI.

LUCINDE, GÉRONTE, SGANARELLE, VALÈRE, LUCAS, JACQUELINE.

SGANARELLE.

Est-ce là la malade ?

GÉRONTE.

Oui. Je n'ai qu'elle de fille ; et j'aurois tous les regrets du monde, si elle venoit à mourir.

SGANARELLE.

Qu'elle s'en garde bien ! Il ne faut pas qu'elle meure sans l'ordonnance du médecin.

GÉRONTE.

Allons ; un siège.

SGANARELLE *assis entre Géronte et Lucinde.*

Voilà une malade qui n'est pas tant dégoûtante, et je tiens qu'un homme bien sain s'en accommoderoit assez.

GÉRONTE.

Vous l'avez fait rire, monsieur.

SGANARELLE.

Tant mieux ; lorsque le médecin fait rire le malade, c'est le
(*à Lucinde.*)
meilleur signe du monde. Hé bien ! de quoi est-il question ?
Qu'avez-vous ? quel est le mal que vous sentez ?

LUCINDE *portant sa main à sa bouche, à sa tête, et sous son menton.*

Han, hi, hon, han.

SGANARELLE.

Hé ? que dites-vous ?

LUCINDE *continue les mêmes gestes.*

Han, hi, hon, han, han, hi, hon.

SGANARELLE.

Quoi ?

LUCINDE.

Han, hi, hon.

SGANARELLE.

Han, hi, hon, han, ha. Je ne vous entends point. Quel diable de langage est-ce là ?

GÉRONTE.

Monsieur, c'est là sa maladie. Elle est devenue muette, sans que jusqu'ici on en ait pu savoir la cause, et c'est un accident qui a fait reculer son mariage.

SGANARELLE.

Et pourquoi ?

GÉRONTE.

Celui qu'elle doit épouser veut attendre sa guérison, pour conclure les choses.

SGANARELLE.

Et qui est ce sot-là, qui ne veut pas que sa femme soit muette ? Plût à Dieu que la mienne eût cette maladie ! Je me garderois bien de la vouloir guérir.

GÉRONTE.

Enfin, monsieur, nous vous prions d'employer tous vos soins pour la soulager de son mal.

SGANARELLE.

Ah ! ne vous mettez pas en peine. Dites-moi un peu, ce mal l'oppresse-t-il beaucoup ?

ACTE II. SCÈNE VI.

GÉRONTE.

Oui, monsieur.

SGANARELLE.

Tant mieux. Sent-elle de grandes douleurs?

GÉRONTE.

Fort grandes.

SGANARELLE.

C'est fort bien fait. Va-t-elle où vous savez *?

GÉRONTE.

Oui.

SGANARELLE.

Copieusement?

GÉRONTE.

Je n'entends rien à cela.

SGANARELLE.

La matière est-elle louable?

GÉRONTE.

Je ne me connois pas à ces choses.

SGANARELLE.

(à Lucinde.)   (à Géronte.)

Donnez-moi votre bras. Voilà un pouls qui marque que votre fille est muette.

GÉRONTE.

Hé, oui, monsieur, c'est là son mal, vous l'avez trouvé tout du premier coup.

SGANARELLE.

Ah, ah!

JACQUELINE.

Voyez comme il a deviné sa maladie.

SGANARELLE.

Nous autres grands médecins, nous connoissons d'abord les choses. Un ignorant auroit été embarrassé, et vous eût été dire, c'est ceci, c'est cela; mais moi, je touche au but du premier coup, et je vous apprends que votre fille est muette.

---

* *Va-t-elle où vous savez?* Polissonnerie imitée de Plaute. V. les scènes 4 et 5 du cinquième acte *des Menechmes. An unquam tibi intestina crepant?* dit le médecin entre les mains duquel on a remis *Menechme.*

GÉRONTE.

Oui ; mais je voudrois bien que vous me puissiez dire d'où cela vient.

SGANARELLE.

Il n'est rien de plus aisé. Cela vient de ce qu'elle a perdu la parole.

GÉRONTE.

Fort bien ; mais la cause, s'il vous plaît, qui fait qu'elle a perdu la parole ?

SGANARELLE.

Tous nos meilleurs auteurs vous diront que c'est l'empêchement de l'action de sa langue ?

GÉRONTE.

Mais encore, vos sentimens sur cet empêchement de l'action de la langue ?

SGANARELLE.

Aristote, là-dessus, dit... de fort belles choses.

GÉRONTE.

Je le crois.

SGANARELLE.

Ah ! c'étoit un grand homme.

GÉRONTE.

Sans doute.

SGANARELLE.

Grand homme tout-à-fait ; un homme qui étoit plus grand (*levant le bras depuis le coude.*) que moi de tout cela. Pour revenir donc à notre raisonnement, je tiens que cet empêchement de l'action de sa langue est causé par de certaines humeurs, qu'entre nous autres savans, nous appelons humeurs peccantes, c'est-à-dire... humeurs peccantes ; d'autant que les vapeurs formées par les exhalaisons des influences, qui s'élèvent dans la région des maladies, venant, pour ainsi dire.. à... Entendez-vous le latin ?

GÉRONTE.

En aucune façon.

SGANARELLE *se levant brusquement.*

Vous n'entendez point le latin ?

GÉRONTE.

Non.

ACTE II. SCÈNE VI.

SGANARELLE *avec enthousiasme.*

Cabricias arci thuram, catalamus, singulariter, nominativo, hæc musa, la muse, *bonus, bona, bonum. Deus sanctus, est-ne oratio latinas? Etiam,* oui. *Quare,* pourquoi? *Quia substantivo, et adjectivum, concordat in generi, numerum, et casus.*

GÉRONTE.
Ah! que n'ai-je étudié?

JACQUELINE.
L'habile homme que vlà!

LUCAS.
Oui, ça est si biau, que je n'y entends goutte.

SGANARELLE.
Or, ces vapeurs, dont je vous parle, venant à passer du côté gauche où est le foie, au côté droit où est le cœur, il se trouve que le poulmon, que nous appelons en latin, *armyan*, ayant communication avec le cerveau, que nous nommons en Grec *nasmus*, par le moyen de la veine cave, que nous appelons en Hébreu *cubile*, rencontre en son chemin lesdites vapeurs qui remplissent les ventricules de l'omoplate; et parce que lesdites vapeurs.... comprenez bien ce raisonnement, je vous prie; et parce que lesdites vapeurs ont certaine malignité.... Ecoutez bien ceci, je vous conjure.

GÉRONTE.
Oui.

SGANARELLE.
Ont une certaine malignité qui est causée.... Soyez attentif, s'il vous plaît.

GÉRONTE.
Je le suis.

SGANARELLE.
Qui est causée par l'âcreté des humeurs engendrées dans la concavité du diaphragme, il arrive que ces vapeurs.... *Ossabandus, nequei, nequer, potarium, quipsa milus.* Voilà justement ce qui fait que votre fille est muette.

JACQUELINE.
Ah! que ça est bian dit, notre homme!

LUCAS.
Que n'ai-je la langue aussi bian pendue!

GÉRONTE.

On ne peut pas mieux raisonner, sans doute. Il n'y a qu'une seule chose qui m'a choqué ; c'est l'endroit du foie et du cœur. Il me semble que vous les placez autrement qu'ils ne sont ; que le cœur est du côté gauche et le foie du côté droit.

SGANARELLE.

Oui, cela étoit autrefois ainsi ; mais nous avons changé tout cela, et nous faisons maintenant la médecine d'une méthode toute nouvelle *.

GÉRONTE.

C'est ce que je ne savois pas ; et je vous demande pardon de mon ignorance.

SGANARELLE.

Il n'y a point de mal ; vous n'êtes pas obligé d'être aussi habile que nous.

GÉRONTE.

Assurément. Mais, monsieur, que croyez-vous qu'il faille faire à cette maladie ?

SGANARELLE.

Ce que je crois qu'il faille faire ?

GÉRONTE.

Oui.

SGANARELLE.

Mon avis est qu'on la remette sur son lit, et qu'on lui fasse prendre, pour remède, quantité de pain trempé dans le vin.

GÉRONTE.

Pourquoi cela, monsieur ?

SGANARELLE.

Parce qu'il y a dans le vin et le pain, mêlés ensemble, une

---

* Molière faisoit ici une allusion critique et maligne à ce qui s'étoit passé à Paris en 1650, et dont on trouva la relation dans la Gazette de France, du 17 décembre de la même année, n.º 186. Voici cet article : « Cette semaine s'est ici trouvé, en
» la dissection faite publiquement par un docteur en médecine
» de cette faculté, du cadavre d'un homme exécuté à mort,
» le foie où devoit être la rate, à savoir, du côté gauche, et
» la rate du côté droit où devoit être le foie, le cœur inclinant
» du côté droit, et la plupart des vaisseaux autrement disposés
» qu'à l'ordinaire, au grand étonnement d'un chacun. »

vertu sympathique qui fait parler. Ne voyez-vous pas bien qu'on ne donne autre chose aux perroquets, et qu'ils apprennent à parler en mangeant de cela ?

GÉRONTE.

Cela est vrai. Ah ! le grand homme ; vîte, quantité de pain et de vin.

SGANARELLE

Je reviendrai voir, sur le soir, en quel état elle sera.

SCÈNE VII.

GÉRONTE, SGANARELLE, JACQUELINE.

SGANARELLE.

(à Jacqueline.)   (à Géronte.)

Doucement, vous. Monsieur, voilà une nourrice à laquelle il faut que je fasse quelques petits remèdes.

JACQUELINE.

Qui ? moi ? Je me porte le mieux du monde.

SGANARELLE.

Tant pis, nourrice, tant pis. Cette grande santé est à craindre ; et il ne sera pas mauvais de vous faire quelque petite saignée amiable, de vous donner quelque petit clystère dulcifiant.

GÉRONTE.

Mais, monsieur, voilà une mode que je ne comprends point. Pourquoi s'aller faire saigner, quand on n'a point de maladie ?

SGANARELLE.

Il n'importe, la mode en est salutaire ; et, comme on boit pour la soif à venir, il faut aussi se faire saigner pour la maladie à venir.

JACQUELINE *en s'en allant.*

Ma fi, je me moque de ça, et je ne veux point faire de mon corps une boutique d'apothicaire.

SGANARELLE.

Vous êtes rétive aux remèdes ; mais nous saurons vous soumettre à la raison.

SCÈNE VIII.

GÉRONTE, SGANARELLE.

SGANARELLE.

Je vous donne le bonjour.

GERONTE.

Attendez un peu, s'il vous plaît.

SGANARELLE.

Que voulez-vous faire?

GÉRONTE.

Vous donner de l'argent, monsieur.

SGANARELLE *tendant sa main par derrière, tandis que Géronte ouvre sa bourse.*

Je n'en prendrai pas, monsieur.

GÉRONTE.

Monsieur.

SGANARELLE.

Point du tout.

GERONTE.

Un petit moment.

SGANARELLE.

En aucune façon.

GERONTE.

De grace.

SGANARELLE.

Vous vous moquez.

GERONTE.

Voilà qui est fait.

SGANARELLE.

Je n'en ferai rien.

GERONTE.

Hé!

SGANARELLE.
Ce n'est pas l'argent qui me fait agir *.
GERONTE.
Je le crois.
SGANARELLE *après avoir pris l'argent.*
Cela est-il de poids ?
GERONTE.
Oui, monsieur.
SGANARELLE.
Je ne suis pas un médecin mercenaire.
GERONTE.
Je le sais bien.
SGANARELLE.
L'intérêt ne me gouverne point.
GERONTE.
Je n'ai pas cette pensée.
SGANARELLE *seul, regardant l'argent qu'il a reçu.*
Ma foi, cela ne va pas mal; et pourvu que...

SCÈNE IX.
LÉANDRE, SGANARELLE.
LEANDRE.
Monsieur, il y a long-tems que je vous attends; et je viens implorer votre assistance.
SGANARELLE *lui tâtant le pouls.*
Voilà un pouls qui est fort mauvais.
LEANDRE.
Je ne suis point malade, monsieur; et ce n'est pas pour cela que je viens à vous.
SGANARELLE.
Si vous n'êtes pas malade, que diable ne le dites-vous donc.

---

* *Ce n'est pas l'argent qui me fait agir.* Sganarelle fait souvenir ici du médecin *Rondibilis*, qui prend les quatre *nobles à la Rose* 1 *de Panurge*, en disant *qu'il ne lui falloit rien.*

1 20 liv. tournois, à 100 sols la pièce.

LEANDRE.

Non. Pour vous dire la chose en deux mots, je m'appelle Léandre, qui suis amoureux de Lucinde, que vous venez de visiter; et comme, par la mauvaise humeur de son père, toute sorte d'accès m'est fermé auprès d'elle, je me hasarde à vous prier de vouloir servir mon amour, et de me donner lieu d'exécuter un stratagème que j'ai trouvé, pour lui pouvoir dire deux mots, d'où dépendent absolument mon bonheur et ma vie.

SGANARELLE.

Pour qui me prenez-vous? Comment? Oser vous adresser à moi pour vous servir dans votre amour, et vouloir ravaler la dignité de médecin à des emplois de cette nature?

LEANDRE.

Monsieur, ne faites point de bruit?

SGANARELLE *en le faisant reculer.*

J'en veux faire, moi. Vous êtes un impertinent.

LEANDRE.

Hé, monsieur, doucement.

SGANARELLE.

Un mal avisé.

LEANDRE.

De grace.

SGANARELLE.

Je vous apprendrai que je ne suis point homme à cela; et que c'est une insolence extrême...

LEANDRE *tirant une bourse.*

Monsieur....

SGANARELLE.

(*recevant la bourse.*)

De vouloir m'employer... Je ne parle pas pour vous, car vous êtes honnête homme, et je serois ravi de vous rendre service. Mais il y a de certains impertinens au monde, qui viennent prendre les gens pour ce qu'ils ne sont pas; et je vous avoue que cela me met en colère.

LEANDRE.

Je vous demande pardon, monsieur, de la liberté que....

SGANARELLE.

Vous vous moquez. De quoi est-il question?

LEANDRE.

Vous saurez donc, monsieur, que cette maladie que vous voulez guérir, est une feinte maladie. Les médecins ont raisonné là-dessus comme il faut; et ils n'ont pas manqué de dire que cela procédoit, qui du cerveau*, qui des entrailles, qui de la rate, qui du foie; mais il est certain que l'amour en est la véritable cause, et que Lucinde n'a trouvé cette maladie, que pour se délivrer d'un mariage dont elle étoit importunée. Mais, de crainte qu'on ne nous voye ensemble, retirons-nous d'ici; et je vous dirai, en marchant, ce que je souhaite de vous.

SGANARELLE.

Allons, monsieur, vous m'avez donné pour votre amour une tendresse qui n'est pas concevable, et j'y perdrai toute ma médecine; ou la malade crèvera, ou bien elle sera à vous.

ACTE III.

SCÈNE I.

LÉANDRE, SGANARELLE.

LEANDRE.

Il me semble que je ne suis pas mal ainsi, pour un apothicaire; et, comme le père ne m'a guère vu, ce changement d'habit et de perruque est assez capable, je crois, de me déguiser à ses yeux.

---

* *Que cela procédoit, qui du cerveau, qui des entrailles, qui de la rate*, etc. Vieille façon de parler, pour dire, *l'un du cerveau, l'autre de la rate*, etc.

SGANARELLE.

Sans doute.

LEANDRE.

Tout ce que je souhaiterois, seroit de savoir cinq ou six grands mots de médecine, pour parer mon discours, et me donner l'air d'habile homme.

SGANARELLE.

Allez, allez, tout cela n'est pas nécessaire; il suffit de l'habit, et je n'en sais pas plus que vous.

LEANDRE.

Comment?

SGANARELLE.

Diable emporte si j'entends rien en médecine. Vous êtes honnête homme, et je veux bien me confier à vous, comme vous vous confiez à moi.

LEANDRE.

Quoi! vous n'êtes pas effectivement....

SGANARELLE.

Non, vous dis-je, ils m'ont fait médecin malgré mes dents. Je ne m'étois jamais mêlé d'être si savant que cela; et toutes mes études n'ont été que jusqu'en sixième. Je ne sais point sur quoi cette imagination leur est venue; mais, quand j'ai vu qu'à toute force ils vouloient que je fusse médecin, je me suis résolu de l'être aux dépens de qui il appartiendra. Cependant vous ne sauriez croire comment l'erreur s'est répandue, et de quelle façon chacun est endiablé à me croire habile homme. On me vient chercher de tous côtés; et, si les choses vont toujours de même, je suis d'avis de m'en tenir toute ma vie à la médecine. Je trouve que c'est le métier le meilleur de tous; car, soit qu'on fasse bien, ou soit qu'on fasse mal, on est toujours payé de même sorte. La méchante besogne ne retombe jamais sur notre dos; et nous taillons comme il nous plaît sur l'étoffe où nous travaillons. Un cordonnier, en faisant des souliers, ne sauroit gâter un morceau de cuir, qu'il n'en paye les pots cassés; mais ici l'on peut gâter un homme, sans qu'il en coûte rien. Les bévues ne sont point pour nous; et c'est toujours la faute de celui qui meurt. Enfin, le bon de cette profession, est qu'il y a, parmi les morts, une honnêteté, une discrétion la plus grande du monde; jamais on n'en voit se plaindre du médecin qui l'a tué.

ACTE III. SCÈNE II.

LEANDRE.

Il est vrai que les morts sont fort honnêtes gens sur cette matière.

SGANARELLE *voyant des hommes qui viennent à lui.*

Voilà des gens qui ont la mine de me venir consulter. Allez (*à Léandre*)
toujours m'attendre auprès du logis de votre maîtresse.

SCÈNE II.

THIBAUT, PERRIN, SGANARELLE.

THIBAUT.

Monsieu, je venons vous charcher, mon fils Perrin et moi.

SGANARELLE.

Qu'y a-t-il ?

THIBAUT.

Sa pauvre mère, qui a pour nom Parrette, est dans un lit malade il y a six mois.

SGANARELLE *tendant la main, comme pour recevoir de l'argent.*

Que voulez-vous que j'y fasse ?

THIBAUT.

Je voudrions, monsieu, que vous nous baillissiez queuque petite drôlerie pour la garir.

SGANARELLE.

Il faut voir. De quoi est-ce qu'elle est malade ?

THIBAUT.

Alle est malade d'hypocrisie, monsieu.

SGANARELLE.

D'hypocrisie ?

THIBAUT.

Oui, c'est-à-dire, qu'alle est enflée partout ; et l'an dit que c'est quantité de sériosités qu'alle a dans le corps, et que son foie, son ventre, ou sa rate, comme vous voudrais l'appeler, au glieu de faire du sang, ne fait plus que de l'iau. Alle a, de deux jours l'un, la fièvre quotiguenne, avec des lassitudes et des douleurs dans les muîles des jambes. On entend dans sa gorge des fleumes qui sont tout prêts à l'étouffer ; et par fois il li prend des sincoles et des conversions, que je crayons qu'alle est passée. J'avons dans notre village un apothicaire, révérence parler, qui li a donné je ne sais combien d'histoires, et il m'en coûte plus d'eune douzaine de bons écus en lavemens, ne vs'en déplaise, en aposthumes qu'on li a fait prendre, en infections de jacinthe, et en portions cordales. Mais tout ça, comme dit l'autre, n'a été que de l'onguent mitonmitaine. Il veloit li bailler d'une certaine drogue que l'on appelle du vin amétile; mais j'ai-s-eu peur franchement que ça l'envoyît *à patres*, et l'an dit que ces gros médecins tuont je ne sais combien de monde avec cette invention-là.

SGANARELLE *tendant toujours la main*.

Venons au fait, mon ami, venons au fait.

THIBAUT.

Le fait est, monsieur, que je venons vous prier de nous dire ce qu'il faut que nous fassions.

SGANARELLE.

Je ne vous entends point du tout.

PERRIN.

Monsieur, ma mère est malade, et vlà deux écus que je vous apportons, pour nous bailler queuque remède.

SGANARELLE.

Ah! je vous entends, vous. Voilà un garçon qui parle clairement, et qui s'explique comme il faut. Vous dites que votre mère est malade d'hydropisie, qu'elle est enflée par tout le corps, qu'elle a la fièvre, avec des douleurs dans les jambes, et qu'il lui prend par fois des sincopes et des convulsions, c'est-à-dire, des évanouissemens.

PERRIN.

Hé, oui, monsieur, c'est justement ça.

SGANARELLE.

J'ai compris d'abord vos paroles. Vous avez un père qui ne sait ce qu'il dit. Maintenant, vous me demandez un remède?

PERRIN.

Oui, monsieur.

SGANARELLE.

Un remède pour la guérir?

PERRIN.

C'est comme je l'entendons.

ACTE III. SCENE III.

SGANARELLE.

Tenez, voilà un morceau de fromage qu'il faut que vous lui fassiez prendre.

PERRIN.

Du fromage, monsieu?

SGANARELLE.

Oui, c'est un fromage préparé, où il entre de l'or, du corail et des perles, et quantité d'autres choses précieuses.

PERRIN.

Monsieu, je vous sommes bien obligés; et j'allons li faire prendre ça tout-a-l'heure.

SGANARELLE.

Allez. Si elle meurt, ne manquez pas de la faire enterrer du mieux que vous pourrez.

SCÈNE III.

JACQUELINE, SGANARELLE, LUCAS.
dans le fond du théâtre.

SGANARELLE.

Voici la belle nourrice. Ah! nourrice de mon cœur, je suis ravi de cette rencontre; et votre vue est la rhubarbe, la casse, et le séné, qui purgent toute la mélancolie de mon ame.

JACQUELINE.

Par ma figué, monsieu le médecin, ça est trop bian dit pour moi, et je n'entends rian à tout votre latin.

SGANARELLE.

Devenez malade, nourrice, je vous prie, devenez malade pour l'amour de moi. J'aurois toutes les joies du monde de vous guérir.

JACQUELINE.

Je sis votre sarvante, j'aime bian mieux qu'an ne me garisse pas.

SGANARELLE.

Que je vous plains, belle nourrice, d'avoir un mari jaloux et fâcheux, comme celui que vous avez!

JACQUELINE.

Que vlez-vous, monsieu? C'est pour la pénitence de mes fautes; et là où la chèvre est liée, il faut bian qu'alle y broute.

SGANARELLE.

Comment, un rustre comme cela? Un homme qui vous observe toujours, et ne veut pas que personne vous parle?

JACQUELINE.

Hélas! vous n'avez rian vu encore; et ce n'est qu'un petit échantillon de sa mauvaise humeur.

SGANARELLE.

Est-il possible, et qu'un homme ait l'ame assez basse pour maltraiter une personne comme vous? Ah! que j'en sais, belle nourrice, et qui ne sont pas loin d'ici, qui se tiendroient heureux de baiser seulement les petits bouts de vos petons. Pourquoi faut-il qu'une personne si bien faite soit tombée en de pareilles mains, et qu'un franc animal, un brutal, un stupide, un sot... Pardonnez-moi, nourrice, si je parle ainsi de votre mari.

JACQUELINE.

Hé, monsieu, je sais bian qu'il mérite tous ces noms-là.

SGANARELLE.

Oui, sans doute, nourrice, il les mérite; et il mériteroit encore que vous lui missiez quelque chose sur la tête, pour le punir des soupçons qu'il a.

JACQUELINE.

Il est bian vrai que, si je n'avois devant les yeux que son intérêt, il pourroit m'obliger à queuque étrange chose.

SGANARELLE.

Ma foi, vous ne feriez pas mal de vous venger de lui avec quelqu'un. C'est un homme, je vous le dis, qui mérite bien cela; et, si j'étois assez heureux, belle nourrice, pour être choisi pour....

Dans le tems que Sganarelle tend les bras pour embrasser Jacqueline, Lucas passe sa tête par-dessous, et se met entre eux deux. Sganarelle et Jacqueline regardent Lucas, et sortent chacun de leur côté.

SCÈNE IV.
GÉRONTE, LUCAS.
GÉRONTE.
Hola, Lucas, n'as-tu point vu ici notre médecin ?
LUCAS.
Et oui, de par tous les diantres, je l'ai vu et ma femme aussi.
GÉRONTE.
Où est-ce donc qu'il peut être ?
LUCAS.
Je ne sais ; mais je voudrois qu'il fût à tous les guebles.
GÉRONTE.
Va-t-en voir un peu ce que fait ma fille.

SCÈNE V.
SGANARELLE, LÉANDRE, GÉRONTE.
GÉRONTE.
Ah ! monsieur, je demandois où vous étiez.
SGANARELLE.
Je m'étois amusé dans votre cour à expulser le superflu de la boisson. Comment se porte la malade ?
GÉRONTE.
Un peu plus mal, depuis votre remède.
SGANARELLE.
Tant mieux. C'est signe qu'il opère.
GÉRONTE.
Oui, mais, en opérant, je crains qu'il ne l'étouffe.
SGANARELLE.
Ne vous mettez pas en peine ; j'ai des remèdes qui se moquent de tout, et je l'attends a l'agonie.
GÉRONTE *montrant Léandre.*
Qui est cet homme-là que vous amenez ?
SGANARELLE *faisant des signes avec la main pour montrer que c'est un Apothicaire.*
C'est....

GÉRONTE.

Quoi?

SGANARELLE.

Celui....

GÉRONTE.

Hé!

SGANARELLE.

Qui....

GÉRONTE.

Je vous entends.

SGANARELLE.

Votre fille en aura besoin.

SCÈNE VI.
LUCINDE, GÉRONTE, LÉANDRE, JACQUELINE, SGANARELLE.

JACQUELINE.

Monsieu, vlà votre fille qui veut un peu marcher.

SGANARELLE.

Cela lui fera du bien. Allez-vous-en, monsieur l'apothicaire, tâter un peu son pouls, afin que je raisonne tantôt avec vous de sa maladie.

(*Sganarelle tire Géronte dans un coin du théâtre, et lui passe un bras sur les épaules pour l'empêcher de tourner la tête du côté où sont Léandre et Lucinde.* *)

Monsieur, c'est une grande et subtile question, entre les docteurs, de savoir si les femmes sont plus faciles à guérir que les hommes. Je vous prie d'écouter ceci, s'il vous plaît. Les uns disent que non, les autres disent que oui; et moi je dis que oui et non; d'autant que l'incongruité des humeurs opaques, qui se rencontrent au tempérament naturel des femmes, étant cause que la partie brutale veut toujours prendre

---

* Sganarelle occupe ici Géronte, tandis que Léandre parle à Lucinde; c'est à-peu-près la même situation qu'on a vue dans *Amour Médecin*.

ACTE III. SCÈNE VI.

empire sur la sensitive, on voit que l'inégalité de leurs opinions dépend du mouvement oblique du cercle de la lune ; et comme le soleil qui darde ses rayons sur la concavité de la terre, trouve....

LUCINDE.

Non, je ne suis point du tout capable de changer de sentiment.

GÉRONTE.

Voilà ma fille qui parle ! O grande vertu du remède ! O admirable médecin ! Que je vous suis obligé, monsieur, de cette guérison merveilleuse, et que puis-je faire pour vous après un tel service ?

SGANARELLE *se promenant sur le théâtre, et s'éventant avec son chapeau.*

Voilà une maladie qui m'a bien donné de la peine !

LUCINDE.

Oui, mon père, j'ai recouvré la parole ; mais je l'ai recouvrée pour vous dire que je n'aurai jamais d'autre époux que Léandre, et que c'est inutilement que vous voulez me donner Horace.

GÉRONTE.

Mais....

LUCINDE.

Rien n'est capable d'ébranler la résolution que j'ai prise.

GÉRONTE.

Quoi ?....

LUCINDE.

Vous m'opposerez en vain de belles raisons.

GÉRONTE.

Si....

LUCINDE.

Tous vos discours ne serviront de rien.

GÉRONTE.

Je....

LUCINDE.

C'est une chose où je suis déterminée.

GÉRONTE.

Mais....

LUCINDE.

Il n'est puissance paternelle qui me puisse obliger à me marier malgré moi.

GÉRONTE.

J'ai....

LUCINDE.

Vous avez beau faire tous vos efforts.

GÉRONTE.

Il....

LUCINDE.

Mon cœur ne sauroit se soumettre à cette tyrannie.

GÉRONTE.

La....

LUCINDE.

Et je me jetterai plutôt dans un couvent, que d'épouser un homme que je n'aime point.

GÉRONTE.

Mais....

LUCINDE *avec vivacité.*

Non. En aucune façon. Point d'affaires. Vous perdez le tems. Je n'en ferai rien. Cela est résolu.

GÉRONTE.

Ah! quelle impétuosité de paroles. Il n'y a pas moyen d'y résister. (*à Sganarelle.*) Monsieur, je vous prie de la faire redevenir muette *.

SGANARELLE.

C'est une chose qui m'est impossible. Tout ce que je puis faire pour votre service, est de vous rendre sourd, si vous voulez.

GÉRONTE.

Je vous remercie. (*à Lucinde.*) Penses-tu donc...

LUCINDE.

Non, toutes vos raisons ne gagneront rien sur mon ame.

---

* *Monsieur, je vous prie de la faire redevenir muette.* V. dans Rabelais, le conte du mari, à la femme duquel on vient de rendre la parole. Etourdi de son bavardage, il demande au médecin de la rendre une seconde fois muette. A quoi le docteur répond, comme chez Molière, que tout ce qu'il peut faire en cette occasion, *c'est de le rendre sourd.*

ACTE III. SCÈNE VII.

GÉRONTE.

Tu épouseras Horace dès ce soir.

LUCINDE.

J'épouserai plutôt la mort.

SGANARELLE à *Géronte*.

Mon Dieu, arrêtez-vous, laissez-moi médicamenter cette affaire. C'est une maladie qui la tient; et je sais le remède qu'il y faut apporter.

GÉRONTE.

Seroit-il possible, monsieur, que vous pussiez aussi guérir cette maladie d'esprit?

SGANARELLE.

Oui, laissez-moi faire, j'ai des remèdes pour tout; et notre apothicaire nous servira pour cette cure. (à *Léandre*.) Un mot. Vous voyez que l'ardeur qu'elle a pour ce Léandre, est tout-à-fait contraire aux volontés du père, qu'il n'y a point de tems à perdre, que les humeurs sont fort aigries, et qu'il est nécessaire de trouver promptement un remède à ce mal, qui pourroit empirer par le retardement. Pour moi, je n'y en vois qu'un seul, qui est une prise de fuite purgative, que vous mêlerez, comme il faut, avec deux drachmes de matrimonium en pilules. Peut-être fera-t-elle quelque difficulté à prendre ce remède; mais, comme vous êtes habile homme dans votre métier, c'est à vous de l'y résoudre, et de lui faire avaler la chose du mieux que vous pourrez. Allez-vous-en lui faire faire un petit tour de jardin, afin de préparer les humeurs, tandis que j'entretiendrai ici son père; mais, surtout, ne perdez point de tems. Au remède, vite, au remède spécifique.

SCÈNE VII.

GÉRONTE, SGANARELLE.

GÉRONTE.

Quelles drogues, monsieur, sont celles que vous venez de dire? il me semble que je ne les ai jamais ouï nommer.

SGANARELLE.

Ce sont drogues dont on se sert dans les nécessités urgentes.

GÉRONTE.

Avez-vous jamais vu une insolence pareille à la sienne?

SGANARELLE.
Les filles sont quelquefois un peu têtues.
GERONTE.
Vous ne sauriez croire comme elle est affolée de ce Léandre.
SGANARELLE.
La chaleur du sang fait cela dans les jeunes esprits.
GERONTE.
Pour moi, dès que j'ai eu découvert la violence de cet amour, j'ai su tenir toujours ma fille renfermée.
SGANARELLE.
Vous avez fait sagement.
GERONTE.
Et j'ai bien empêché qu'ils n'ayent eu communication ensemble.
SGANARELLE.
Fort bien.
GERONTE.
Il seroit arrivé quelque folie, si j'avois souffert qu'ils se fussent vus.
SGANARELLE.
Sans doute.
GERONTE.
Et je crois qu'elle auroit été fille à s'en aller avec lui.
SGANARELLE.
C'est prudemment raisonner.
GERONTE.
On m'avertit qu'il fait tous ses efforts pour lui parler.
SGANARELLE.
Quel drôle !
GERONTE.
Mais il perdra son tems.
SGANARELLE.
Ah, ah !
GERONTE.
Et j'empêcherai bien qu'il ne la voye.
SGANARELLE.
Il n'a pas affaire à un sot, et vous savez des rubriques qu'il ne sait pas. Plus fin que vous n'est pas bête.

SCÈNE VIII.

LUCAS, GÉRONTE, SGANARELLE.

LUCAS.

Ah ! palsanguenne, monsieu, vaici bian du tintamare ; votre fille s'en est enfuie avec son Liandre. C'étoit lui qui étoit l'apothicaire ; et vlà monsieu le médecin qui a fait cette belle opération là.

GERONTE.

Comment ! m'assassiner de la façon ? Allons, un commissaire, et qu'on empêche qu'il ne sorte. Ah ! traître, je vous ferai punir par la justice.

LUCAS.

Ah ! par ma fi, monsieu le médecin, vous serez pendu ; ne bougez de là seulement.

SCÈNE IX.

MARTINE, SGANARELLE, LUCAS.

MARTINE à *Lucas*.

Ah ! mon Dieu. Que j'ai eu de peine à trouver ce logis ! Dites-moi un peu des nouvelles du médecin que je vous ai donné.

LUCAS.

Le vlà qui va être pendu.

MARTINE.

Quoi, mon mari pendu ! Hélas ! et qu'a-t-il fait pour cela ?

LUCAS.

Il a fait enlever la fille de notre maître.

MARTINE.

Hélas ! mon cher mari, est-il bien vrai qu'on te va pendre ?

SGANARELLE.

Tu vois. Ah !

MARTINE.

Faut-il que tu te laisses mourir en présence de tant de gens?

SGANARELLE.

Que veux-tu que j'y fasse?

MARTINE.

Encore si tu avois achevé de couper notre bois, je prendrois quelque consolation.

SGANARELLE.

Retire-toi-de là, tu me fends le cœur.

MARTINE.

Non; je veux demeurer pour t'encourager à la mort; et je ne te quitterai point que je ne t'aye vu pendu.

SGANARELLE.

Ah!

SCÈNE X.

GÉRONTE, SGANARELLE, MARTINE.

GÉRONTE à *Sganarelle*.

LE commissaire viendra bientôt; et l'on s'en va vous mettre en lieu où l'on me répondra de vous.

SGANARELLE *à genoux*.

Hélas! cela ne se peut-il point changer en quelques coups de bâton?

GERONTE.

Non, non, la justice en ordonnera. Mais que vois-je?

SCÈNE XI ET DERNIÈRE.

GÉRONTE, LÉANDRE, LUCINDE, SGANARELLE, LUCAS, MARTINE.

LÉANDRE.

Monsieur, je viens faire paroître Léandre à vos yeux, et remettre Lucinde en votre pouvoir. Nous avons eu dessein de prendre la fuite tous deux, et de nous aller marier ensemble ; mais cette entreprise a fait place à un procédé plus honnête. Je ne prétends point vous voler votre fille, et ce n'est que de votre main que je veux la recevoir. Ce que je vous dirai, monsieur, c'est que je viens, tout-à-l'heure, de recevoir des lettres, par où j'apprends que mon oncle est mort, et que je suis héritier de tous ses biens *.

GÉRONTE.

Monsieur, votre vertu m'est tout-à-fait considérable ; et je vous donne ma fille avec la plus grande joie du monde.

SGANARELLE à part.

La médecine l'a échappé belle.

MARTINE.

Puisque tu ne seras point pendu, rends-moi grace d'être médecin ; car c'est moi qui t'ai procuré cet honneur.

SGANARELLE.

Oui, c'est toi qui m'a procuré je ne sais combien de coups de bâton ?

---

* Le dénouement de cette farce est des plus communs ; Léandre, subitement héritier de son oncle, ramène Lucinde qu'il avoit enlevée, et l'obtient de son père, à qui l'héritage arrache le consentement qu'il refusoit.

A l'égard du style de la pièce, il est serré, vif et très-gai ; les fautes y sont très-rares, comme on le peut voir par le petit nombre d'observations qu'on a faites sur ce point.

LÉANDRE à *Sganarelle*.

L'effet en est trop beau, pour en garder du ressentiment.

SGANARELLE.

(à *Martine*.)

Soit. Je te pardonne ces coups de bâton, en faveur de la dignité où tu m'as élevé; mais prépare-toi désormais à vivre dans un grand respect, avec un homme de ma conséquence, et songe que la colère d'un médecin est plus à craindre qu'on ne peut croire.

FIN.

MÉLICERTE,

PASTORALE HÉROÏQUE.

AVERTISSEMENT

DE L'ÉDITEUR

SUR

MÉLICERTE.

Cette pastorale héroïque, en deux actes et en vers, dont Molière avoit tiré le sujet de l'histoire de Timarète et de Sésostris, dans le roman de Cyrus, fit une partie de la fête du Ballet des Muses, de la composition de M. de Benserade, exécuté et dansé par le roi à son château de Saint-Germain-en-Laye, le 2 décembre 1666.

Malgré les recherches qu'ont faites les infatigables de l'histoire du théâtre français, il est encore indécis quelle place occupa dans ce ballet la nouvelle production de Molière. On sait seulement que Louis XIV ne donna point à l'auteur le tems de la finir, et qu'on n'en représenta que les deux actes qu'il n'avoit au plus qu'esquissés.

Molière n'étoit point ici conduit par son génie; et quelque délicatesse qu'on trouve dans la scène troisième du deuxième acte, le public doit peu regretter qu'il n'ait pas eu le dessein de finir un ouvrage de ce genre, pour lequel il falloit un talent bien au-dessous du sien.

Il murmura, sans doute, plus d'une fois, de la nécessité où les amusemens de la cour le mettoient trop souvent, de descendre si fort au-dessous de lui-même ; mais Louis XIV n'étoit pas un monarque à qui l'on pût refuser quelque chose ; et les beaux-arts lui devoient trop pour qu'ils ne se prêtassent pas à se sacrifier eux-mêmes à ses plaisirs.

Molière avoit saisi, dans la scène troisième du premier acte, plus en habile courtisan qu'en poëte habile, l'occasion de peindre son maître et l'éclat de sa cour.

> *Pour le prince.... sans peine on le remarque,*
> *Et d'une stade loin il sent son grand monarque ;*
> *Dans toute sa personne il a je ne sais quoi,*
> *Qui d'abord fait juger que c'est un maître roi.*
> . . . .
> . . . .
> *Toute sa cour s'empresse à chercher ses regards,*
> *Ce sont autour de lui confusions plaisantes,*
> *Et l'on diroit d'un tas de mouches reluisantes,*
> *Qui suivent en tous lieux un doux rayon de miel, etc.*

Sans cet à-propos, bien peu digne de la plume de Molière, nous aimerions à penser que *Mélicerte* étoit un des premiers essais de sa jeunesse. Comment concevoir en effet que de petites idées pastorales se présentent dans la tête d'un homme de quarante-six ans, occupé d'objets si supérieurs, ou par leur force, ou par leur sagesse et leur utilité, ou par leur extrême gaieté ?

En 1699, Guerin, fils de celui qui épousa la femme de notre auteur, osa entreprendre de finir cette comédie pastorale, et non-seulement il imagina un dénouement, mais il r'écrivit les deux premiers actes de Molière en petits vers libres. Le public ne gagna rien à ces petits vers, totalement oubliés aujourd'hui.

Cet ouvrage de Guerin le fils, imprimé en 1699 chez *Pierre Trabouillet*, est précédé d'une préface, d'un remercîment en vers à la princesse de Conti, d'une lettre en prose, d'un second remercîment à la même princesse, qui avoit fait jouer *sa Mélicerte* à Fontainebleau, et d'un prologue de deux scènes, qui ne firent point pardonner à Guerin le fils de faire autant de tort à la gloire de Molière, qu'en avoit fait son père à mademoiselle Molière, en devenant son second époux.

On ne fera point d'observations sur cette pièce. On ne s'en est permis que sur les ouvrages de Molière, qui contribuent tous les jours à sa gloire et à nos plaisirs.

ACTEURS.

MÉLICERTE, bergère.
DAPHNÉ, bergère.
ÉROXÈNE, bergère.
MIRTIL, amant de Mélicerte.
ACANTE, amant de Daphné.
TIRÈNE, amant d'Éroxène.
LICARSIS, pâtre, cru père de Mirtil.
CORINE, confidente de Mélicerte.
NICANDRE, berger.
MOPSE, berger, cru oncle de Mélicerte.

La scène est en Thessalie, dans la vallée de Tempé.

MÉLICERTE.

ACTE PREMIER.

SCÈNE I.

DAPHNÉ, ÉROXÈNE, ACANTE, TIRÈNE.

ACANTE.

Ah ! charmante Daphné.

TIRÈNE.

Trop aimable Eroxène.

DAPHNÉ.

Acante, laisse-moi.

EROXÈNE.

Ne me suis point, Tirène.

ACANTE à *Daphné*.

Pourquoi me chasses-tu ;

TIRÈNE à *Eroxène*.

Pourquoi suis-tu mes pas ?

DAPHNÉ à *Acante*.

Tu me plais loin de moi.

EROXÈNE à *Tirène*.

Je m'aime où tu n'es pas.

ACANTE.

Ne cesseras-tu point cette rigueur mortelle ?

TIRÈNE.

Ne cesseras-tu point de m'être si cruelle ?

DAPHNE.

Ne cesseras-tu point tes inutiles vœux ?

MÉLICERTE.

ÉROXÈNE.

Ne cesseras-tu point de m'être si fâcheux?

ACANTE.

Si tu n'en prends pitié, je succombe à ma peine.

TIRÈNE.

Si tu ne me secours, ma mort est trop certaine.

DAPHNÉ.

Si tu ne veux partir, je quitterai ce lieu.

ÉROXÈNE.

Si tu veux demeurer, je te vais dire adieu.

ACANTE.

Hé bien! en m'éloignant, je te vais satisfaire.

TIRÈNE.

Mon départ va t'ôter ce qui peut te déplaire.

ACANTE.

Généreuse Éroxène, en faveur de mes feux,
Daigne au moins, par pitié, lui dire un mot ou deux.

TIRÈNE.

Obligeante Daphné, parle à cette inhumaine,
Et sache d'où, pour moi, procède tant de haine.

SCÈNE II.

DAPHNÉ, ÉROXÈNE.

ÉROXÈNE.

Acante a du mérite, et t'aime tendrement;
D'où vient que tu lui fais un si dur traitement?

DAPHNÉ.

Tirène vaut beaucoup, et languit pour tes charmes;
D'où vient que, sans pitié, tu vois couler ses larmes?

ÉROXÈNE.

Puisque j'ai fait ici la demande avant toi,
La raison te condamne à répondre avant moi.

DAPHNÉ.

Pour tous les soins d'Acante, on me voit inflexible,
Parce qu'à d'autres vœux je me trouve sensible.

ACTE I. SCÈNE II.

ÉROXÈNE.
Je ne fais pour Tirène éclater que rigueur,
Parce qu'un autre choix est maître de mon cœur.
DAPHNÉ.
Puis-je savoir de toi ce choix qu'on te voit taire,
ÉROXÈNE.
Oui, si tu veux du tien m'apprendre le mystère.
DAPHNÉ.
Sans te nommer celui qu'amour m'a fait choisir,
Je puis facilement contenter ton desir;
Et, de la main d'Atis, ce peintre inimitable,
J'en garde, dans ma poche, un portrait admirable.
Qui jusqu'au moindre trait, lui ressemble si fort,
Qu'il est sûr que tes yeux le connoîtront d'abord.
ÉROXÈNE.
Je puis te contenter par une même voie,
Et payer ton secret en pareille monnoie,
J'ai, de la main aussi de ce peintre fameux,
Un aimable portrait de l'objet de mes vœux,
Si plein de tous ses traits et de sa grace extrême,
Que tu pourras d'abord te le nommer toi-même.
DAPHNÉ.
La boîte que le peintre a fait faire pour moi,
Est tout-à-fait semblable à celle que je voi.
ÉROXÈNE.
Il est vrai, l'une à l'autre entièrement ressemble,
Et, certe, il faut qu'Atis les ait fait faire ensemble.
DAPHNÉ.
Faisons en même tems, par un peu de couleurs,
Confidence à nos yeux du secret de nos cœurs.
ÉROXÈNE.
Voyons à qui plus vîte entendra ce langage,
Et qui parle mieux, de l'un ou l'autre ouvrage.
DAPHNÉ.
La méprise est plaisante, et tu te brouilles bien;
Au lieu de ton portrait, tu m'as rendu le mien.
ÉROXÈNE.
Il est vrai; je ne sais comme j'ai fait la chose.

DAPHNÉ.
Donne. De cette erreur la rêverie est cause.
EROXÈNE.
Que veut dire ceci ? Nous nous jouons, je croi.
Tu fais de ces portraits même chose que moi.
DAPHNÉ.
Certes, c'est pour en rire, et tu peux me le rendre.

EROXÈNE *mettant les deux portraits l'un à côté de l'autre.*
Voici le vrai moyen de ne se point méprendre.
DAPHNÉ.
De mes sens prévenus est-ce une illusion ?
EROXÈNE.
Mon ame sur mes yeux fait-elle impression ?
DAPHNÉ.
Mirtil, à mes regards, s'offre dans cet ouvrage.
EROXÈNE.
De Mirtil, dans ces traits, je rencontre l'image.
DAPHNÉ.
C'est le jeune Mirtil qui fait naître mes feux.
EROXÈNE.
C'est au jeune Mirtil que tendent tous mes vœux.
DAPHNÉ.
Je venois aujourd'hui te prier de lui dire
Les soins que, pour son sort, son mérite m'inspire.
EROXÈNE.
Je venois te chercher pour servir mon ardeur,
Dans le dessein que j'ai de m'assurer son cœur.
DAPHNÉ.
Cette ardeur qu'il t'inspire est-elle si puissante ?
EROXÈNE.
L'aimes-tu d'une amour qui soit si violente ?
DAPHNÉ.
Il n'est point de froideur qu'il ne puisse enflammer,
Et sa grace naissante a de quoi tout charmer.
EROXÈNE.
Il n'est Nymphe en l'aimant qui ne se tînt heureuse,
Et Diane, sans honte, en seroit amoureuse.

ACTE I. SCÈNE III.

DAPHNÉ.
Rien que son air charmant ne me touche aujourd'hui,
Et, si j'avois cent cœurs, ils seroient tous pour lui.
EROXÈNE.
Il efface à mes yeux tout ce qu'on voit paroître,
Et, si j'avois un sceptre, il en seroit le maître.
DAPHNÉ.
Ce seroit donc en vain qu'à chacune, en ce jour,
On nous voudroit, du sein, arracher cet amour.
Nos ames, dans leurs vœux, sont trop bien affermies,
Ne tâchons, s'il se peut, qu'à demeurer amies ;
Et puisqu'en même tems, pour le même sujet,
Nous avons, toutes deux, formé même projet,
Mettons dans ce débat la franchise en usage,
Ne prenons l'une et l'autre aucun lâche avantage ;
Et courons nous ouvrir ensemble à Licarsis,
Des tendres sentimens où nous jette son fils.
EROXÈNE.
J'ai peine à concevoir, tant la surprise est forte,
Comme un tel fils est né d'un père de la sorte ;
Et sa taille, son air, sa parole et ses yeux,
Feroient croire qu'il est issu du sang des dieux ;
Mais enfin, j'y souscris, courons trouver ce père,
Allons lui de nos cœurs découvrir le mystère ;
Et consentons qu'après, Mirtil entre nous deux
Décide, par son choix, ce combat de nos vœux.
DAPHNÉ.
Soit. Je vois Licarsis avec Mopse et Nicandre,
Ils pourront le quitter, cachons-nous pour attendre.

SCÈNE III.

LICARSIS, MOPSE, NICANDRE.

NICANDRE à *Licarsis*.
Dis-nous donc ta nouvelle.
LICARSIS
          Ah ! que vous me pressez.
Cela ne se dit pas comme vous le pensez.

MOPSE.

Que de sottes façons et que de badinage !
Ménalque, pour chanter, n'en fait pas davantage.

LICARSIS.

Parmi les curieux des affaires d'état,
Une nouvelle à dire est d'un puissant éclat.
Je me veux mettre un peu sur l'homme d'importance,
Et jouir quelque tems de votre impatience.

NICANDRE.

Veux-tu, par tes délais, nous fatiguer tous deux ?

MOPSE.

Prends-tu quelque plaisir à te rendre fâcheux ?

NICANDRE.

De grace, parle, et mets ces mines en arrière.

LICARSIS.

Priez-moi donc tous deux de la bonne manière,
Et me dites chacun quel don vous me ferez,
Pour obtenir de moi ce que vous desirez ?

MOPSE.

La peste soit du fat ! Laissons-le là, Nicandre,
Il brûle de parler, bien plus que nous d'entendre.
Sa nouvelle lui pèse, il veut s'en décharger ;
Et ne l'écouter pas, est le faire enrager.

LICARSIS.

Hé ?

NICANDRE.

Te voilà puni de tes façons de faire.

LICARSIS.

Je m'en vais vous le dire, écoutez.

MOPSE.

Point d'affaire,

LICARSIS.

Quoi ! vous ne voulez pas m'entendre ?

NICANDRE.

Non.

LICARSIS.

Hé bien,
Je ne dirai donc mot, et vous ne saurez rien.

ACTE I. SCÈNE III.
MOPSE.
Soit.
LICARSIS.
Vous ne saurez pas qu'avec magnificence
Le roi vient honorer Tempé de sa présence ;
Qu'il entra dans Larisse hier sur le haut du jour ;
Qu'à l'aise je l'y vis avec toute sa cour ;
Que ces bois vont jouir aujourd'hui de sa vue,
Et qu'on raisonne fort touchant cette venue.
NICANDRE.
Nous n'avons pas envie aussi de rien savoir.
LICARSIS.
Je vis cent choses là, ravissantes à voir.
Ce ne sont que seigneurs qui, des pieds à la tête,
Sont brillans et parés comme au jour d'une fête :
Ils surprennent la vue ; et nos prés au printems,
Avec toutes leurs fleurs sont bien moins éclatans.
Pour le prince, entre tous sans peine on le remarque,
Et, d'une stade loin, il sent son grand monarque ;
Dans toute sa personne il a je ne sais quoi,
Qui d'abord fait juger que c'est un maître roi.
Il le fait d'une grâce à nulle autre seconde,
Et cela, sans mentir, lui sied le mieux du monde.
On ne croiroit jamais comme, de toutes parts,
Toute sa cour s'empresse à chercher ses regards,
Ce sont autour de lui confusions plaisantes,
Et l'on diroit d'un tas de mouches reluisantes,
Qui suivent en tous lieux un doux rayon de miel.
Enfin, l'on ne voit rien de si beau sous le ciel,
Et la fête de Pan, parmi nous si chérie,
Auprès de ce spectacle est une gueuserie.
Mais, puisque sur le fier vous vous tenez si bien,
Je garde ma nouvelle, et ne veux dire rien.
MOPSE.
Et nous ne te voulons aucunement entendre.
LICARSIS.
Allez vous promener.
MOPSE.
Va-t-en te faire pendre.

SCÈNE IV.

ÉROXÈNE, DAPHNÉ, LICARSIS.

LICARSIS *se croyant seul.*

C'est de cette façon que l'on punit les gens,
Quand ils font les benêts et les impertinens.

DAPHNÉ.

Le ciel tienne, pasteur, vos brebis toujours saines.

EROXÈNE.

Cérès tienne de grains vos granges toujours pleines.

LICARSIS.

Et le grand Pan vous donne à chacune un époux,
Qui vous aime beaucoup, et soit digne de vous.

DAPHNÉ.

Ah ! Licarsis, nos vœux à même but aspirent.

EROXÈNE.

C'est pour le même objet que nos deux cœurs soupirent.

DAPHNÉ.

Et l'amour, cet enfant qui cause nos langueurs,
A pris chez vous le trait dont il blesse nos cœurs.

EROXENE.

Et nous venons ici chercher votre alliance,
Et voir qui de nous deux aura la préférence.

LICARSIS.

Nymphes....

DAPHNÉ.

Pour ce bien seul nous poussons des soupirs.

LICARSIS.

Je suis....

EROXÈNE.

A ce bonheur tendent tous nos desirs.

DAPHNE.

C'est un peu librement exprimer sa pensée.

LICARSIS.

Pourquoi ?

EROXÈNE.

La bienséance y semble un peu blessée.

ACTE I. SCÈNE III.

LICARSIS.

Ah! point.

DAPHNÉ.

Mais, quand le cœur brûle d'un noble feu,
On peut, sans nulle honte, en faire un noble aveu.

LICARSIS.

Je....

EROXÈNE.

Cette liberté nous peut être permise,
Et du choix de nos cœurs la beauté l'autorise.

LICARSIS.

C'est blesser ma pudeur que me flatter ainsi.

EROXÈNE.

Non, non, n'affectez point de modestie ici.

DAPHNÉ.

Enfin, tout notre bien est en votre puissance.

EROXÈNE.

C'est de vous que dépend notre unique espérance.

DAPHNÉ.

Trouverons-nous en vous quelques difficultés?

LICARSIS.

Ah!

EROXÈNE.

Nos vœux, dites-moi, seront-ils rejetés?

LICARSIS.

Non, j'ai reçu du ciel une ame peu cruelle,
Je tiens de feu ma femme; et je me sens, comme elle,
Pour les desirs d'autrui, beaucoup d'humanité,
Et je ne suis point homme a garder de fierté.

DAPHNÉ.

Accordez donc Mirtil à notre amoureux zèle.

EROXÈNE

Et souffrez que son choix règle notre querelle.

LICARSIS.

Mirtil?

DAPHNÉ.

Oui. C'est Mirtil que de vous nous voulons.

EROXÈNE.

De qui pensez-vous donc qu'ici nous vous parlons?

LICARSIS.

Je ne sais ; mais Mirtil n'est guère dans un âge
Qui soit propre à ranger au joug du mariage.

DAPHNÉ.

Son mérite naissant peut frapper d'autres yeux ;
Et l'on veut s'engager un bien si précieux,
Prévenir d'autres cœurs, et braver la fortune,
Sous les fermes liens d'une chaîne commune.

EROXÈNE.

Comme par son esprit et ses autres brillans,
Il rompt l'ordre commun et devance le tems,
Notre flamme pour lui veut en faire de même,
Et régler tous ses vœux sur son mérite extrême.

LICARSIS.

Il est vrai qu'à son âge il surprend quelquefois ;
Et cet Athénien, qui fut chez moi vingt mois,
Qui, le trouvant joli, se mit en fantaisie
De lui remplir l'esprit de sa philosophie,
Sur de certains discours l'a rendu si profond,
Que, tout grand que je suis, souvent il me confond.
Mais avec tout cela, ce n'est encor qu'enfance,
Et son fait est mêlé de beaucoup d'innocence.

DAPHNÉ.

Il n'est point tant enfant, qu'à le voir chaque jour,
Je ne le croye atteint déjà d'un peu d'amour ;
Et plus d'une aventure à mes yeux s'est offerte,
Où j'ai connu qu'il suit la jeune Mélicerte.

EROXÈNE.

Ils pourroient bien s'aimer, et je vois...

LICARSIS.

Franc abus.
Pour elle, passe encor, elle a deux ans de plus,
Et deux ans, dans son sexe, est une grande avance.
Mais pour lui, le jeu seul l'occupe tout, je pense,
Et les petits desirs de se voir ajusté
Ainsi que les bergers de haute qualité.

DAPHNÉ.

Enfin, nous desirons, par le nœud d'hymenée,
Attacher sa fortune à notre destinée.

ACTE I. SCÈNE V.

ÉROXÈNE.

Nous voulons l'une et l'autre, avec pareille ardeur,
Nous assurer de loin l'empire de son cœur.

LICARSIS.

Je m'en tiens honoré plus qu'on ne sauroit croire.
Je suis un pauvre pâtre; et ce n'est trop de gloire
Que deux nymphes, d'un rang le plus haut du pays,
Disputent à se faire un époux de mon fils,
Puisqu'il vous plaît qu'ainsi la chose s'exécute,
Je consens que son choix règle votre dispute,
Et celle qu'à l'écart laissera cet arrêt,
Pourra, pour son recours, m'épouser, s'il lui plaît.
C'est toujours même sang, et presque même chose.
Mais le voici. Souffrez qu'un peu je le dispose;
Il tient quelque moineau qu'il a pris fraîchement,
Et voilà ses amours et son attachement.

SCÈNE V.

ÉROXÈNE, DAPHNÉ et LICARSIS dans le fond du théâtre, MIRTIL.

MIRTIL *se croyant seul, et tenant un moineau dans une cage.*

Innocente petite bête,
Qui, contre ce qui vous arrête,
Vous débattez tant à mes yeux,
De votre liberté ne plaignez point la perte;
Votre destin est glorieux,
Je vous ai pris pour Mélicerte.
Elle vous baisera, vous prenant dans sa main;
Et de vous mettre en son sein
Elle vous fera la grace.
Est-il un sort au monde et plus doux et plus beau?
Et qui des rois, hélas, heureux petit moineau,
Ne voudroit être en votre place?

LICARSIS.

Mirtil, Mirtil, un mot. Laissons-là ces joyaux,
Il s'agit d'autre chose ici que de moineaux.

Ces deux nymphes, Mirtil, à la fois te prétendent,
Et tout jeune déjà pour époux te demandent ;
Je dois, par un hymen, t'engager a leurs vœux,
Et c'est toi que l'on veut qui choisisses des deux.

MIRTIL.

Ces nymphes ?

LICARSIS.

Oui. Des deux tu peux en choisir une.
Vois quel est ton bonheur, et bénis la fortune.

MIRTIL.

Ce choix qui m'est offert, peut-il m'être un bonheur,
S'il n'est aucunement souhaité de mon cœur ?

LICARSIS.

Enfin, qu'on le reçoive ; et que, sans se confondre,
A l'honneur qu'elles font, on songe a bien répondre.

EROXÈNE.

Malgré cette fierté qui règne parmi nous,
Deux nymphes, ô Mirtil, viennent s'offrir à vous ;
Et de vos qualités les merveilles écloses,
Font que nous renversons ici l'ordre des choses.

DAPHNÉ.

Nous vous laissons, Mirtil, pour l'avis le meilleur,
Consulter, sur ce choix, vos yeux et votre cœur ;
Et nous n'en voulons point prévenir les suffrages,
Par un récit paré de tous nos avantages.

MIRTIL.

C'est me faire un honneur dont l'éclat me surprend,
Mais cet honneur pour moi, je l'avoue, est trop grand.
A vos rares bontés il faut que je m'oppose ;
Pour mériter ce sort, je suis trop peu de chose ;
Et je serois faché, quels qu'en soient les appas,
Qu'on vous blâmat pour moi de faire un choix trop bas.

EROXÈNE.

Contentez nos desirs, quoi qu'on en puisse croire ;
Et ne vous chargez point du soin de notre gloire.

DAPHNE.

Non, ne descendez point dans ses humilités,
Et laissez-nous juger ce que vous méritez.

ACTE I. SCÈNE V.

MIRTIL.

Le choix qui m'est offert s'oppose à votre attente,
Et peut seul empêcher que mon cœur vous contente.
Le moyen de choisir de deux grandes beautés,
Egales en naissance et rares qualités ?
Rejeter l'une ou l'autre est un crime effroyable ;
Et n'en choisir aucune est bien plus raisonnable.

EROXÈNE.

Mais, en faisant refus de répondre à nos vœux,
Au lieu d'une, Mirtil, vous en outragez deux.

DAPHNÉ.

Puisque nous consentons à l'arrêt qu'on peut rendre,
Ces raisons ne font rien à vouloir s'en défendre.

MIRTIL.

Hé bien ! si ces raisons ne vous satisfont pas,
Celle-ci le fera. J'aime d'autres appas ;
Et je sens bien qu'un cœur, qu'un bel objet engage,
Est insensible et sourd à tout autre avantage.

LICARSIS.

Comment donc ! Qu'est ceci ? Qui l'eût pu présumer ?
Et savez-vous, morveux, ce que c'est que d'aimer ?

MIRTIL.

Sans savoir ce que c'est, mon cœur a su le faire.

LICARSIS.

Mais cet amour me choque, et n'est pas nécessaire.

MIRTIL.

Vous ne deviez donc pas, si cela vous déplaît,
Me faire un cœur sensible et tendre comme il est.

LICARSIS.

Mais ce cœur que j'ai fait, me doit obéissance.

MIRTIL.

Oui, lorsque d'obéir il est en sa puissance.

LICARSIS.

Mais enfin, sans mon ordre, il ne doit point aimer.

MIRTIL.

Que n'empêchiez-vous donc que l'on pût le charmer ?

LICARSIS.

Hé bien ! je vous défends que cela continue.

MIRTIL.

La défense, j'ai peur, sera trop tard venue.

MÉLICERTE.
LICARSIS.
Quoi ! les pères n'ont pas des droits supérieurs ?
MIRTIL.
Les Dieux, qui sont bien plus, ne forcent point les cœurs.
LICARSIS.
Les Dieux... Paix, petit sot. Cette philosophie
Me....
DAPHNÉ.
Ne vous mettez point en courroux, je vous prie.
LICARSIS.
Non : je veux qu'il se donne à l'une pour époux,
Ou je vais lui donner le fouet tout devant vous.
Ah ! ah ; je vous ferai sentir que je suis père.
DAPHNÉ.
Traitons, de grace, ici les choses sans colère.
EROXÈNE.
Peut-on savoir de vous cet objet si charmant,
Dont la beauté, Mirtil, vous a fait son amant ?
MIRTIL.
Mélicerte, madame. Elle en peut faire d'autres.
EROXÈNE.
Vous comparez, Mirtil, ses qualités aux nôtres ?
DAPHNÉ.
Le choix d'elle et de nous est assez inégal.
MIRTIL.
Nymphes, au nom des Dieux, n'en dites point de mal ;
Daignez considérer, de grace, que je l'aime,
Et ne me jetez point dans un désordre extrême.
Si j'outrage, en l'aimant, vos célestes attraits,
Elle n'a point de part au crime que je fais ;
C'est de moi, s'il vous plaît, que vient toute l'offense.
Il est vrai, d'elle à vous je sais la différence ;
Mais par sa destinée on se trouve enchaîné,
Et je sens bien enfin que le ciel m'a donné
Pour vous tout le respect, nymphes, imaginable,
Pour elle tout l'amour dont une ame est capable.
Je vois, à la rougeur qui vient de vous saisir,
Que ce que je vous dis ne vous fait pas plaisir.
Si vous parlez, mon cœur appréhende d'entendre

Ce qui peut le blesser par l'endroit le plus tendre ;
Et, pour me dérober à de semblables coups,
Nymphes, j'aime bien mieux prendre congé de vous.
LICARSIS.
Mirtil, holà, Mirtil ! Veux-tu revenir, traître !
Il fuit ; mais on verra qui de nous est le maître.
Ne vous effrayez point de tous ces vains transports ;
Vous l'aurez pour époux, j'en réponds corps pour corps.

ACTE II.

SCÈNE I.

MÉLICERTE, CORINE.

MELICERTE.

Ah ! Corine, tu viens de l'apprendre de Stelle ;
Et c'est de Licarsis qu'elle tient la nouvelle,
CORINE.
Oui.
MELICERTE.
Que les qualités dont Mirtil est orné,
Ont su toucher d'amour Eroxène et Dapné ?
CORINE.
Oui.
MÉLICERTE.
Que pour l'obtenir leur ardeur est si grande,
Qu'ensemble elles en ont déjà fait la demande ?
Et que, dans ce débat, elles ont fait dessein
De passer, dès cette heure, à recevoir sa main ?

Ah ! que tes mots ont peine à sortir de ta bouche,
Et que c'est foiblement que mon souci te touche.
CORINE.
Mais quoi ? que voulez-vous ? C'est-là la vérité,
Et vous redites tout, comme je l'ai conté.
MELICERTE.
Mais comment Licarsis reçoit-il cette affaire ?
CORINE.
Comme un honneur, je crois, qui doit beaucoup lui plaire.
MELICERTE.
Et ne vois-tu pas bien, toi, qui sais mon ardeur,
Qu'avec ces mots, hélas ! tu me perces le cœur ?
CORINE.
Comment ?
MELICERTE.
   Me mettre aux yeux que le sort implacable,
Auprès d'elles, me rend trop peu considérable,
Et qu'à moi, par leur rang, on les va préférer,
N'est-ce pas une idée à me désespérer ?
CORINE.
Mais quoi ! Je vous réponds, et dis ce que je pense.
MELICERTE.
Ah ! tu me fais mourir par ton indifférence.
Mais dis, quels sentimens Mirtil a-t-il fait voir ?
CORINE.
Je ne sais.
MELICERTE.
  Et c'est-là ce qu'il falloit savoir,
Cruelle.
CORINE.
  En vérité, je ne sais comment faire ;
Et, de tous les côtés, je trouve à vous déplaire.
MELICERTE.
C'est que tu n'entres point dans tous les mouvemens
D'un cœur, hélas ! rempli de tendres sentimens.
Va-t-en : laisse-moi seule, en cette solitude,
Passer quelques momens de mon inquiétude.

SCÈNE II.

MÉLICERTE *seule*.

Vous le voyez, mon cœur, ce que c'est que d'aimer ;
Et Bélise avoit su trop bien m'en informer.
Cette charmante mère, avant sa destinée,
Me disoit une fois sur le bord du Pénée :
Ma fille, songe à toi ; l'amour aux jeunes cœurs
Se présente toujours entouré de douceurs.
D'abord il n'offre aux yeux que choses agréables ;
Mais il traine après lui des troubles effroyables ;
Et, si tu veux passer tes jours dans quelque paix,
Toujours, comme d'un mal, défends-toi de ses traits.
De ces leçons, mon cœur, je m'étois souvenue ;
Et quand Mirtil venoit à s'offrir à ma vue,
Qu'il jouoit avec moi, qu'il me rendoit des soins,
Je vous disois toujours de vous y plaire moins.
Vous ne me crûtes point ; et votre complaisance
Se vit bientôt changée en trop de bienveillance.
Dans ce naissant amour qui flattoit vos desirs,
Vous ne vous figuriez que joie et que plaisirs :
Cependant vous voyez la cruelle disgrace,
Dont, en ce triste jour, le destin vous menace,
Et la peine mortelle où vous voilà réduit.
Ah, mon cœur ! ah, mon cœur ! je vous l'avois bien dit.
Mais tenons, s'il se peut, notre douleur couverte.
Voici....

SCÈNE III.

MIRTIL, MÉLICERTE.

MIRTIL.

J'ai fait tantôt, charmante Mélicerte,
Un petit prisonnier que je garde pour vous,
Et dont peut-être un jour je deviendrai jaloux.
C'est un jeune moineau, qu'avec un soin extrême,
Je veux, pour vous l'offrir, apprivoiser moi-même.

Le présent n'est pas grand ; mais les divinités
Ne jettent leurs regards que sur les volontés.
C'est le cœur qui fait tout ; et jamais la richesse
Des présens que.... Mais, ciel ! d'où vient cette tristesse ?
Qu'avez-vous, Mélicerte, et quel sombre chagrin
Se voit dans vos beaux yeux répandu ce matin ?
Vous ne répondez point ! Et ce morne silence
Redouble encor ma peine et mon impatience.
Parlez. De quel ennui ressentez-vous les coups ?
Qu'est-ce donc ?

MÉLICERTE.
Ce n'est rien.

MIRTIL.
Ce n'est rien, dites-vous ?
Et je vois cependant vos yeux couverts de larmes.
Cela s'accorde-t-il, beauté pleine de charmes ?
Ah ! ne me faites point un secret dont je meurs,
Et m'expliquez, hélas ! ce que disent ces pleurs.

MÉLICERTE.
Rien ne me serviroit de vous le faire entendre.

MIRTIL.
Devez-vous rien avoir que je ne doive apprendre ?
Et ne blessez-vous pas notre amour aujourd'hui,
De vouloir me voler la part de votre ennui ?
Ah ! ne le cachez point à l'ardeur qui m'inspire.

MÉLICERTE.
Hé bien ! Mirtil, hé bien ! il faut donc vous le dire.
J'ai su que, par un choix plein de gloire pour vous,
Eroxène et Daphné vous veulent pour époux ;
Et je vous avouerai que j'ai cette foiblesse,
De n'avoir pu, Mirtil, le savoir sans tristesse,
Sans accuser du sort la rigoureuse loi
Qui les rend, dans leurs vœux, préférables à moi.

MIRTIL.
Et vous pouvez l'avoir, cette injuste tristesse ?
Vous pouvez soupçonner mon amour de foiblesse ?
Et croire qu'engagé par des charmes si doux,
Je puisse être jamais à quelqu'autre qu'à vous ?
Que je puisse accepter une autre main offerte ?

ACTE II. SCÈNE III.

Hé! que vous ai-je fait, cruelle Mélicerte,
Pour traiter ma tendresse avec tant de rigueur,
Et faire un jugement si mauvais de mon cœur?
Quoi! faut-il que de lui vous ayez quelque crainte?
Je suis bien malheureux de souffrir cette atteinte;
Et que me sert d'aimer, comme je fais, hélas!
Si vous êtes si prête à ne le croire pas?

MÉLICERTE.

Je pourrois moins, Mirtil, redouter ces rivales,
Si les choses étoient de part et d'autre égales;
Et, dans un rang pareil, j'oserois espérer
Que peut-être l'amour me feroit préférer;
Mais l'inégalité de bien et de naissance,
Qui peut, d'elles à moi, faire la différence....

MIRTIL.

Ah! leur rang de mon cœur ne viendra pas à bout,
Et vos divins appas vous tiennent lieu de tout.
Je vous aime : il suffit; et dans votre personne,
Je vois rang, biens, trésors, états, sceptre, couronne;
Et des rois les plus grands m'offrît-on le pouvoir,
Je n'y changerois pas le bien de vous avoir.
C'est une vérité toute sincère et pure;
Et pouvoir en douter est me faire une injure.

MÉLICERTE.

Hé bien! je crois, Mirtil, puisque vous le voulez,
Que vos vœux, par leur rang, ne sont point ébranlés,
Et que, bien qu'elles soient nobles, riches et belles,
Votre cœur m'aime assez pour me mieux aimer qu'elles;
Mais ce n'est pas l'amour dont vous suivrez la voix :
Votre père, Mirtil, réglera votre choix;
Et, de même qu'à vous, je ne lui suis pas chère,
Pour préférer à tout une simple bergère.

MIRTIL.

Non, chère Mélicerte, il n'est père ni dieux
Qui me puissent forcer à quitter vos beaux yeux;
Et toujours de mes vœux, reine comme vous êtes....

MÉLICERTE.

Ah! Mirtil, prenez garde à ce qu'ici vous faites;
N'allez point présenter un espoir à mon cœur,

Qu'il recevroit peut-être avec trop de douceur,
Et qui, tombant après comme un éclair qui passe,
Me rendroit plus cruel le coup de ma disgrace.

MIRTIL.

Quoi ! faut-il des sermens appeler le secours,
Lorsque l'on vous promet de vous aimer toujours ?
Que vous vous faites tort par de telles alarmes,
Et connoissez bien peu le pouvoir de vos charmes !
Hé bien ! puisqu'il le faut, je jure par les dieux,
Et si ce n'est assez, je jure par vos yeux,
Qu'on me tuera plutot que je vous abandonne.
Recevez-en ici la foi que je vous donne ;
Et souffrez que ma bouche, avec ravissement,
Sur cette belle main en signe le serment.

MÉLICERTE.

Ah ! Mirtil, levez-vous, de peur qu'on ne vous voie.

MIRTIL.

Est-il rien.... Mais, ô ciel, on vient troubler ma joie !

SCÈNE IV.

LICARSIS, MIRTIL, MÉLICERTE.

LICARSIS.

Ne vous contraignez pas pour moi.

MÉLICERTE *à part*.

Quel sort fâcheux !

LICARSIS.

Cela ne va pas mal : continuez tous deux.
Peste ! mon petit-fils, que vous avez l'air tendre,
Et qu'en maître déjà vous savez vous y prendre !
Vous a-t-il, ce savant qu'Athènes exila,
Dans sa philosophie appris ces choses-là !
Et vous, qui lui donnez de si douce manière
Votre main à baiser, la gentille bergère,
L'honneur vous apprend-il ces mignardes douceurs
Par qui vous débauchez ainsi les jeunes cœurs ?

ACTE II. SCENE V.

MIRTIL.
Ah ! quittez de ces mots l'outrageante bassesse,
Et ne m'accabiez point d'un discours qui la blesse.
LICARSIS.
Je veux lui parler, moi. Toutes ces amitiés..
MIRTIL.
Je ne souffrirai point que vous la maltraitiez.
A du respect pour vous la naissance m'engage ;
Mais je saurai, sur moi, vous punir de l'outrage.
Oui, j'atteste le ciel que si, contre mes vœux,
Vous lui dites encor le moindre mot fâcheux,
Je vais, avec ce fer qui m'en fera justice,
Au milieu de mon sein vous chercher un supplice ;
Et, par mon sang versé, lui marquer promptement
L'éclatant désaveu de votre emportement.
MELICERTE.
Non, non, ne croyez pas qu'avec art je l'enflamme,
Et que mon dessein soit de séduire son ame.
S'il s'attache à me voir, et me veut quelque bien,
C'est de son mouvement ; je ne l'y force en rien.
Ce n'est pas que mon cœur veuille ici se défendre
De répondre a ses vœux d'une ardeur assez tendre.
Je l'aime, je l'avoue, autant qu'on puisse aimer.
Mais cet amour n'a rien qui vous doive alarmer,
Et pour vous arracher toute injuste créance,
Je vous promets ici d'éviter sa présence,
De faire place au choix ou vous vous résoudrez,
Et ne souffrir ses vœux que quand vous le voudrez.

SCENE V.

LICARSIS, MIRTIL.

MIRTIL.
Hé bien ! vous triomphez avec cette retraite,
Et, dans ses mots, votre ame a ce qu'elle souhaite ;
Mais apprenez qu'en vain vous vous réjouissez,
Que vous serez trompé dans ce que vous pensez ;
Et qu'avec tous vos soins, toute votre puissance,
Vous ne gagnerez rien sur ma persévérance.

LICARSIS.

Comment ! à quel orgueil, fripon, vous vois-je aller ?
Est-ce de la façon que l'on me doit parler !

MIRTIL.

Oui, j'ai tort, il est vrai, mon transport n'est pas sage ;
Pour rentrer au devoir, je change de langage,
Et je vous prie ici, mon père, au nom des Dieux,
Et par tout ce qui peut vous être précieux,
De ne vous point servir, dans cette conjoncture,
Des fiers droits que sur moi vous donne la nature.
Ne m'empoisonnez point vos bienfaits les plus doux.
Le jour est un présent que j'ai reçu de vous ;
Mais de quoi vous serai-je aujourd'hui redevable,
Si vous me l'allez rendre, hélas ! insupportable ?
Il est, sans Mélicerte, un supplice à mes yeux ;
Sans ses divins appas, rien ne m'est précieux :
Ils font tout mon bonheur et toute mon envie ;
Et, si vous me l'ôtez, vous m'arrachez la vie.

LICARSIS *à part*.

Aux douleurs de son ame il me fait prendre part.
Qui l'auroit jamais cru de ce petit pendard ?
Quel amour, quels transports, quels discours pour son âge !
J'en suis confus, et sens que cet amour m'engage.

MIRTIL *se jettant au genoux de Licarsis*.

Voyez, me voulez-vous ordonner de mourir ?
Vous n'avez qu'à parler : je suis prêt d'obéir.

LICARSIS *à part*.

Je n'y puis plus tenir : il m'arrache des larmes,
Et ses tendres propos me font rendre les armes.

MIRTIL.

Que si, dans votre cœur, un reste d'amitié
Vous peut de mon destin donner quelque pitié,
Accordez Mélicerte à mon ardente envie,
Et vous ferez bien plus que me donner la vie.

LICARSIS.

Lève-toi.

MIRTIL,
Serez-vous sensible à mes soupirs ?

ACTE II. SCENE V.

LICARSIS.

Oui.

MIRTIL.

J'obtiendrai de vous l'objet de mes desirs ?

LICARSIS.

Oui.

MIRTIL.

Vous ferez pour moi que son oncle l'oblige
A me donner sa main ?

LICARSIS.

Oui. Lève-toi, te dis-je.

MIRTIL.

O père, le meilleur qui jamais ait été,
Que je baise vos mains après tant de bonté !

LICARSIS.

Ah ! que pour ses enfans un père a de foiblesse !
Peut-on rien refuser à leurs mots de tendresse ?
Et ne se sent-on pas certains mouvemens doux,
Quand on vient à songer que cela sort de vous ?

MIRTIL.

Me tiendrez-vous au moins la parole avancée ?
Ne changerez-vous point, dites-moi, de pensée ?

LICARSIS.

Non.

MIRTIL.

Me permettez-vous de vous désobéir,
Si de ces sentimens on vous fait revenir ?
Prononcez le mot.

LICARSIS.

Oui. Ah ! nature, nature ;
Je m'en vais trouver Mopse, et lui faire ouverture
De l'amour que sa nièce et toi vous vous portez.

MIRTIL.

Ah ! que ne dois-je point à vos rares bontés !

(*seul.*)

Quelle heureuse nouvelle à dire à Mélicerte !
Je n'accepterois pas une couronne offerte,
Pour le plaisir que j'ai de courir lui porter
Ce merveilleux succès qui la doit contenter.

SCÈNE VI.

ACANTE, TIRÈNE, MIRTIL.

ACANTE.

Ah ! Mirtil, vous avez du ciel reçu des charmes
Qui nous ont préparé des matières de larmes :
Et leur naissant éclat, fatal à nos ardeurs,
De ce que nous aimons nous enleve les cœurs.

TIRÈNE.

Peut-on savoir, Mirtil, vers qui de ces deux belles,
Vous tournerez ce choix dont courent les nouvelles ?
Et sur qui doit de nous tomber ce coup affreux,
Dont se voit foudroyé tout l'espoir de nos vœux ?

ACANTE.

Ne faites point languir deux amans davantage,
Et nous dites quel sort votre cœur nous partage.

TIRÈNE.

Il vaut mieux, quand on craint ces malheurs éclatans,
En mourir tout d'un coup, que traîner si long-tems.

MIRTIL.

Rendez, nobles bergers, le calme à votre flamme ;
La belle Mélicerte a captivé mon ame.
Auprès de cet objet mon sort et assez doux,
Pour ne pas consentir à rien prendre sur vous ;
Et si vos vœux enfin n'ont que les miens à craindre,
Vous n'aurez, l'un ni l'autre, aucun lieu de vous plaindre.

ACANTE.

Ah ! Mirtil, se peut-il que deux tristes amans...

TIRÈNE.

Est-il vrai que le ciel, sensible à nos tourmens...

MIRTIL.

Oui, content de mes fers, comme d'une victoire,
Je me suis excusé de ce choix plein de gloire ;

J'ai de mon père encor changé les volontés,
Et l'ai fait consentir a mes félicités.

ACANTE à *Tirène*.

Ah ! que cette aventure est un charmant miracle,
Et qu'à notre poursuite elle ôte un grand obstacle.

TIRÈNE à *Acante*.

Elle peut renvoyer ces Nymphes à nos vœux,
Et nous donner moyen d'être contens tous deux.

SCÈNE VII ET DERNIÈRE.

NICANDRE, MIRTIL, ACANTE, TIRÈNE.

NICANDRE.

Savez-vous en quel lieu Mélicerte est cachée ?

MIRTIL.

Comment ?

NICANDRE.

En diligence elle est partout cherchée.

MIRTIL.

Et pourquoi ?

NICANDRE.

Nous allons perdre cette beauté.
C'est pour elle qu'ici le roi s'est transporté ;
Avec un grand seigneur on dit qu'il la marie.

MIRTIL.

O ciel ! Expliquez-moi ce discours, je vous prie.

NICANDRE.

Ce sont des incidens grands et mystérieux.
Oui, le roi vient chercher Mélicerte en ces lieux ;
Et l'on dit qu'autrefois feu Bélise sa mère,
Dont tout Tempé croyoit que Mopse étoit le frère...

Mais je me suis chargé de la chercher partout :
Vous saurez tout cela tantôt, de bout en bout.
MIRTIL.
Ah ! Dieux, quelle rigueur. Hé ! Nicandre, Nicandre.
ACANTE.
Suivons aussi ses pas, afin de tout apprendre.

FIN.

PASTORALE

COMIQUE.

AVERTISSEMENT

DE L'ÉDITEUR

SUR

LA PASTORALE COMIQUE.

Cette pastorale est de la même date que *Mélicerte*. Elle fit aussi partie de la fête de Saint-Germain, dont elle formoit la troisième entrée consacrée à Thalie. Sans doute *Mélicerte* servit à l'entrée d'Euterpe, qui étoit la quatrième de ce Ballet.

Molière supprima toutes les scènes parlées de sa *Pastorale*, et nous n'aurions pas plus de connoissance des vers qu'il fit pour Lully, si la partition de ce grand musicien ne les avoit malheureusement conservés.

Notre auteur n'avoit pas joué un rôle brillant dans le Ballet des Muses, et c'est ce qui fit prendre à Benserade des tons légers, qui lui déplurent; on verra, par la suite, que Molière, qui devoit en tout servir de modèle aux gens de lettres, leur apprit comment on pouvoit, sans haine, sans fiel, sans calomnie, sans fureur, repousser une injure.

ACTEURS.

ACTEURS DE LA PASTORALE.

IRIS, bergère.
LYCAS, riche pasteur, amant d'Iris.
FILÈNE, riche pasteur, amant d'Iris.
CORIDON, berger, confident de Lycas, amant d'Iris.
UN PASTRE, ami de Filène.
UN BERGER.

ACTEURS DU BALLET.

MAGICIENS, dansans.
MAGICIENS, chantans.
DÉMONS, dansans.
PAYSANS.
UNE ÉGYPTIENNE, chantante et dansante.
ÉGYPTIENS, dansans.

La scène est en Thessalie, dans un hameau de la vallée de Tempé.

PASTORALE
COMIQUE.

SCÈNE I.

LYCAS, CORIDON.

SCÈNE II.

LYCAS, MAGICIENS, *chantans et dansans*, DÉMONS.

PREMIÈRE ENTRÉE DE BALLET.

(*Deux Magiciens commencent, en dansant un enchantement pour embellir Lycas; ils frappent la terre avec leurs baguettes, et en font sortir six Démons, qui se joignent à eux. Trois Magiciens sortent aussi de dessous terre.*)

TROIS MAGICIENS CHANTANS.

Déesse des appas,
　Ne nous refuse pas
La grace qu'implorent nos bouches.
Nous t'en prions par les rubans,
Par tes boucles de diamans,
Ton rouge, ta poudre, tes mouches,
Ton masque, ta coiffe et tes gants.
　　UN MAGICIEN *seul*.
O toi, qui peux rendre agréables
Les visages les plus mal faits,
Répands, Vénus, de tes attraits

Deux ou trois doses charitables
Sur ce museau tondu tout frais.
LES TROIS MAGICIENS CHANTANS.
Déesse des appas,
Ne nous refuse pas
La grace qu'implorent nos bouches.
Nous t'en prions par tes rubans,
Par tes boucles de diamans,
Ton rouge, ta poudre, tes mouches,
Ton masque, ta coiffe et tes gants.

DEUXIÈME ENTRÉE DE BALLET.

(*Les six Démons dansans habillent Lycas d'une manière ridicule et bizarre.*)

LES TROIS MAGICIENS CHANTANS.

Ah! qu'il est beau,
Le Jouvenceau!
Ah! qu'il est beau, ah! qu'il est beau,
Qu'il va faire mourir de belles!
Auprès de lui, les plus cruelles
Ne pourront tenir dans leur peau.
Ah! qu'il est beau,
Le Jouvenceau!
Ah! qu'il est beau, ah! qu'il est beau,
Ho, ho, ho, ho, ho, ho, ho, ho.

TROISIÈME ENTRÉE DE BALLET.

(*Les Magiciens et les Démons continuent leurs danses, tandis que les trois Magiciens chantans continuent à se moquer de Lycas.*)

LES TROIS MAGICIENS CHANTANS.

Qu'il est joli,
Gentil, poli!
Qu'il est joli! Qu'il est joli!
Est-il des yeux qu'il ne ravisse?

PASTORALE COMIQUE.

Il passe en beauté feu Narcisse,
Qui fut un blondin accompli.
Qu'il est joli!
Gentil, poli!
Qu'il est joli! Qu'il est joli!
Hi, hi, hi, hi, hi, hi, hi, hi.

(*Les trois Magiciens chantans s'enfoncent dans la terre, et les Magiciens dansans disparoissent.*)

SCÈNE III.

LYCAS, FILÈNE.

FILÈNE *sans voir Lycas, chante.*

Paissez, chères brebis, les herbettes naissantes,
Ces prés et ces ruisseaux ont de quoi vous charmer,
Mais, si vous desirez vivre toujours contentes,
Petites innocentes,
Gardez-vous bien d'aimer.

LYCAS *sans voir Filène.*

(*Ce pasteur voulant faire des vers pour sa maîtresse, prononce le nom d'Iris assez haut, pour que Filène l'entende.*)

FILÈNE *à Lycas.*

Est-ce toi que j'entends, téméraire? Est-ce toi,
Qui nommes la beauté qui me tient sous sa loi?

LYCAS.

Oui, c'est moi; oui, c'est moi.

FILÈNE.

Oses-tu bien en aucune façon,
Proférer ce beau nom?

LYCAS.

Hé, pourquoi non? Hé, pourquoi non?

FILÈNE.

Iris charme mon ame;
Et qui pour elle aura
Le moindre brin de flamme,
Il s'en repentira.

LYCAS.

Je me moque de cela,
Je me moque de cela.

FILÈNE.

Je t'étranglerai, mangerai,
Si tu nommes jamais ma belle,
Ce que je dis, je le ferai,
Je t'étranglerai, mangerai,
Il suffit que j'en ai juré;
Quand les Dieux prendroient ta querelle;
Je t'étranglerai, mangerai,
Si tu nommes jamais ma belle.

LYCAS.

Bagatelle, bagatelle.

SCÈNE IV.

IRIS, LYCAS.

SCÈNE V.

LYCAS, UN PASTRE.

Un Pâtre apporte à Lycas un cartel de la part de Filène.

SCÈNE VI.

LYCAS, CORIDON.

SCÈNE VII.

FILÈNE, LYCAS.

FILÈNE *chante.*

ARRÊTE, malheureux,
Tourne, tourne visage,
Et voyons qui des deux
Obtiendra l'avantage.

LYCAS.

(*Lycas hésite à se battre.*)

FILÈNE.

C'est par trop discourir,
Allons, il faut mourir.

SCÈNE VIII.

FILÈNE, LYCAS, PAYSANS.

(Les paysans viennent pour séparer Filène et Lycas.)

QUATRIÈME ENTRÉE DE BALLET.

(Les paysans prennent querelle, en voulant séparer les deux pasteurs, et dansent en se battant.

SCÈNE IX.

CORIDON, LYCAS, FILÈNE, PAYSANS.

(Coridon, par ses discours, trouve moyen d'apaiser la querelle des paysans.)

CINQUIÈME ENTRÉE DE BALLET.

(Les paysans réconciliés dansent ensemble.)

SCÈNE X.

CORIDON, LYCAS, FILÈNE.

SCÈNE XI.

IRIS, CORIDON.

SCÈNE XII.

FILÈNE, LYCAS, IRIS, CORIDON.

(Lycas et Filène, amans de la Bergère, la pressent de décider lequel des deux aura la préférence.)

FILÈNE à Iris.

N'ATTENDEZ pas qu'ici je me vante moi-même,
Pour le choix que vous balancez;
Vous avez des yeux, je vous aime,
C'est vous en dire assez.
(La Bergère décide en faveur de Coridon.)

SCÈNE XIII.

FILÈNE, LYCAS.

FILÈNE *chante*.

Hélas! peut-on sentir de plus vives douleurs?
Nous préférer un servile pasteur!
O ciel!

LYCAS *chante*.

O sort!

FILÈNE.

Quelle rigueur!

LYCAS.

Quel coup!

FILÈNE.

Quoi, tant de pleurs!

LYCAS.

Tant de persévérance!

FILÈNE.

Tant de langueur,

LYCAS.

Tant de souffrance,

FILÈNE.

Tant de vœux,

LYCAS.

Tant de soins,

FILÈNE.

Tant d'ardeur,

LYCAS.

Tant d'amour,

FILÈNE.

Avec tant de mépris sont traités en ce jour!
Ah! cruelle!

LYCAS.

Cœur dur!

FILÈNE.

Tigresse!

LYCAS.

Inexorable.

FILÈNE.
Inhumaine.
LYCAS.
Insensible.
FILÈNE.
Ingrate.
LYCAS.
Impitoyable.
FILÈNE.
Tu veux donc nous faire mourir ?
Ite faut contenter,
LYCAS.
Il te faut obéir.
FILÈNE *tirant son javelot.*
Mourons, Lycas.
LYCAS *tirant son javelot.*
Mourons, Filène.
FILÈNE.
Avec ce fer, finissons notre peine.
LYCAS.
Pousse.
FILÈNE.
Ferme.
LYCAS.
Courage.
FILÈNE.
Allons, va le premier.
LYCAS.
Non, je veux marcher le dernier.
FILÈNE.
Puisque même malheur aujourdhui nous assemble,
Allons, partons ensemble.

SCÈNE XIV.

UN BERGER, LYCAS, FILÈNE.

LE BERGER *chante*.

Ah ! quelle folie,
De quitter la vie
Pour une beauté
Dont on est rebuté !
On peut, pour un objet aimable,
Dont le cœur nous est favorable,
Vouloir perdre la clarté ;
Mais quitter la vie
Pour une beauté
Dont on est rebuté,
Ah ! quelle folie.

SCÈNE XV ET DERNIÈRE.

UNE EGYPTIENNE, EGYPTIENS *dansans*.

L'ÉGYPTIENNE.

D'on pauvre cœur,
Soulagez le martyre ;
D'un pauvre cœur,
Soulagez la douleur.
J'ai beau vous dire
Ma vive ardeur,
Je vous vois rire
De ma langueur ;
Ah ! cruelle, j'expire
Sous tant de rigueur.
D'un pauvre cœur,
Soulagez le martyre ;
D'un pauvre cœur,
Soulagez la douleur.

PASTORALE COMIQUE.

DERNIÈRE ENTRÉE DE BALLET.

Douze Égyptiens, dont quatre pincent de la guitare, quatre des castagnettes, quatre des gnacares; dansent avec l'Egyptienne, aux chansons qu'elle chante.

L'ÉGYPTIENNE.

Croyez-moi, hâtons-nous, ma Sylvie,
Usons bien des momens précieux;
Contentons ici notre envie,
De nos ans le feu nous y convie,
Nous ne saurions, vous et moi, faire mieux.

Quand l'hiver a glacé nos guérets,
Le printems vient reprendre sa place,
Et ramène à nos champs leurs attraits;
Mais, hélas! quand l'âge nous glace,
Nos beaux jours ne reviennent jamais.

Ne cherchons tous les jours qu'à nous plaire,
Soyons-y l'un et l'autre empressés;
Du plaisir faisons notre affaire,
Des chagrins songeons à nous défaire,
Il vient un tems où l'on en prend assez.

Quand l'hiver a glacé nos guérets,
Le printems vient reprendre sa place,
Et ramène à nos champs leurs attraits;
Mais, hélas! quand l'age nous glace,
Nos beaux jours ne reviennent jamais.

FIN.

Noms de ceux qui récitoient, chantoient et dansoient dans la Pastorale.

Iris, *mademoiselle de Brie.* Lycas, *le sieur Molière.* Filène, *le sieur Estival.* Coridon, *le sieur de la Grange.* Un Berger, *le sieur Blondel.* Un Pâtre, *le sieur de Châteauneuf.*

Magiciens dansans, *les sieurs la Pierre, Favier.* Magiciens chantans, *les sieurs le Gros, Don, Gaye.* Démons dansans, *les sieurs Chicanneau, Bonard, Noblet le cadet, Arnald, Mayeu, Foignard.*

Paysans, *les sieurs Dolivet, Desonets, du Pron, la Pierre, Mercier, Pesan, le Roy.*

Egyptienne dansante et chantante, *le sieur Noblet l'aîné.* Egyptiens dansans. Quatre pinçant de la guitare, *les sieurs Lully, Beauchamps, Chicanneau, Vaignard.* Quatre jouant des castagnettes, *les sieurs Favier, Bonard, Saint-André, Arnald.* Quatre jouant des gnacares (1), *les sieurs la Marre, des Airs second, du Feu, Pesan.*

---

(1) Ce mot ne se trouve point dans nos Dictionnaires, et il est purement italien. *Gnáccara* ou *Gnacchera*, cymballe, instrument fort connu chez les anciens, et surtout parmi les Hébreux.

LE SICILIEN,

OU

L'AMOUR PEINTRE,

COMÉDIE-BALLET.

AVERTISSEMENT

DE L'ÉDITEUR

SUR

LE SICILIEN,

OU

L'AMOUR PEINTRE.

Cette petite comédie, entremêlée de quelques airs, et suivie d'une danse de Maures, fut jointe au ballet des Muses, qu'on reprit à Saint-Germain-en-Laye au mois de Janvier 1667. Elle ne parut sur le théâtre du Palais-Royal que le 10 Juin suivant, par l'indisposition de Molière, qui devoit y jouer le rôle de *D. Pèdre*. Sa poitrine déjà affoiblie, et qui dès-lors auroit dû lui faire quitter une profession trop pénible, l'avoit contraint à se mettre au lait pour quelques mois. C'est ce que nous apprenons de Robinet, dans sa lettre du 11 Juin 1667, lorsqu'en rendant compte *du Sicilien*, il dit de l'auteur qui reparoissoit sur le théâtre :

> *Et lui, tout rajeuni du lait*
> *De quelqu'autre Infante d'Inache,*
> *Qui se couvre de peau de vache,*
> *S'y remontre enfin à nos yeux,*
> *Plus que jamais facétieux.*

Molière, moins satisfait que personne des deux ouvrages qu'il avoit joints au ballet des Muses du sieur de Benserade, dans le mois de Décembre précédent, avoit travaillé à réparer son honneur dans la reprise que Louis XIV devoit faire de ce ballet au mois de Janvier. Ce fut *le Sicilien* qu'il mit à la place de *Mélicerte* et de *la Pastorale comique*, ouvrages qu'il n'avoit pu terminer, et dont le genre insipide et froid, en général, n'étoit pas fait pour lui.

Le Sicilien, dit M. de Voltaire, *est la seule petite pièce de Molière où il y ait de la grace et de la galanterie.* C'est aussi le premier de ces drames ingénieux qu'a multipliés parmi nous M. de Saint-Foix, et dont le tableau fait le mérite principal. Une intrigue vive et plaisante offre, en même tems, et la jalousie d'un Italien, et l'amour industrieux d'un jeune Français, qui n'a pu se faire encore entendre que par des regards. Un stratagême heureusement inventé le met au pied de ce qu'il aime, en présence du jaloux, et la ruse adroite de son valet le rend possesseur de la belle *Isidore*.

Le succès *du Sicilien* à la cour vengea Molière des airs avantageux qu'avoit pris Benserade avec lui depuis *la Pastorale comique*. Il se permit même dans la suite un ressentiment plus direct contre cet orgueilleux poëte de cour; il s'attacha à composer, dans le goût de ce bel-esprit, des vers à la louange du Roi, qui représentoit Neptune dans les Amans Magnifiques. Il ne mit que Louis XIV dans sa confidence, et l'imitation étoit si fidèle, que toute la cour s'y trompa, et en fit des complimens à Benserade, qui se défendit peu d'en être l'auteur. Molière, alors, laissa tomber le masque, il fit convenir aux partisans enthousiastes de cet académicien, que son talent, si singulièrement prôné n'étoit pas, du moins, inimitable : mais, revenons *au Sicilien*.

Ménage (1) en remarquant avec peu de justesse que la prose de Molière est *ampoulée; poëtique, remplie d'expressions précieuses, et toute pleine de vers*, ajoute que l'*Amour Peintre* est issu de *vers non rimés de 6, de 5, ou de 4 pieds*. Cette assertion suffiroit seule pour prouver que cet auteur n'avoit aucun goût, et qu'il a bien mérité d'être le *Vadius* des Femmes savantes.

Lorsque dans la scène seizième, par exemple, tout homme raisonnable lit ce que D. Pèdre dit à Zaïde, et ce que celle-ci lui répond, il n'y voit qu'un dialogue familier et facile, et ne songe pas à briser ridiculement les phrases pour y voir des vers, comme faisoit Ménage, apparemment, en lisant de la manière suivante :

D. PÈDRE.

Vous n'avez qu'à me suivre,
Vous ne pouviez jamais
Mieux tomber que chez moi.

(1) Ménagiana, tome I, p. 44.

AVERTISSEMENT

ZAIDE.
Je vous suis obligée
Plus qu'on ne sauroit croire,
Mais je m'en vais prendre mon voile;
Je n'ai garde, sans lui, de paroître à ses yeux, etc.

Voilà bien exactement la prose de Molière, et l'on ne voit pas pourquoi il se seroit refusé de dire aussi naturellement ce qu'il avoit à dire. Il falloit avoir quelque intérêt secret à établir que des lignes de tant de syllabes sont des vers, pour faire une pareille remarque. Ménage en auroit rougi, s'il avoit su que ce sont les images, bien plus que le compte des syllabes, qui constituent la poësie. Cela ressemble à ce qu'on disoit au célèbre Pattru, qu'on trouvoit des vers dans sa prose, puisqu'il avoit écrit :

Sixième plaidoyer pour un jeune Allemand.

Quant au reproche général que fait Ménage à la prose de Molière, il est aussi peu fondé. Elle a quelques-uns des défauts du tems, mais elle sera toujours un modèle de clarté, de précision et de naturel. *Nota*, que le même observateur dit ailleurs que la prose de Molière valoit beaucoup mieux que ses vers. De ces deux affirmations, il devoit résulter, sans doute, que Ménage auroit donné à Molière des leçons d'écrire, tant en vers qu'en prose, ce qui étoit, pour Ménage, utile à prouver.

Le Sicilien, comme nous l'avons dit, étant destiné à faire partie d'une fête de Louis XIV, Molière y avoit fait entrer des scènes de chant et un ballet comique, après la septième scène. Il termina aussi cet ouvrage par un ballet géné-

SUR LE SICILIEN.

ral, plaisamment lié à l'action. Le Roi, Madame, mademoiselle de la Valière, et plusieurs Seigneurs de la cour, y dansèrent. La tragédie de *Britannicus* n'avoit point encore paru (1), et Racine n'avoit point fait entendre à son maître ces vers sublimes qui lui firent abandonner les ballets où il aimoit à se montrer (2).

(1) *Britannicus* fut représenté en 1669.

(2) Je me suis élevé dans l'Avertissement sur cette pièce, et dans une note sur la scène deuxième, contre ce qu'a dit Ménage du grand nombre de vers dont la prose de cette pièce est semée, et qui commence à ce qu'il dit, par six vers. M. d'Alembert, à l'avis duquel il est si difficile de ne pas se rendre, croit que l'opinion de Ménage n'étoit pas sans fondement. Il se peut en effet que Molière ait d'abord voulu écrire le *Sicilien* en vers libres, et qu'ensuite il l'ait écrit en prose ; ce qui auroit laissé au dialogue un ton plus mesuré ; mais il faut observer qu'un des inconvéniens que ceux qui ont fait un grand nombre de vers comiques éprouvent lorsqu'ils veulent écrire en prose, est de les voir naître sous leur plume sans qu'ils s'en aperçoivent. Ce qui peut justifier Ménage, c'est qu'on les trouve moins dans la prose de l'Avare, et moins encore dans celle du Bourgeois gentilhomme.

ACTEURS.

ACTEURS DE LA COMÉDIE.

D. PÈDRE, gentilhomme Sicilien.
ADRASTE, gentilhomme Français, amant d'Isidore.
ISIDORE, Grecque, esclave de D. Pèdre.
ZAIDE, jeune esclave.
UN SÉNATEUR.
HALI, Turc, esclave d'Adraste.
DEUX LAQUAIS.

ACTEURS DU BALLET.

MUSICIENS.
ESCLAVE chantant.
ESCLAVES dansans.
MAURES et MAURESQUES dansans.

La scène est à Messine, dans une place publique.

LE SICILIEN,

OU

L'AMOUR PEINTRE.

SCÈNE I.

HALI, MUSICIENS.

HALI *aux Musiciens*.

Chut. N'avancez pas davantage, et demeurez dans cet endroit, jusqu'à ce que je vous appelle.

SCÈNE II.

HALI seul.

Il fait noir comme dans un four *. Le ciel s'est habillé ce

---

* Si nous en croyons M. Ménage, cette scène commence par six vers, en séparant ainsi ce que dit Hali :

> Il fait noir comme dans un four.
> Le ciel s'est habillé ce soir en Scaramouche,
> Et je ne vois pas une étoile
> Qui montre le bout de son nez.
> Sotte condition que celle d'un esclave,
> De ne vivre jamais pour soi ; etc.

C'est comme si nous disions que notre plus illustre écrivain en prose, M. de Fénelon, s'est permis des vers dans son *Télémaque*, lorsque Calipso dit au jeune fils d'Ulisse, dans le premier livre :

> *Reposez-vous ; vos habits sont mouillés :*
> *Il est tems que vous en changiez.*

soir en Scaramouche, et je ne vois pas une étoile qui montre le bout de son nez. Sotte condition que celle d'un esclave, de ne vivre jamais pour soi, et d'être toujours tout entier aux passions d'un maître, de n'être réglé que par ses humeurs, et de se voir réduit à faire ses propres affaires de tous les soucis qu'il peut prendre! Le mien me fait ici épouser ses inquiétudes; et, parce qu'il est amoureux, il faut que, nuit et jour, je n'aie aucun repos. Mais voici des flambeaux, et sans doute c'est lui.

SCÈNE III.

ADRASTE, DEUX LAQUAIS *portant chacun un flambeau*, HALI.

ADRASTE.

Est-ce toi, Hali?

HALI.

Et qui pourroit-ce être que moi, à ces heures de nuit? Hors vous et moi, monsieur, je ne crois pas que personne s'avise de courir maintenant les rues.

ADRASTE.

Aussi ne crois-je pas qu'on puisse voir personne qui sente dans son cœur la peine que je sens. Car, enfin, ce n'est rien d'avoir à combattre l'indifférence ou les rigueurs d'une beauté qu'on aime, on a toujours au moins le plaisir de la plainte et de la liberté des soupirs: mais ne pouvoir trouver aucune occasion de parler à ce qu'on adore, ne pouvoir savoir d'une belle si l'amour qu'inspirent ses yeux est pour lui plaire ou lui déplaire*, c'est la plus fâcheuse, à mon gré, de toutes les inquiétudes; et c'est où me réduit l'incommode jaloux qui veille, avec tant de souci, sur ma charmante Grecque, et ne fait pas un pas sans la traîner à ses côtés.

HALI.

Mais il est, en amour, plusieurs façons de se parler; et il me

---

* *Si l'amour qu'inspirent ses yeux est pour lui plaire.* Cette ellipse ne passeroit point aujourd'hui, et l'on seroit obligé de dire, *est fait pour lui plaire*, ou, *est digne de lui plaire.*

SCÈNE IV.

semble, à moi, que vos yeux et les siens, depuis près de deux mois, se sont dit bien des choses.

ADRASTE.

Il est vrai qu'elle et moi souvent nous nous sommes parlé des yeux; mais comment reconnoître que, chacun de notre côté, nous ayons, comme il faut, expliqué ce langage ? Et que sais-je, après tout, si elle entend bien tout ce que mes regards lui disent, et si les siens me disent ce que je crois par fois entendre ?

HALI.

Il faut chercher quelque moyen de se parler d'autre manière.

ADRASTE.

As-tu là tes musiciens ?

HALI.

Oui.

ADRASTE.
(*seul.*)

Fais-les approcher. Je veux, jusqu'au jour, les faire ici chanter, et voir si leur musique n'obligera point cette belle à paroître à quelque fenêtre.

SCÈNE IV.

ADRASTE, HALI, MUSICIENS.

HALI.

Les voici. Que chanteront-ils ?

ADRASTE.

Ce qu'ils jugeront de meilleur.

HALI.

Il faut qu'ils chantent un trio qu'ils me chantèrent l'autre jour.

ADRASTE.

Non. Ce n'est pas ce qu'il me faut.

HALI.

Ah ! monsieur, c'est du beau bécare.

ADRASTE.

Que diantre veux-tu dire avec ton beau bécare ?

HALI.

Monsieur, je tiens pour le bécare. Vous savez que je m'y connois. Le bécare me charme ; hors du bécare, point de salut en harmonie. Ecoutez un peu ce trio.

ADRASTE.

Non. Je veux quelque chose de tendre et de passionné, quelque chose qui m'entretienne dans une douce rêverie.

HALI.

Je vois bien que vous êtes pour le bémol ; mais il y a moyen de nous contenter l'un et l'autre. Il faut qu'ils vous chantent une certaine scène d'une petite comédie que je leur ai vu essayer. Ce sont deux bergers amoureux, tout remplis de langueur, qui sur le bémol, viennent séparément faire leurs plaintes dans un bois, puis se découvrent l'un à l'autre la cruauté de leurs maîtresses ; et là-dessus vient un berger joyeux avec un bécare admirable, qui se moque de leurs foiblesses.

ADRASTE.

J'y consens. Voyons ce que c'est.

HALI.

Voici, tout juste, un lieu propre à servir de scène ; et voilà deux flambeaux pour éclairer la comédie.

ADRASTE.

Place-toi contre ce logis, afin qu'au moindre bruit que l'on fera dedans, je fasse cacher les lumières.

FRAGMENT DE COMÉDIE*,

Chanté et accompagné par les musiciens qu'Hali a amenés.

SCÈNE I.

PHILÈNE, TIRCIS.

PREMIER MUSICIEN *représentant Philène.*

Si, du triste récit de mon inquiétude,
Je trouble le repos de votre solitude,
 Rochers, ne soyez point fâchés ;
Quand vous saurez l'excès de mes peines secrètes,
 Tout rochers que vous êtes,
 Vous en serez touchés.

DEUXIÈME MUSICIEN *représentant Tircis.*

Les oiseaux réjouis, dès que le jour s'avance,
Recommencent leurs chants dans ces vastes forêts ;
 Et moi, j'y commence
Mes soupirs languissans, et mes tristes regrets.
 Ah ! mon cher Philène.

---

* Le fragment de cette comédie chantée, qui suit cette scène, fut mis en musique par Lully. Molière paya encore, dans cette occasion, le tribut de servitude de la poésie relativement à l'art du chant. Il parla *aux rochers* comme tous les rimeurs lyriques ; il leur dit de *n'être pas fâchés*, et qu'ils seroient *touchés des douleurs de Philène*, etc. Heureusement ces deux scènes sont courtes, et se suppriment aujourd'hui au théâtre.

L'espèce de sérénade que donne Adraste à la belle Isidore, prouve que la scène est dans la rue au commencement de la pièce. Les flambeaux éteints, à l'arrivée de D. Pèdre donnent lieu à une scène de nuit, dans laquelle Molière se borne à une seule plaisanterie supérieure aux lazzis des Italiens en pareil cas. D. Pèdre donne un soufflet à Hali en lui demandant *qui va là ? Ami,* lui répond le valet en lui rendant le soufflet qu'il a reçu.

LE SICILIEN.

PHILÈNE.

Ah ! mon cher Tircis.

TIRCIS.

Que je sens de peine !

PHILÈNE.

Que j'ai de soucis !

TIRCIS.

Toujours sourde à mes vœux est l'ingrate Climène.

PHILÈNE.

Cloris n'a point, pour moi, des regards adoucis.

TOUS DEUX ENSEMBLE.

O loi trop inhumaine !
Amour, si tu ne peux les contraindre d'aimer,
Pourquoi leur laisses-tu le pouvoir de charmer ?

SCÈNE II.

PHILÈNE, TIRCIS, UN PASTRE.

TROISIÈME MUSICIEN *représentant un Pâtre.*

Pauvres amans, quelle erreur
D'adorer des inhumaines !
Jamais les ames bien saines
Ne se payent de rigueur ;
Et les faveurs sont les chaînes
Qui doivent lier un cœur.
On voit cent belles ici,
Auprès de qui je m'empresse ;
A leur vouer ma tendresse,
Je mets mon plus doux souci ;
Mais, lorsque l'on est tigresse,
Ma foi, je suis tigre aussi.

PHILÈNE ET TIRCIS ENSEMBLE.

Heureux, hélas ! qui peut aimer ainsi.

HALI.

Monsieur, je viens d'ouïr quelque bruit au-dedans.

ADRASTE.

Qu'on se retire vîte, et qu'on éteigne les flambeaux.

SCÈNE V.

D. PÈDRE, ADRASTE, HALI.

D. PÈDRE *sortant de sa maison en bonnet de nuit et en robe de chambre, avec une épée sous son bras.*

Il y a quelque tems que j'entends chanter à ma porte ; et sans doute cela ne se fait pas pour rien. Il faut que, dans l'obscurité, je tâche à découvrir quelles gens ce peuvent être.

ADRASTE.

Hali.

HALI.

Quoi ?

ADRASTE.

N'entends-tu plus rien ?

HALI.

Non.

(D. Pèdre est derrière eux qui les écoute.)

ADRASTE.

Quoi, tous nos efforts ne pourront obtenir que je parle un moment à cette aimable Grecque ; et ce jaloux maudit, ce traître de Sicilien, me fermera toujours tout accès auprès d'elle ?

HALI.

Je voudrois, de bon cœur, que le diable l'eût emporté, pour la fatigue qu'il nous donne, le fâcheux, le bourreau qu'il est. Ah ! si nous le tenions ici, que je prendrois de joie à venger, sur son dos, tous les pas inutiles que sa jalousie nous fait faire !

ADRASTE.

Si faut-il bien, pourtant, trouver quelque moyen, quelque invention, quelque ruse, pour attraper notre brutal. J'y suis trop engagé pour en avoir le démenti, et, quand j'y devrois employer...

HALI.

Monsieur, je ne sais pas ce que cela veut dire, mais la porte est ouverte ; et, si vous voulez, j'entrerai doucement, pour découvrir d'où cela vient.

(D. Pèdre se retire sur sa porte.)

ADRASTE.

Oui, fais; mais sans faire de bruit. Je ne m'éloigne pas de toi. Plût au ciel, que ce fût la charmante Isidore !

D. PÈDRE *donnant un soufflet à Hali.*

Qui va-là ?

HALI *rendant le soufflet à D. Pèdre.*

Ami.

D. PÈDRE.

Holà, Francisque, Dominique, Simon, Martin, Pierre, Thomas, Georges, Charles, Barthélemi. Allons, promptement, mon épée, ma rondache, ma halebarde, mes pistolets, mes mousquetons, mes fusils. Vîte, dépêchez Allons, tue, point de quatier.

SCÈNE VI.

ADRASTE, HALI.

ADRASTE.

Je n'entends remuer personne. Hali, Hali.

HALI *caché dans un coin.*

Monsieur.

ADRASTE.

Où donc te caches-tu ?

HALI.

Ces gens sont-ils sortis ?

ADRASTE.

Non. Personne ne bouge.

HALI *sortant d'où il étoit caché.*

S'ils viennent, ils seront frottés.

ADRASTE.

Quoi, tous nos soins seront donc inutiles ! Et toujours ce fâcheux jaloux se moquera de nos desseins ?

HALI.

Non. Le courroux du point d'honneur me prend, il ne sera pas dit qu'on triomphe de mon adresse ; ma qualité de fourbe s'indigne de tous ces obstacles, et je prétends faire éclater les talens que j'ai eus du ciel.

ADRASTE.

Je voudrois seulement que, par quelque moyen, par un billet, par quelque bouche, elle fût avertie des sentimens qu'on a pour elle, et savoir les siens là-dessus. Après, on peut trouver facilement les moyens...

HALI.

Laissez-moi faire seulement. J'en essayerai tant de toutes les manières, que quelque chose enfin nous pourra réussir. Allons, le jour paroît ; je vais chercher mes gens, et venir attendre, en ce lieu, que notre jaloux sorte.

SCÈNE VII.

D. PÈDRE, ISIDORE.

ISIDORE.

Je ne sais pas quel plaisir vous prenez à me réveiller si matin. Cela s'ajuste assez mal, ce me semble, au dessein que vous avez pris de me faire peindre aujourd'hui, et ce n'est guères pour avoir le teint frais et les yeux brillans, que se lever ainsi dès la pointe du jour.

D. PÈDRE.

J'ai une affaire qui m'oblige de sortir à l'heure qu'il est.

ISIDORE.

Mais l'affaire que vous avez, eût bien pu se passer, je crois, de ma présence ; et vous pouviez, sans vous incommoder, me laisser goûter les douceurs du sommeil du matin.

D. PÈDRE.

Oui. Mais je suis bien aise de vous voir toujours avec moi. Il n'est pas mal de s'assurer un peu contre les soins des surveillans, et cette nuit encore, on est venu chanter sous nos fenêtres.

ISIDORE.

Il est vrai. La musique en étoit admirable.

D. PÈDRE.

C'étoit pour vous que cela se faisoit ?

ISIDORE.

Je le veux croire ainsi, puisque vous me le dites.

D. PÈDRE.

Vous savez qui étoit celui qui donnoit cette sérénade ?

ISIDORE.

Non pas ; mais, qui que ce puisse être, je lui suis obligée.

D. PÈDRE.

Obligée ?

ISIDORE.

Sans doute, puisqu'il cherche à me divertir.

D. PÈDRE.

Vous trouvez donc bon qu'il vous aime ?

ISIDORE.

Fort bon. Cela n'est jamais qu'obligeant.

D. PÈDRE.

Et vous voulez du bien à tous ceux qui prennent ce soin ?

ISIDORE.

Assurément.

D. PÈDRE.

C'est dire fort net ses pensées.

ISIDORE.

A quoi bon de dissimuler * ? Quelque mine qu'on fasse, on est toujours bien aise d'être aimée. Ces hommages à nos appas ne sont jamais pour nous déplaire. Quoi qu'on en puisse dire, la grande ambition des femmes est, croyez-moi, d'inspirer de l'amour. Tous les soins qu'elles prennent ne sont que pour cela, et l'on n'en voit point de si fière, qui ne s'applaudisse en son cœur des conquêtes que font ses yeux.

D. PÈDRE.

Mais, si vous prenez, vous, du plaisir à vous voir aimée, savez-vous bien, moi, qui vous aime, que je n'y en prends nullement ?

ISIDORE.

Je ne sais pas pourquoi cela ; et, si j'aimois quelqu'un, je n'aurois pas de plus grand plaisir, que de le voir aimé de tout le monde. Y a-t-il rien qui marque davantage la beauté du choix que l'on fait ? Et n'est-ce pas pour s'applaudir **, que ce que nous aimons soit trouvé fort aimable ?

---

* *A quoi bon de dissimuler ?* On supprimeroit aujourd'hui le *de*.

** *Et n'est-ce pas pour s'applaudir*, pour dire, *Et n'y a-t-il pas de quoi s'applaudir ?* ne se diroit pas aujourd'hui.

SCÈNE VII.

D. PÈDRE.

Chacun aime à sa guise, et ce n'est pas là ma méthode. Je serai fort ravi qu'on ne vous trouve point si belle, et vous m'obligerez de n'affecter point tant de le paroître à d'autres yeux.

ISIDORE.

Quoi! jaloux de ces choses-là?

D. PÈDRE.

Oui, jaloux de ces choses-là; mais jaloux comme un tigre, et, si vous voulez, comme un diable. Mon amour vous veut toute à moi. Sa délicatesse s'offense d'un souris, d'un regard qu'on vous peut arracher; et tous les soins qu'on me voit prendre, ne sont que pour fermer tout accès aux galans, et m'assurer la possession d'un cœur dont je ne puis souffrir qu'on me vole la moindre chose.

ISIDORE.

Certes, voulez-vous que je dise? Vous prenez un mauvais parti, et la possession d'un cœur est fort mal assurée, lorsqu'on prétend le retenir par force. Pour moi, je vous l'avoue, si j'étois galant d'une femme qui fût au pouvoir de quelqu'un, je mettrois toute mon étude à rendre ce quelqu'un jaloux, et l'obligerois à veiller nuit et jour celle que je voudrois gagner. C'est un admirable moyen d'avancer ses affaires, et l'on ne tarde guère à profiter du chagrin et de la colère que donnent à l'esprit d'une femme la contrainte et la servitude.

D. PÈDRE.

Si bien donc que si quelqu'un vous en contoit, il vous trouveroit disposée à recevoir ses vœux?

ISIDORE.

Je ne vous dis rien là-dessus. Mais les femmes enfin n'aiment pas qu'on les gêne; et c'est beaucoup risquer que de leur montrer des soupçons, et de les tenir renfermées.

D. PÈDRE.

Vous reconnoissez peu ce que vous me devez; et il me semble qu'une esclave que l'on a affranchie, et dont on veut faire sa femme....

ISIDORE.

Quelle obligation vous ai-je, si vous changez mon esclavage en un autre beaucoup plus rude; si vous ne me laissez jouir d'aucune liberté, et me fatiguez, comme on voit, d'une garde continuelle ?

D. PÈDRE.

Mais tout cela ne part que d'un excès d'amour.

ISIDORE.

Si c'est votre façon d'aimer, je vous prie de me haïr.

D. PÈDRE.

Vous êtes aujourd'hui dans une humeur désobligeante ; et je pardonne ces paroles au chagrin où vous pouvez être, de vous être levée matin.

SCÈNE VIII *.

D. PÈDRE, ISIDORE, HALI, *habillé en turc, faisant plusieurs révérences à D. Pèdre.*

D. PÈDRE.

Trève aux cérémonies ; que voulez-vous ?

HALI *se mettant entre D. Pèdre et Isidore.*

(*Il se tourne vers Isidore, à chaque parole qu'il dit à D. Pèdre; et lui fait des signes pour lui faire connoître le dessein de son maître.*)

Signor (avec la permission de la signore) je vous dirai (avec la permission de la signore) que je viens vous trouver (avec la permission de la signore) pour vous prier (avec la permission de la signore) de vouloir bien (avec la permission de la signore....)

D. PÈDRE.

Avec la permission de la signore, passez un peu de ce côté.

(*D. Pèdre se met entre Hali et Isidore.*)

HALI.

Signor, je suis un virtuose.

D. PÈDRE.

Je n'ai rien à donner.

---

* Scène de travestissement à l'italienne de la part d'Hali déguisé en turc, moins nécessaire à l'intrigue qu'à l'obligation de ramener des danses, des chants, et par conséquent de médiocres paroles.

SCÈNE IX.

HALI.

Ce n'est pas ce que je demande. Mais, comme je me mêle un peu de musique et de danse, j'ai instruit quelques esclaves qui voudroient bien trouver un maître qui se plût à ces choses; et, comme je sais que vous êtes une personne considérable, je voudrois vous prier de les voir et de les entendre, pour les acheter, s'ils vous plaisent, ou pour leur enseigner quelqu'un de vos amis qui voulût s'en accommoder.

ISIDORE.

C'est une chose à voir, et cela nous divertira. Faites-les nous venir.

HALI.

Chala bala.... Voici une chanson nouvelle, qui est du tems. Ecoutez bien. Chala bala.

SCÈNE IX.

D. PÈDRE, ISIDORE, HALI, ESCLAVES TURCS.

UN ESCLAVE *chantant, à Isidore.*

D'un cœur ardent, en tous lieux,
Un amant suit une belle ;
Mais d'un jaloux odieux
La vigilance éternelle
Fait qu'il ne peut, que des yeux,
S'entretenir avec elle.
Est-il peine plus cruelle
Pour un cœur bien amoureux ?

(*à D. Pèdre.*)

Chiribirida ouch alla,
  Star bon Turca,
Non aver danara
Ti voler comprara,
  Mi servir à ti,
  Se pagar per mi,
Far bona coucina,
Mi levar matina,

Far boller caldara,
Parlara, parlara;
Ti voler comprara.

PREMIÈRE ENTRÉE DE BALLET.

(Danse des Esclaves.)

L'ESCLAVE à *Isidore.*

C'est un supplice, à tous coups*,
Sous qui cet amant expire ;
Mais, si d'un œil un peu doux,
La belle voit son martyre,
Et consent qu'aux yeux de tous,
Pour ses attraits il soupire,
Il pourroit bientôt se rire
De tous les soins du jaloux.

(à D. Pèdre.)

Chiribirida ouch alla,
  Star bon Turca,
Non aver danara
Ti voler comprara,
  Mi servir à ti,
  Se pagar per mi,
Far bona coucina,
Mi levar matina,
Far boller caldara,
Parlara, parlara,
Ti voler comprara.

* *C'est un supplice, à tous coups,*
Sous qui cet amant expire, etc.

Un supplice à tous coups. Il est difficile de reconnoître Molière à ce style. Il est vraisemblable que Lully lui proposoit des canevas à remplir.

SCÈNE IX.

DEUXIÈME ENTRÉE DE BALLET.

(*Les esclaves recommencent leurs danses.*)

D. PÈDRE *chante.*

Savez-vous, mes drôles,
Que cette chanson
Sent, pour vos épaules,
Les coups de bâton ?
Chiribirida ouch alla,
Mi ti non comprara,
Ma ti bastonara,
Si, si non andara,
Andara, andara,
O ti bastonara.

(*à Isidore.*)

Oh, oh, quels égrillards ! Allons, rentrons ici, j'ai changé de pensée ; et puis, le tems se couvre un peu.

(*à Hali qui paroit encore.*)

Ah ! fourbe, que je vous y trouve.

HALI.

Hé bien oui, mon maître l'adore. Il n'a point de plus grand désir que de lui montrer son amour ; et, si elle y consent, il la prendra pour femme.

D. PÈDRE.

Oui, oui, je la lui garde.

HALI.

Nous l'aurons malgré vous.

D. PÈDRE.

Comment, coquin ?...

HALI.

Nous l'aurons, dis-je, en dépit de vos dents.

D. PÈDRE.

Si je prends...

HALI.

Vous avez beau faire la garde, j'en ai juré elle sera à nous.

D. PÈDRE.

Laisse-moi faire, je t'attaperai sans courir.

HALI.

C'est nous qui vous attraperons. Elle sera notre femme, la chose est résolue.

(*seul.*)

Il faut que j'y périsse, où que j'en vienne a bout.

SCENE X.

ADRASTE, HALI, *deux* LAQUAIS.

ADRASTE.

Hé bien, Hali, nos affaires s'avancent-elles?

HALI.

Monsieur, j'ai déjà fait quelque petite tentative, mais je....

ADRASTE.

Ne te mets point en peine, j'ai trouvé, par hasard, tout ce que je voulois; et je vais jouir du bonheur de voir chez elle cette belle. Je me suis rencontré chez le peintre Damon, qui m'a dit qu'aujourd'hui il venoit faire le portrait de cette adorable personne; et comme il est depuis long-tems de mes plus intimes amis, il a voulu servir mes feux, et m'envoie à sa place, avec un petit mot de lettre pour me faire accepter. Tu sais que, de tout tems, je me suis plu à la peinture, et que par fois je manie le pinceau, contre la coutume de France, qui ne veut pas qu'un gentilhomme sache rien faire; ainsi j'aurai la liberté de voir cette belle à mon aise. Mais je ne doute pas que mon jaloux fâcheux ne soit toujours présent, et n'empêche tous les propos que nous pourrions avoir ensemble; et pour te dire vrai, j'ai, par le moyen d'une jeune esclave, un stratagême prêt pour tirer cette belle Grecque des mains de son jaloux, si je puis obtenir d'elle qu'elle y consente.

HALI.

Laissez-moi faire, je veux vous faire un peu de jour à la pouvoir entretenir. Il ne sera pas dit que je ne serve de rien dans cette affaire-là. Quand allez-vous?

ADRASTE.

Tout de ce pas, et j'ai déjà préparé toutes choses.

HALI.

Je vais de mon côté, me préparer aussi.

SCÈNE XI.
ADRASTE *seul.*

Je ne veux point perdre de tems. Holà. Il me tarde que je ne goûte le plaisir de la voir.

SCÈNE XI.
D. PÈDRE, ADRASTE, DEUX LAQUAIS.

D. PÈDRE.
Que cherchez-vous, cavalier, dans cette maison [*]?
ADRASTE.
J'y cherche le seigneur D. Pèdre.
D. PÈDRE.
Vous l'avez devant vous.
ADRASTE.
Il prendra, s'il lui plaît, la peine de lire cette lettre.
D. PÈDRE.
Je vous envoie, au lieu de moi, pour le portrait que vous savez, ce gentilhomme français, qui, comme curieux d'obliger les honnêtes gens, a bien voulu prendre ce soin, sur la proposition que je lui en ai faite. Il est, sans contredit, le premier homme du monde pour ces sortes d'ouvrages, et j'ai cru que je ne vous pouvois rendre un service plus agréable que de vous l'envoyer, dans le dessein que vous avez d'avoir un portrait achevé de la personne que vous aimez. Gardez-vous bien, sur-tout, de lui parler d'aucune récompense ; car c'est un homme qui s'en offenseroit, et qui ne fait les choses que pour la gloire et la réputation.

Seigneur français, c'est une grande grace que vous me voulez faire ; et je vous suis fort obligé.
ADRASTE.
Toute mon ambition est de rendre service aux gens de nom et de mérite.
D. PÈDRE.
Je vais faire venir la personne dont il s'agit.

---

[*] C'est à l'imitation de cette scène charmante, dont on ne trouveroit aucun modèle chez les anciens, que nous devons nos petites comédies dans le genre agréable et galant ; mais celle-ci a sur les autres l'avantage d'être en même tems une situation très-comique, puisque c'est le jaloux lui-même qui a présenté à sa chere esclave le faux Peintre qui le trompe.

LE SICILIEN.

SCÈNE XII.

ISIDORE, D. PÈDRE, ADRASTE, DEUX LAQUAIS.

D. PÈDRE *à Isidore.*

Voici un gentilhomme que Damon nous envoie, qui se veut bien donner la peine de vous peindre.

(*à Adraste qui embrasse Isidore en la saluant.*)

Holà, seigneur français, cette façon de saluer n'est point d'usage en ce pays.

ADRASTE.

C'est la manière de France.

D. PÈDRE.

La manière de France est bonne pour vos femmes ; mais, pour les nôtres, elle est un peu trop familière.

ISIDORE.

Je reçois cet honneur avec beaucoup de joie. L'aventure me surprend fort ; et, pour dire le vrai, je ne m'attendois pas d'avoir un peintre si illustre.

ADRASTE.

Il n'y a personne, sans doute, qui ne tînt à beaucoup de gloire de toucher à un tel ouvrage. Je n'ai pas grande habileté ; mais le sujet, ici, ne fournit que trop de lui-même, et il y a moyen de faire quelque chose de beau sur un original fait comme celui-là.

ISIDORE.

L'original est peu de chose ; mais l'adresse du peintre en saura couvrir les défauts.

ADRASTE.

Le peintre n'y en voit aucun ; et tout ce qu'il souhaite, est d'en pouvoir représenter les graces aux yeux de tout le monde, aussi grandes * qu'il les peut voir.

---

* *Tout ce qu'il souhaite est d'en pouvoir représenter les graces aussi grandes qu'il le peut voir.* On ne dit point de *grandes graces* lorsqu'elles signifient des agrémens. Le mot de *grandes* ne peut se joindre à celui de graces que lorsqu'elles expriment des remerciemens. Il a de grandes graces à rendre au ciel.

SCÈNE XII.
ISIDORE.
Si votre pinceau flatte autant que votre langue, vous allez faire un portrait qui ne me ressemblera pas.
ADRASTE.
Le ciel, qui fit l'original, nous ôte le moyen d'en faire un portrait qui puisse flatter.
ISIDORE.
Le ciel, quoi que vous en disiez, ne...
D. PÈDRE.
Finissons cela, de grace. Laissons les complimens, et songeons au portrait.
ADRASTE aux laquais.
Allons, apportez tout.

(On apporte tout ce qu'il faut pour peindre Isidore.)
ISIDORE à Adraste.
Où voulez-vous que je me place ?
ADRASTE.
Ici. Voici le lieu le plus avantageux, et qui reçoit le mieux les vues favorables de la lumière que nous cherchons.
ISIDORE après s'être assise.
Suis-je bien ainsi ?
ADRASTE.
Oui. Levez-vous un peu, s'il vous plait. Un peu plus de ce côté-là. Le corps tourné ainsi. La tête un peu levée, afin que la beauté du col paroisse. Ceci un peu plus découvert. (Il découvre un peu plus sa gorge.) Bon la. Un peu davantage ; encore tant soit peu.
D. PÈDRE à Isidore.
Il y a bien de la peine à vous mettre ; ne sauriez-vous vous tenir comme il faut ?
ISIDORE.
Ce sont ici des choses toutes neuves pour moi ; et c'est à monsieur à me mettre de la façon qu'il veut.
ADRASTE assis.
Voilà qui va le mieux du monde, et vous vous tenez à merveille. (la faisant tourner un peu devers lui.) Comme cela, s'il vous plaît. Le tout dépend des attitudes qu'on donne aux personnes qu'on peint.

D. PÈDRE.
Fort bien.
ADRASTE.
Un peu plus de ce côté. Vos yeux toujours tournés vers moi, je vous en prie ; vos regards attachés aux miens.
ISIDORE.
Je ne suis pas comme ces femmes qui veulent, en se faisant peindre, des portraits qui ne sont point elles ; et ne sont point satisfaites du peintre, s'il ne les fait toujours plus belles qu'elles ne sont. Il faudroit pour les contenter, ne faire qu'un portrait pour toutes, car toutes demandent les mêmes choses, un teint tout de lys et de roses, un nez bien fait, une petite bouche, et de grands yeux vifs, et bien fendus ; et sur-tout le visage pas plus gros que le poing, l'eussent-elles d'un pied de large. Pour moi, je vous demande un portrait qui soit moi, et qui n'oblige point à demander qui c'est.
ADRASTE.
Il seroit mal-aisé qu'on demandât cela du vôtre ; et vous avez des traits à qui fort peu d'autres ressemblent. Qu'ils ont de douceurs et de charmes, et qu'on court risque à les peindre !
D. PÈDRE.
Le nez me semble un peu gros.
ADRASTE.
J'ai lu, je ne sais où, qu'Apelle peignit autrefois une maîtresse d'Alexandre d'une merveilleuse beauté, et qu'il en devint, la peignant, si éperduement amoureux, qu'il fut près d'en perdre la vie ; de sorte qu'Alexandre, par générosité, lui
(*à D. Pèdre.*)
céda l'objet de ses vœux Je pourrois faire ici ce qu'Apelle fit autrefois ; mais vous ne feriez pas, peut-être, ce que fit Alexandre.
(*D. Pèdre fait la grimace.*)
ISIDORE à *D. Pèdre.*
Tout cela sent la nation ; et toujours messieurs les Français ont un fond de galanterie qui se répand partout.
ADRASTE.
On ne se trompe guère à ces sortes de choses ; et vous avez l'esprit trop éclairé, pour ne pas voir de quelle source partent

SCÈNE XIII.

les choses qu'on vous dit. Oui, quand Alexandre seroit ici, et que ce seroit votre amant, je ne pourrois m'empêcher de vous dire que je n'ai vu rien de si beau que ce que je vois maintenant, et que...

D. PÈDRE.

Seigneur Français, vous ne devriez pas, ce me semble, tant parler; cela vous détourne de votre ouvrage.

ADRASTE.

Ah! point du tout. J'ai toujours coutume de parler quand je peins; et il est besoin, dans ces choses, d'un peu de conversation, pour réveiller l'esprit, et tenir les visages dans la gaîté nécessaire aux personnes que l'on veut peindre.

SCÈNE XIII.

HALI *vêtu en espagnol*, D. PÈDRE, ADRASTE, ISIDORE.

D. PÈDRE.

Que veut dire cet homme-là? Et qui laisse monter les gens, sans nous en venir avertir * ?

HALI *à D. Pèdre.*

J'entre ici librement; mais, entre cavaliers, telle liberté est permise. Seigneur, suis-je connu de vous?

---

* Il semble que Molière, dans cette scène où Hali, valet d'Adraste, cherche à occuper D. Pèdre pour l'empêcher d'entendre ce que dit le faux Peintre à Isidore, se soit rappelé la scène sixième du troisième acte du *Médecin malgré lui*, où Sganarelle joue à-peu-près le même personnage auprès de Géronte; mais Molière est toujours étonnant, soit qu'il imite les Anciens, soit qu'il s'imite lui-même. Son génie et son art lui fournissent des ressources qui ne permettent pas de confondre les deux objets.

La scène a changé de lieu sans doute dès que le peintre Adraste est venu; et, en effet, il auroit été contre la vraisemblance que D. Pèdre eût fait peindre son esclave sur le pas de sa porte. On ne sauroit douter que Molière n'ait ici blessé la règle de l'unité de lieu, puisque cette scène commence par ces mots : *Que veut dire cet homme-là? et qui laisse monter les gens sans nous en venir avertir?* Les Acteurs, comme on le voit, sont dans un appartement élevé de D. Pèdre.

LE SICILIEN.

D. PÈDRE.

Non, seigneur.

HALI.

Je suis Don Gilles d'Avalos ; et l'Histoire d'Espagne vous doit avoir instruit de mon mérite.

D. PÈDRE.

Souhaitez-vous quelque chose de moi ?

HALI.

Oui, un conseil sur un fait d'honneur. Je sais qu'en ces matières il est mal-aisé de trouver un cavalier plus consommé que vous ; mais je vous demande, pour grace, que nous nous tirions à l'écart.

D. PÈDRE.

Nous voilà assez loin.

ADRASTE *à D. Pèdre, qui le surprend parlant bas à Isidore.*

J'observois de près la couleur de ses yeux.

HALI *tirant D. Pèdre, pour l'éloigner d'Adraste et d'Isidore.*

Seigneur, j'ai reçu un soufflet. Vous savez ce qu'est un soufflet, lorsqu'il se donne à main ouverte, sur le beau milieu de la joue. J'ai ce soufflet fort sur le cœur ; et je suis dans l'incertitude, si, pour me venger de l'affront, je dois me battre avec mon homme, ou bien le faire assassiner.

D. PÈDRE.

Assassiner, c'est le plus sûr et le plus court chemin *. Quel est votre ennemi ?

---

* C'est de cette scène treizième, plaisamment imaginée pour procurer à Adraste le moment de prendre ses mesures avec Isidore, qu'est tirée cette phrase proverbiale si souvent citée : *assassiner, c'est le plus sûr.*

Un des auteurs anonymes des questions sur l'*Encyclopédie*, au mot *assassinat*, dit que Molière a risqué en plaisantant cette maxime, mais que l'auteur d'un roman de nos jours dit très-sérieusement la même chose, et qu'il veut que son Gentilhomme Menuisier, quand il a reçu un démenti ou un soufflet, au lieu de les rendre et de se battre, *assassine prudemment son homme.*

L'impression de ces derniers mots, en lettres italiques, pourroit faire penser qu'ils se trouvent dans le roman philosophique, d'*Émile* ; mais, si l'on veut recourir au tome 2 de cet ouvrage, pag. 323, on verra que cette imputation est un peu

SCÈNE XIII.

HALI.

Parlons bas, s'il vous plaît.

(*Hali tient D. Pèdre, en lui parlant, de façon qu'il ne peut pas voir Adraste.*)

ADRASTE *aux genoux d'Isidore, pendant que D. Pèdre et Hali parlent bas ensemble.*

Oui, charmante Isidore, mes regards vous le disent depuis plus de deux mois, et vous les avez entendus. Je vous aime plus que tout ce que l'on peut aimer, et je n'ai point d'autre pensée, d'autre but, d'autre passion, que d'être à vous toute ma vie.

ISIDORE.

Je ne sais si vous dites vrai ; mais vous persuadez.

ADRASTE.

Mais, vous persuadé-je, jusqu'à vous inspirer quelque peu de bonté pour moi ?

ISIDORE.

Je ne crains que d'en trop avoir.

ADRASTE.

En aurez-vous assez pour consentir, belle Isidore, au dessein que je vous ai dit ?

ISIDORE.

Je ne puis encore vous le dire.

ADRASTE.

Qu'attendez-vous pour cela ?

ISIDORE.

A me résoudre.

ADRASTE.

Ah ! quand on aime bien, on se résout bientôt.

ISIDORE.

Hé bien, allez, oui, j'y consens.

ADRASTE.

Mais consentez-vous, dites-moi, que ce soit dès ce moment même ?

---

gratuite pour le sens littéral ; que le mot d'assassinat, si révoltant, n'est point prononcé ; et que l'auteur se contente de dire qu'il ne veut pas que son élève se batte, et que ce seroit une extravagance ; mais qu'il se doit justice, et qu'il en est le seul dispensateur.

ISIDORE.

Lorsqu'on est une fois résolu sur la chose, s'arrête-t-on sur le tems?

D. PÈDRE à *Hali.*

Voilà mon sentiment, et je vous baise les mains.

HALI.

Seigneur, quand vous aurez reçu quelque soufflet, je suis homme aussi de conseil et je pourrai vous rendre la pareille.

D. PÈDRE.

Je vous laisse aller, sans vous reconduire ; mais, entre cavaliers, cette liberté est permise.

ADRASTE à *Isidore.*

Non, il n'est rien qui puisse effacer de mon cœur les tendres témoignages....

(*à D. Pèdre, apercevant Adraste qui parle de près à Isidore.*)

Je regardois ce petit trou qu'elle a au côté du menton ; et je croyois d'abord que ce fût une tache*. Mais c'est assez pour

(*à D. Pèdre qui veut voir le portrait.*)

aujourd'hui, nous finirons une autre fois. Non, ne regardez rien

(*à Isidore.*)

encore ; faites serrer cela, je vous prie ; et vous, je vous conjure de ne vous relâcher point, et de garder un esprit gai, pour le dessein que j'ai d'achever notre ouvrage.

ISIDORE.

Je conserverai pour cela toute la gaîté qu'il faut.

SCÈNE XIV.

D. PÈDRE, ISIDORE.

ISIDORE.

Qu'en dites-vous? Ce gentilhomme me paroît le plus civil du monde ; et l'on doit demeurer d'accord que les Français ont quelque chose en eux de poli, de galant, que n'ont point les autres nations.

---

* *Je croyois d'abord que ce fût une tache*, plusieurs auroient voulu *que c'étoit*, et ont cru que *ce fût* ne pouvoit se trouver qu'après une négation : *Je ne croyois pas que ce fût une tache.*

D. PÈDRE.

Oui; mais ils ont cela de mauvais, qu'ils s'émancipent un peu trop, et s'attachent, en étourdis, à conter des fleurettes à toutes celles qu'ils rencontrent.

ISIDORE.

C'est qu'ils savent qu'on plaît aux dames par ces choses.

D. PÈDRE.

Oui; mais s'ils plaisent aux dames, ils déplaisent fort aux messieurs; et l'on n'est point bien aise de voir, sous sa moustache, cajoler hardiment sa femme ou sa maîtresse.

ISIDORE.

Ce qu'ils en font n'est que par jeu.

SCÈNE XV.

ZAIDE, D. PÈDRE, ISIDORE.

ZAIDE.

Ah! seigneur Cavalier, sauvez-moi, s'il vous plaît, des mains d'un mari furieux dont je suis poursuivie. Sa jalousie est incroyable, et passe, dans ses mouvemens, tout ce qu'on peut imaginer. Il va jusqu'à vouloir que je sois toujours voilée; et, pour m'avoir trouvée le visage un peu découvert, il a mis l'épée à la main, et m'a réduite à me jeter chez vous, pour vous demander votre appui contre son injustice. Mais, je le vois paroître. De grace, seigneur Cavalier, sauvez-moi de sa fureur.

D. PEDRE à Zaide, lui montrant Isidore.

Entrez là-dedans avec elle, et n'appréhendez rien.

SCÈNE XVI.

ADRASTE, D. PÈDRE.

D. PÈDRE.

Hé quoi, seigneur, c'est vous? Tant de jalousie pour un Français! Je pensois qu'il n'y eût que nous qui en fussions capables.

ADRASTE.

Les Français excellent toujours dans toutes les choses qu'ils font; et, quand nous nous mêlons d'être jaloux, nous le sommes vingt fois plus qu'un Sicilien. L'infâme croit avoir trouvé chez vous un assuré refuge ; mais vous êtes trop raisonnable pour blâmer mon ressentiment. Laissez-moi, je vous prie, la traiter comme elle mérite.

D. PÈDRE.

Ah ! de grace, arrêtez. L'offense est trop petite pour un courroux si grand.

ADRASTE.

La grandeur d'une telle offense n'est pas dans l'importance des choses que l'on fait. Elle est à transgresser les ordres qu'on nous donne ; et, sur de pareilles matières, ce qui n'est qu'une bagatelle, devient fort criminel lorsqu'il est défendu.

D. PÈDRE.

De la façon qu'elle a parlé, tout ce qu'elle en a fait a été sans dessein ; et je vous prie enfin de vous remettre bien ensemble.

ADRASTE.

Hé quoi ! Vous prenez son parti, vous qui êtes si délicat sur ces sortes de choses ?

D. PÈDRE.

Oui, je prends son parti ; et, si vous voulez m'obliger, vous oublierez votre colère, et vous vous réconcilierez tous deux. C'est une grace que je vous demande ; et je la recevrai comme un essai de l'amitié que je veux qui soit entre nous.

ADRASTE.

Il ne m'est pas permis, à ces conditions, de vous rien refuser. Je ferai ce que vous voudrez.

SCÈNE XVII.

ZAIDE, D. PÈDRE, ADRASTE *dans un coin du théâtre.*

D. PÈDRE à *Zaïde.*

Hola, venez. Vous n'avez qu'à me suivre, et j'ai fait votre paix. Vous ne pouviez jamais mieux tomber que chez moi.

ZAIDE.

Je vous suis obligée plus qu'on ne sauroit croire, mais je m'en vais prendre mon voile ; je n'ai garde, sans lui, de paroître à ses yeux.

SCÈNE XVIII.

D. PÈDRE, ADRASTE.

D. PÈDRE.

La voici qui s'en va venir; et son ame, je vous assure, a paru toute réjouie lorsque je lui ai dit que j'avois raccommodé tout.

SCÈNE XIX.

ISIDORE *sous le voile de Zaïde*, ADRASTE, D. PÈDRE.

D. PÈDRE à *Adraste*.

Puisque vous m'avez bien voulu abandonner votre ressentiment, trouvez bon qu'en ce lieu je vous fasse toucher dans la main l'un de l'autre; et que tous deux je vous conjure de vivre, pour l'amour de moi, dans une parfaite union *.

ADRASTE.

Oui, je vous promets que, pour l'amour de vous, je m'en vais, avec elle, vivre le mieux du monde.

D. PÈDRE.

Vous m'obligez sensiblement, et j'en garderai la mémoire.

ADRASTE.

Je vous donne ma parole, seigneur D. Pèdre, qu'à votre considération je m'en vais la traiter du mieux qu'il me sera possible.

D. PÈDRE.

C'est trop de grace que vous me faites. (*seul.*) Il est bon de pacifier et d'adoucir toujours les choses. Holà, Isidore, venez.

---

* Un voile adroitement substitué trompe ici Don Pèdre, comme il abuse Sganarelle au dénouement de l'*Ecole des Maris*. Le fond des deux scènes semble, au premier coup-d'œil, être le même, mais l'inépuisable Molière en a fait deux scènes excellentes qui se doivent peu de chose l'une à l'autre.

SCÈNE XX.

ZAIDE, D. PEDRE.

D. PÈDRE.

Comment ! que veut dire cela ?

ZAIDE *sans voile*.

Ce que cela veut dire ? Qu'un jaloux est un monstre haï de tout le monde, et qu'il n'y a personne qui ne soit ravi de lui nuire, n'y eut-il point d'autre intérêt ; que toutes les serrures et les verroux du monde ne retiennent point les personnes, et que c'est le cœur qu'il faut arrêter par la douceur et par la complaisance ; qu'Isidore est entre les mains du cavalier qu'elle aime, et que vous êtes pris pour dupe.

D. PEDRE.

Don Pèdre souffrira cette injure mortelle ! Non, non : j'ai trop de cœur, et je vais demander l'appui de la justice pour pousser le perfide à bout. C'est ici le logis d'un sénateur. Holà * !

* Don Pèdre, à qui l'on vient d'enlever son esclave avec adresse, crie à la justice, il court à la porte d'un sénateur ; il le voit, il s'attache à ses pas, et lui demande raison de l'injure qu'on vient de lui faire : mais le sénateur ne parle et n'est occupé que d'une mascarade de gens vêtus en Maures qui dansent admirablement et qui le suivent ; ce qui termine la pièce par un ballet et par un nouveau trait de ridicule lancé sur les jolis sénateurs, plus occupés de leurs plaisirs que de l'administration des lois, et par là si peu ressemblans à ceux dont Mézerai fait un si grand éloge sous le règne de Charles VIII, et dont il dit que *la gravité de leur profession les éloignoit des vanités du grand monde, du luxe, des jeux, de la chasse, de la danse, et qu'ils trouvoient leur plaisir et leur gloire à exercer dignement leurs charges.*

La scène est revenue une seconde fois à la porte de Don Pèdre ; mais ce n'est pas dans ces petites pièces que Molière crut devoir se piquer de l'observation rigoureuse de la moins importante des trois unités.

SCÈNE XXI.
UN SÉNATEUR, D. PÈDRE.

LE SÉNATEUR.

Serviteur, seigneur Don Pèdre. Que vous venez à propos!

D. PÈDRE.

Je viens me plaindre à vous d'un affront qu'on m'a fait.

LE SÉNATEUR.

J'ai fait une mascarade la plus belle du monde.

D. PÈDRE.

Un traître de Français m'a joué une pièce.

LE SÉNATEUR.

Vous n'avez, dans votre vie, jamais rien vu de si beau.

D. PEDRE.

Il m'a enlevé une fille que j'avois affranchie.

LE SÉNATEUR.

Ce sont gens vêtus en Maures, qui dansent admirablement.

D. PÈDRE.

Vous voyez si c'est une injure qui se doive souffrir.

LE SÉNATEUR.

Des habits merveilleux et qui sont faits exprès.

D. PÈDRE.

Je demande l'appui de la justice contre cette action.

LE SENATEUR.

Je veux que vous voyez cela. On la va répéter pour en donner le divertissement au peuple.

D. PÈDRE.

Comment! De quoi parlez-vous là?

LE SÉNATEUR.

Je parle de ma mascarade.

D. PÈDRE.

Je vous parle de mon affaire.

LE SÉNATEUR.

Je ne veux point, aujourd'hui, d'autres affaires que de plaisirs. Allons, messieurs, venez. Voyons si cela ira bien.

D. PEDRE.

La peste soit du fou, avec sa mascarade!

LE SÉNATEUR.

Diantre soit le fâcheux, avec son affaire!

SCÈNE XXII ET DERNIÈRE.

UN SÉNATEUR, TROUPE DE DANSEURS.

ENTRÉE DE BALLET.

(Plusieurs danseurs, vêtus en Maures, dansent devant le Sénateur, et finissent la comédie.)

Noms des personnes qui ont récité, dansé et chanté dans le Sicilien, comédie-ballet.

Don Pèdre, *le sieur Molière.* Adraste, *le sieur de la Grange.* Isidore, *mademoiselle de Brie.* Zaïde, *mademoiselle Molière.* Hali, *le sieur de la Thorillière.* Un Sénateur, *le sieur du Croisy.*

Musiciens chantans, *les sieurs Blondel, Gaye, Noblet.* Esclave turc chantant, *le sieur Gaye.* Esclaves turcs dansans, *les sieurs le Prêtre, Chicanneau, Mayeu, Pesan.* Maures de qualité, LE ROI, *M. le Grand, les marquis de Villeroi et de Rassan.* Mauresques de qualité, MADAME, *mademoiselle de la Vallière, madame de Rochefort, mademoiselle de Brancas.* Maures nuds, *MM. Cocquet, de Souville, les sieurs Beauchamp, Noblet, Chicanneau, la Pierre, Favier, et des Airs-galand.* Maures à capot, *les sieurs la Mare, du Feu, Arnald, Vagnard, Bonard.*

FIN DU TOME QUATRIÈME.

TABLE DES PIÈCES

CONTENUES

DANS LE QUATRIÈME TOME.

Avertissement de l'éditeur sur l'*Amour Médecin*.   Page 5
L'Amour Médecin.   17
Avertissement de l'éditeur sur *le Misanthrope*. 55
Le Misanthrope.   71
Avertissement de l'éditeur sur *le Médecin malgré lui*.   157
Le Médecin malgré lui.   167
Avertissement de l'éditeur sur *Mélicerte*. 203
Mélicerte.   208
Avertissement de l'éditeur sur *la Pastorale comique*.   255
Pastorale comique.   257
Avertissement de l'éditeur sur *le Sicilien*. 269
Le Sicilien.   275

FIN DE LA TABLE.

www.ingramcontent.com/pod-product-compliance
Lightning Source LLC
Chambersburg PA
CBHW071523160426
43196CB00010B/1629